Das *forum shopping* einer GmbH unter der deutschen Insolvenzordnung und der Europäischen Insolvenzverordnung

Europäische Hochschulschriften

Publications Universitaires Européennes

European University Studies

Reihe II

Rechtswissenschaft

Série II Series II

Droit

Law

Bd./Vol. 4997

PETER LANG

Frankfurt am Main · Berlin · Bern · Bruxelles · New York · Oxford · Wien

Jens Christoph Rainer Heneweer

Das *forum shopping* einer GmbH unter der deutschen Insolvenzordnung und der Europäischen Insolvenzverordnung

PETER LANG
Internationaler Verlag der Wissenschaften

Bibliografische Information der Deutschen Nationalbibliothek
Die Deutsche Nationalbibliothek verzeichnet diese Publikation in der Deutschen Nationalbibliografie; detaillierte bibliografische Daten sind im Internet über http://dnb.d-nb.de abrufbar.

Zugl.: Düsseldorf, Univ., Diss., 2009

Gedruckt auf alterungsbeständigem,
säurefreiem Papier.

D 61
ISSN 0531-7312
ISBN 978-3-631-60016-0

www.peterlang.de

Meinen Eltern

Vorwort

Die vorliegende Arbeit wurde im Wintersemester 2009/2010 von der Juristischen Fakultät der Heinrich-Heine-Universität Düsseldorf als Dissertation angenommen. Sie wurde im März 2009 fertig gestellt und berücksichtigt Rechtsprechung und Literatur bis zu diesem Zeitpunkt. Die mündliche Doktorprüfung wurde im November 2009 abgehalten.

Ich danke meinem Doktorvater und Erstgutachter Herrn Prof. Dr. Ulrich Noack für die freundliche Betreuung dieses Promotionsvorhabens. Zudem danke ich Frau Prof. Dr. Nicola Preuß für die zügige Erstellung des Zweitgutachtens.

Jens Heneweer — Düsseldorf im Dezember 2009

Inhalt

Einleitung

Ein Insolvenzverfahren ist für einen Großteil der Unternehmer ein Alptraum. Der Mittelständler fürchtet um seinen guten Namen; in einem großen Konzern treibt vor allem die Großgläubiger der Gedanke an die Werthaltigkeit ihrer Forderungen um; zudem droht den Verantwortlichen ein öffentlicher und häufig polemisch geführter Diskurs über die Rettung von Arbeitsplätzen und die Rolle des Managements. Die Einleitung eines derartigen Verfahrens ist daher etwas, das während des Wirtschaftslebens einer Unternehmung weit in den Hintergrund gedrängt wird. Dies ist natürlich völlig unproblematisch, solange der Organismus gesund ist. Die Lage ändert sich jedoch schlagartig, wenn trotz aller Bemühungen das Schiff unwiederbringlich Schlagseite bekommen hat und zu sinken beginnt. Die Diskussion in Rechtsprechung und Lehre über die Vorgänge rund um ein anstehendes Insolvenzverfahren bis zu seiner Eröffnung und darüber hinaus hat eine lange Tradition und ein gewaltiges Ausmaß. Gegenstand dieser Arbeit ist ein Teilaspekt dieses Problemkomplexes. Dabei handelt es sich um die Bemühungen von Beteiligten im Frühstadium eines Insolvenzverfahrens, ein bestimmtes Gericht örtlich oder international zuständig werden zu lassen. Dies wird häufig unter dem Etikett „*forum shopping*" geführt. Anzutreffen sind jedoch auch „Gerichtsstandserschleichung", „Firmenbestattung"[1] oder ganz allgemein „Missbrauch". Gegenstand der Untersuchung ist daher die Frage, unter welchen Voraussetzungen eine örtliche oder internationale[2] Zuständigkeit, die durch Handlungen der Beteiligten Personen zum Zweck der Durchführung eines Insolvenzverfahrens geschaffen wurde, bestehen kann.

Die Motivationen hinter einem derartigen Vorgehen sind so vielfältig wie die betroffenen Unternehmungen. Während es dem Mittelständler meist darum geht, möglichst ohne persönliche Haftung und ohne Aufsehen zu erregen seine misslungenen Geschäfte hinter sich zu lassen,[3] können gerade bei größeren Gesellschaften oder Verbünden von Gesellschaften komplexe rechtliche und wirtschaftliche Überlegungen den Ausschlag für eine Gerichtsstandsbeeinflussung geben. Gerade in jüngeren und teilweise recht großen Verfahren ist daher zu beobachten gewesen, dass versucht wurde, das ganze Verfahren in einer anderen Rechtsordnung – insbesondere in England – durchzuführen. Als Beispiele können insoweit die *Deutsche Nickel AG*[4], *Collins & Aikman*[5] oder *Hans Brochier*

---

1 Dazu müssen regelmäßig noch andere Handlungen hinzukommen.

2 Begrenzt auf den Anwendungsbereich der EuInsVO, Verordnung (EG) Nr. 1346/2000 des Rates der Europäischen Union vom 29. Mai 2000 – ABl L 160/1 über Insolvenzverfahren.

3 Hierhin fallen zumeist die Fälle der „Firmenbestattung".

4 Dazu *Vallender*, NZI 2007, S. 129, 131.

5 „Collins & Aikman I" – High Court of Justice London, Beschl. v. 15.7.2005 – 4697-4712/05 und 4717-4725/05; „Collins & Aikman II" – AG Köln, Beschl. v. 10.8.2005 – 71 IN 416/05, ZIP 2005, S. 1566; „Collins & Aikman III" – High Court of Justice Lon-

Holdings Ltd[6] genannt werden. Gerade die Beliebtheit Englands als Idealziel im internationalen Rechtsverkehr ist jedoch grundsätzlich nichts Neues. Lord *Denning* äußerte sich bereits 1972:

> „No one who comes to these courts asking for justice should come in vain. He must, of course, come in good faith...] This right to come here is not confined to Englishmen. It extends to any friendly foreigner. He can seek the aid of our courts if he desires to do so. You may call this ‚forum shopping' if you please, but if the forum is England, it is a good place to shop in, both for the quality of the goods and the speed of service."[7]

In diesen Fällen liegt die Motivation weniger darin, die Insolvenz als solche zu verschleiern. Vielmehr versprechen sich häufig Großgläubiger und Gesellschafter vorteilhaftere Rahmenbedingungen außerhalb Deutschlands. Insoweit muss erwähnt werden, dass in England umfassendere Möglichkeiten bestehen, auf die Auswahl des Insolvenzverwalters Einfluss zu nehmen; au-ßerdem versprechen sich die Beteiligten häufig die Berücksichtigung von Forderungen, mit denen sie in Deutschland beispielsweise wegen ihres eigenkapitalersetzenden Charakters und der Vorschriften der Insolvenzanfechtung ausfallen würden.[8] Zudem kann in England die Verteilung der Insolvenzmasse teils sehr flexibel gestaltet werden.[9] Darüber hinaus sprechen häufig auch allgemeinere Aspekte für einen Wechsel in das nahe Ausland: Kostenvorschriften, Beweismittel und Beweisverfahren können vorteilhafter sein, Verfahrensmaximen können die Partei begünstigen und die Gerichte können für den Schuldner angenehm besetzt sein.[10]

Die vorliegende Arbeit geht von einer Reihe von Annahmen aus, die eine dogmatisch ausgerichtete Erörterung ermöglichen sollen, die in der Praxis aber durchaus ein eigenes Problem darstellen können. So wird zunächst angenommen, dass die Gläubiger bereit und in der Lage sind, ein gleichgerichtetes Interesse festzustellen und dementsprechend zu handeln; dies beinhaltet insbesondere die Bereitschaft, gegebenenfalls Vorschüsse zu leisten und Kosten zu tragen, aber auch, einstimmig abzustimmen, wenn dies dem Interesse der Gesamtgläubigerschaft entspricht. Der Untersuchung liegt eine GmbH als Insolvenzschuldnerin zugrunde. Im Rahmen der Gerichtsstandsbeeinflussung im nationalen Rahmen entspricht das wesentlich der mittelständischen Struktur der auftretenden Fälle. Soweit im Zusammenhang mit Insolvenzen von Konzernen auch an-

---

don, Urteil v. 9.6.2006 – 4697, 4698, 4700, 4705, 4711, 4717-4719, 4721, 4722 aus 2005, ZIP 2006, S. 2093; dazu z.B. *Meyer-Löwy/Plank*, NZI 2006, S. 622 ff.

6 Dazu *Andres/Grund* in „Die Flucht vor deutschen Insolvenzgerichten nach England", NZI 2007, 137 ff.

7 The Atlantic Star [1972] 3 All ER 705, 709 (C.A), bei *Schack*, IZPR, Rn. 221.

8 *Andres/Grund*, aaO, 138; *Vallender*, aaO, 129, 131; vgl. zur Neuregelung des Eigenkapitalersatzes durch das MoMiG auch RegBegr. MoMiG, BT-Drs. 16/6140 S. 42.

9 *Meyer-Löwy/Plank*, aaO, 622, 623.

10 Siehe nur *Koch*, JuS 2003, S. 105, 106.

dere Gesellschaftsformen in Rede stehen, ergeben sich aus den fraglichen Vorschriften ohnehin keine Unterschiede, die einer gesonderten Erörterung bedürften. Dies betrifft im Ergebnis auch die Behandlung der in jüngerer Zeit in Deutschland in Mode gekommenen „Limited", das heißt regelmäßig der Private Company Limited By Shares. Deren Stellung zum und im deutschen Insolvenzrecht ist für sich genommen bereits Gegenstand weitreichender Diskussionen, die den Rahmen dieser Arbeit gesprengt hätten. Ebenfalls keine Besprechung finden die strafrechtlichen Aspekte, also beispielsweise die Frage nach den Insolvenzstraftaten des 24. Abschnitts des StGB. Auch wurde nicht auf die Fragen nach den verschiedenen Haftungstatbeständen, der Bestellung und Vergütung des Insolvenzverwalters und des Für und Wider eines Konzerninsolvenzrechts eingegangen.

Mit Wirkung zum 1. November 2008 ist zudem das Gesetz zur Modernisierung und zur Bekämpfung von Missbräuchen, kurz MoMiG in Kraft getreten. Dies enthält weitgehende Änderungen im Gesellschafts- aber auch im Insolvenzrecht. Diese Änderungen lassen die hier untersuchte Frage jedoch ganz weitgehend unberührt.

Gang der Untersuchung

Die Untersuchung gliedert sich im Wesentlichen in zwei Teile. Dabei wird unterschieden zwischen der Beeinflussung der örtlichen Zuständigkeit der Insolvenzgerichte innerhalb Deutschlands einerseits und der internationalen Zuständigkeit nach der EuInsVO[11] andererseits. Dem vorangestellt sind Überlegungen über die dogmatische Einordnung des *forum shoppings* und die Abgrenzung zu anderen Rechtsfiguren, insbesondere der Zuständigkeitserschleichung und allgemeinen Erwägungen zur Missbräuchlichkeit des Handelns. Auf diese Überlegungen grundsätzlicher Art wird im Verlauf der gesamten Untersuchung immer wieder Bezug genommen. Sie bilden zugleich den dogmatischen Rahmen zur Handhabung der Zuständigkeitsmanipulation, der bisher insbesondere in der Rechtsprechung nicht konsequent eingehalten wurde.

Die Untersuchung der Zuständigkeitsmanipulation innerhalb Deutschlands beginnt mit einem kurzen historischen Aufriss des Phänomens. Anschließend werden jüngere gerichtliche Entscheidungen vorgestellt, in denen ein missbräuchliches Verhalten angenommen wurde. Es folgt eine Untersuchung der gerichtlichen Praxis auf Gemeinsamkeiten. Daran anknüpfend ergibt sich die Gliederung der restlichen Untersuchung nach den regelmäßig anzutreffenden Vorgehensweisen: Erörtert wird zunächst die Möglichkeit und die Wirkung einer Sitzverlegung mit Blick auf die Eröffnung eines Insolvenzverfahrens. Gegenstand der Prüfung ist die häufig anzutreffende Forderung einer Nichtaner-

11 Verordnung (EG) Nr. 1346/2000 des Rates der Europäischen Union vom 29. Mai 2000 – ABl L 160/1 über Insolvenzverfahren.

kennung der Verlegung. Anschließend geht die Arbeit dazu über, die zweite Vorgehensweise zu untersuchen. Dabei handelt es sich um die Beeinflussung eines Gerichts, um einen bindenden Verweisungsbeschluss zu erwirken. Abschließend wird ein gesonderter Blick auf eine jüngere Entscheidung in der Sache PIN Mail geworfen, die besondere Beachtung verdient. An der Stelle eröffnet sich die Frage, welche Rolle die wirtschaftlichen Interessen an einer konzerneinheitlichen Insolvenz bei der Bestimmung der örtlichen Zuständigkeit spielen dürfen.

Der zweite wesentliche Teil der Arbeit behandelt die europäische Dimension der Beeinflussung der örtlichen Zuständigkeit, die durch die Einführung der EuInsVO angestoßen wurde. Neben der Frage, unter welchen Voraussetzungen die EuInsVO Anwendung findet, ist hierbei insbesondere auf die Anforderungen an das „centre of main interests“ (COMI) i.S.d. Art. 3 Abs. 1 EuInsVO und die Möglichkeiten eines Sekundärinsolvenzverfahrens nach Art. 27 ff. EuInsVO in Deutschland zu sprechen zu kommen. Außerdem ist nach einigen jüngeren Entscheidungen deutscher Gerichte problematisch, unter welchen Umständen die Eröffnung eines Hauptinsolvenzverfahrens im Ausland gegen den deutschen ordre public gemäß Art. 26 EuInsVO verstößt. Im Rahmen der Erörterung der Zweckdienlichkeit eines Sekundärinsolvenzverfahrens geht die Untersuchung auf das Insolvenzplanverfahren und die übertragende Sanierung ein. Dreh- und Angelpunkt der Problematik ist in diesem Zusammenhang die Stellung des Insolvenzverwalters im Hauptverfahren. Abschließend wird zur Problematik der faktischen Identität der Verwalter in Haupt- und Sekundärverfahren durch die Anordnung der Selbstverwaltung in letzterem Stellung genommen.

Hauptteil

A) Örtliche Zuständigkeit – Reichweite der unternehmerischen Selbstbestimmung

Grundsätzlich steht es allen Marktteilnehmern frei, an einem beliebigen Ort tätig zu werden. Aus der Tatsache allein, dass eine Gesellschaft es unternimmt, innerhalb Deutschlands umzusiedeln, kann nicht gefolgert werden, dass die Gesellschafter böswillig zum Nachteil ihrer Gläubiger handeln und daher Beschränkungen oder Sanktionen unterworfen werden müssen.

Es ist zwar Sinn des § 3 InsO, dass es den Gläubigern möglich sein soll, die Befriedigung dort zu suchen, wo sie ihr Vertrauen gelassen haben.[12] Dies heißt jedoch nicht, dass die Gläubiger einen Anspruch darauf haben, dass die schuldnerische Gesellschaft daran gehindert ist, ihr Geschäftsfeld zu verlagern. Dementsprechend muss gelten, dass soweit die Gesellschaft zum Ziel hat, ihr Geschäft auf unbestimmte Zeit fortzusetzen[13] und sich lediglich anders am Markt zu positionieren, nicht von einem Missbrauch und einer Beschränkung der Privatautonomie gesprochen werden kann.

Gegenstand einer eingehenderen Prüfung müssen demzufolge die anders gelagerten Fälle sein. Es ist zum einen fraglich, mit welchen rechtlichen Mitteln einer Gesellschaft zu Leibe gerückt werden kann, die offensichtlich und rücksichtslos versucht, ihre Gläubiger zu benachteiligen. Zum anderen ist fraglich, wo jenseits besonders durchsichtiger Konstellationen die Grenze des rechtlich zulässigen Vorgehens erreicht ist und in welchem Maße die Abwehrmaßnahmen angewendet werden können.

Eine Beeinflussung der örtlichen Zuständigkeit durch den Schuldner mit dem Ziel, sich gegenüber den restlichen Beteiligten einen Vorteil zu verschaffen, kann unterschiedliche Ansatzpunkte für verschiedene Hebel haben. Zunächst fallen die Tatbestandsmerkmale der Zuständigkeitsnormen ins Auge. Durch die Änderung der tatsächlichen Umstände oder das Ausnutzen von Lücken und Unklarheiten, kann ein Subsumtionsergebnis erreicht werden, das von dem ursprünglichen in der gewünschten Weise abweicht. Der zweite Anknüpfungspunkt liegt in der gezielten Einflussnahme auf das gerichtliche Verfahren, welches der Umsetzung der Zuständigkeitsnormen dient. Gerade die im Insolvenzverfahren herrschende gebotene Eile und die damit einhergehenden Unklarheiten bei der tatsächlichen Sachlage können zur ergebnisorientierten Beeinflussung der Gerichte eingesetzt werden.

12 *Uhlenbruck* in Uhlenbruck, InsO, § 3, Rn. 2.

13 Dies kann natürlich nur gelten, wenn die Gesellschaft nicht nur für eine bestimmte Zeit gegründet wurde.

Wie oben dargestellt, wird zunächst die Problematik in den deutschen Grenzen und anschließend EU-weit dargestellt und untersucht.

B) Abgrenzung *forum shopping*, Erschleichung, Simulation

Die hier besprochenen Fallgestaltungen werden häufig unter den Begriff des *forum shoppings* gefasst. Zugleich findet sich jedoch auch eine Vielzahl weiterer Begrifflichkeiten, die teils wie die „Unternehmensbestattung" oder die „Firmenbestattung" eigens für die insolvenzrechtliche und gesellschaftsrechtliche Problematik gefunden wurden. Anderenteils spricht die Rechtsprechung und die Literatur uneinheitlich von „Zuständigkeitserschleichung", „Missbrauch" oder „Umgehung". Diese Begrifflichkeiten sind in technischer Hinsicht nicht synonym. Dies betrifft sowohl ihre tatbestandlichen Voraussetzungen als auch die mit ihnen verbundenen Rechtsfolgen. Während gerade im Falle von Umgehungen in der Folge die „Gleichstellung", d.h. die Anwendung der umgangenen Norm, folgt, droht anderenfalls teils die Nichtigkeit für das in Rede stehende Rechtsgeschäft. Es ist daher notwendig, zunächst die Begrifflichkeiten möglichst scharf voneinander abzugrenzen.

Unter *forum shopping* wird nach herkömmlicher Definition die berechnende Auswahl unter mehreren zur Verfügung stehenden Gerichtsständen verstanden.[14] Es setzt daher in seinem Ausgangspunkt eine Mehrzahl an parallel zuständigen Gerichten voraus, von denen sich der Kläger oder Antragssteller eines aussuchen kann. Obwohl in dem Begriff *forum shopping* eine gewisse negative Konnotation mitschwingt, weil er ein Konsumverhalten und eine Beliebigkeit impliziert, kann nach ganz herrschender Ansicht nicht davon ausgegangen werden, dass *forum shopping* eine illegitime Vorgehensweise beschreibt.[15] Es wird im Gegenteil darauf hingewiesen, dass für den beratenden Anwalt geradezu eine Pflicht zum *forum shopping* bestehen kann, wenn es darum geht, für den Mandanten die möglichst günstige Umgebung für seine Rechtsinteressen zu erreichen.[16] Wie noch zu zeigen ist, besteht im Insolvenzrecht in weiten Teilen keine rechtliche Grundlage für ein *forum shopping* in diesem klassischen Sinn. Sowohl die nationale als auch die internationale Rechtslage ist darauf ausgerichtet, keine mehrfachen Zuständigkeiten zuzulassen. Wird durch die Beteiligten also auf die örtliche Zuständigkeit der Gerichte Einfluss genommen, handelt es sich regelmäßig nicht um die Auswahl unter mehreren zur Verfügung stehenden Gerichtsständen. Vielmehr wird der Tatbestand manipuliert, um die Voraussetzun-

---

14 *Kropholler*, IPR, S. 635; *Schack*, IZPR, Rn. 221; *Schütze*, DIZPR, S. 63; *Koch*, JuS 2003, S. 105, 106; BGHZ 115, S. 90, 98.

15 Ganz h.M. Vgl. nur *v. Bar/Mankowski*, IPR I, § 5 Rn. 160; *Benecke*, Gesetzesumgehung im Zivilrecht, S. 320 f.; *v. Hoffmann/Thorn*, IPR, § 1 Rn. 48 f., § 3 Rn. 63; *Klockenbrink*, Gläubigerstellung, S. 132; *Koch*, JuS 2003, S. 105, 106; *Kropholler*, IPR, S. 636; *Nagel/Gottwald*, IZPR, § 3 Rn. 311; *Reithmann/Martiny*, IPR, Rn. 2171; *Schack*, IZPR, Rn. 222.

16 *v. Bar/Mankowski*, IPR I, § 5 Rn. 164; *Benecke*, Gesetzesumgehung im Zivilrecht, S. 321; *Geimer*, IZPR, Rn. 1096; *Kropholler*, IPR, S. 636; *Reithmann/Martiny*, IPR, Rn. 2171; *Schack*, IZPR, Rn. 223.

gen einer Norm zu erreichen oder – bei gleichbleibender anwendbarer Norm – die Rechtsfolge zu beeinflussen. Soweit in der Literatur dieser Vorgang als *forum shopping* bezeichnet wird, ist dies ungenau und wohl dem angesprochenen negativen Beigeschmack der Begrifflichkeit geschuldet.

Ebenfalls streng abzugrenzen sind die Fälle der Simulation, das heißt des Scheingeschäfts.[17] Hierbei wird das Vorliegen eines Tatbestands oder die Vornahme eines Rechtsgeschäfts nur vorgetäuscht. Die Parteien wünschen dabei aber nicht, bestimmte Rechtsfolgen herbeizuführen.[18] Damit unterscheiden sich die Fälle der Simulation wesentlich insbesondere von Strohmanngeschäften und Treuhandgeschäften, in denen das zugrundeliegende Rechtsgeschäft tatsächlich gewollt ist, weil nur dadurch der gewünschte übergeordnete Erfolg herbeigeführt werden kann.[19] Das Umgehungsgeschäft ist daher auf die entgegengesetzten Rechtsfolgen gerichtet und deshalb von der Simulation zu trennen.[20] Dem Scheingeschäft wird deshalb begegnet, indem der Sachverhalt weitergehend aufgeklärt wird und auf den wahren, dissimulierten Sachverhalt die einschlägigen Normen angewandt werden. Das Umgehungsgeschäft kann auf diese Weise jedoch nicht behandelt werden. Hier liegt das Problem auf der Rechtsfolgenseite, also bei der Frage, ob der erwünschte und zumindest formal erfüllte Tatbestand die grundsätzlich vorgesehenen Rechtsfolgen herbeiführen kann oder ob durch Auslegung des gesetzlichen Tatbestands oder durch Wertung zu einem anderen Ergebnis gekommen werden muss.[21]

Diese beiden Konstellationen sind wiederum von der Gesetzesumgehung zu trennen. Diese ist die bewusste und zweckbestimmte Vermeidung des Tatbestands einer bindenden Norm und die Verwirklichung einer anderen Norm, damit anstelle der Rechtsfolge des ersten Tatbestands die Rechtsfolge des zweiten eintritt;[22] die erreichte Rechtsfolge darf trotz des erfüllten Tatbestands für den Sachverhalt nicht angemessen sein, weil die der angewandten Norm zugrunde liegenden Interessen tatsächlich nicht maßgeblich sind, sondern stattdessen diejenigen Interessen, die zu der Rechtsfolge der vermiedenen Norm führen wür-

---

17 Zum IZPR *Schack*, IZPR, Rn. 221; weniger streng *Kropholler*, IPR, S. 157 f.

18 *Kramer*, in: MK-BGB, § 117 Rn. 14; *Heinrichs*, in: Palandt, BGB, § 117 Rn. 3.

19 Allg. A. BGHZ 21, S. 378, 382 = NJW 1957, 19; BGHZ 36, S. 85 88 = NJW 1962, 295; *Heinrichs*, in: Palandt, BGB, § 117 Rn. 4; *Kramer*, in: MK-BGB, § 117 Rn. 14; *Larenz/Wolf*, BGB AT, § 35 Rn. 25 f.; *Schurig*, Gesetzesumgehung, S. 405; *Singer*, in: Staudinger, BGB, Neubearbeitung 2004, § 117 Rn. 17.

20 H.M. *Benecke*, Gesetzesumgehung im Zivilrecht, S. 37; *Dörner*, in: Schulze/Dörner/Eckart, BGB, § 117 Rn. 4; *Heinrichs*, in: Palandt, BGB, § 117 Rn. 5; *Jauernig*, in: Jauernig, BGB, § 117 Rn. 3; *Kramer*, in: MK-BGB, § 117 Rn. 19; *Schack*, IZPR, Rn. 221; *Singer*, in: Staudinger, BGB, § 117 Rn. 15.

21 Vgl. *Benecke*, Gesetzesumgehung im Zivilrecht, S. 38 f.

22 *Kegel/Schurig*, IPR, S. 476.

den.[23] Im Unterschied zum *forum shopping* besteht in dieser Konstellation einerseits nicht die Wahl zwischen mehreren anwendbaren (Zuständigkeits-)Normen. Andererseits grenzt sie sich von der Simulation dadurch ab, dass nicht nur das Vorliegen eines Tatbestandes vorgetäuscht werden soll.[24] Stattdessen soll ein Sachverhalt herbeigeführt oder vermieden werden, der zur Anwendbarkeit einer bestimmten Norm oder zu ihrem Einsatz in einer bestimmten Art und Weise und damit zu einer bestimmten Rechtsfolge führt. Die Gesetzesumgehung oder – ergehung ist nach heutiger Ansicht in der Wissenschaft kein eigenes Rechtsinstitut, sondern nur ein Rechtsproblem.[25] Dies wird deutlich, wenn die Rechtsfolge der Umgehung betrachtet wird. Gemeinhin wird diese als „Gleichstellung" bezeichnet. Das bedeutet, dass die „eigentlich" anzuwendende Norm zur Geltung gebracht werden soll.[26] Nach heute ganz herrschender Meinung geschieht dies durch eine Analogie, oder im Falle einer Gesetzesergehung durch eine Reduktion des Tatbestands.[27]

Schwieriger ist die Konsequenz, die aus der Einordnung als Gesetzesumgehung oder –ergehung gezogen werden. Namentlich ist das Verhältnis zu den häufig zu lesenden Kategorien wie Sittenwidrigkeit und Rechtsmissbrauch fraglich. Diese Unterscheidung ist insoweit maßgeblich, als dass sich die Rechtsfolgen der Einordnung weitreichend unterscheiden können. Da es sich bei der Gesetzesumgehung nicht um ein Rechtsinstitut, sondern um ein Rechtsproblem handelt,[28] ist eine strenge Abgrenzung nicht möglich. Dementsprechend hat die Rechtsprechung keine einheitliche Linie verfolgt und in der Vergangenheit auf

---

23 *Kegel/Schurig*, IPR, S. 476; *Schurig*, Gesetzesumgehung, S. 399, 401 („grob unangemessen"); vgl. auch *Armbrüster*, in: MK-BGB, § 134 Rn. 16.

24 *Kramer*, in: MK-BGB, § 117 Rn. 19; *Schurig*, Gesetzesumgehung, S. 404; *Singer*, in: Staudinger, BGB, Neubearbeitung 2004, § 117 Rn. 15.

25 Vgl. nur BGHZ 110, 47, 59, 64 = NJW 1990, S. 982, 986; *Armbrüster*, in: MK-BGB, § 134 Rn. 12, 15; *Benecke*, Gesetzesumgehung im Zivilrecht, S. 182 ff.; *Kramer*, in: MK-BGB, § 117 Rn. 20; *Larenz/Wolf*, BGB AT, § 40 RdNr. 31; *Sack*, in: Staudinger, BGB, Neubearbeitung 2003, § 134 Rn. 153; *Schurig*, Gesetzesumgehung, S. 399 f.; *Dörner*, in: Schulze/Dörner/Eckart, BGB, § 134 RdNr. 10; *Teichmann* JZ 2003, S. 761, 764.

26 Vgl. *Kegel/Schurig*, IPR, S. 482; *Kramer*, in: MK-BGB, § 117 Rn. 20; *Schurig*, Gesetzesumgehung, S. 400.

27 Vgl. *Armbrüster*, in: MK-BGB, § 138 Rn. 54; *ders.* in: MK-BGB, § 134 Rn. 15; *Jauernig*, in: Jauernig, BGB, § 134 Rn. 18; *Kegel/Schurig*, IPR, S. 482 f; *Kropholler*, IPR, S. 161 f.; *Looschelders*, in: Staudinger, BGB, § 242 Rn. 396; *Schurig*, Gesetzesumgehung, S. 400; *Singer*, in: Staudinger, BGB, Neubearbeitung 2004, § 117 Rn. 15; unklar BGHZ 110, 47, 64 = NJW 1990, S. 982, 986 („eine Frage der Rechtsanwendung, die an die Rechtsgeltung und die Durchsetzbarkeit des Regelungsinhaltes einer Norm aus eigener Kraft anknüpft"); teilweise weitergehend *Benecke*, Gesetzesumgehung im Zivilrecht, S. 181 ff.; *Teichmann*, JZ 2003, S. 761, 765 ff.

28 S.o.

unterschiedliche Umgehungen auch § 138 BGB angewandt.[29] Zugleich kann die Sittenwidrigkeit im Sinne des § 138 Abs. 1 BGB wegen der engen Anforderungen und der starren, sehr strengen Rechtsfolge der Nichtigkeit die Umgehungsfälle nicht befriedigend und interessengerecht bekämpfen.[30] Nicht jede Umgehung ist auch sittenwidrig oder setzt eine Sittenwidrigkeit voraus.[31] Dennoch bilden beide Institute erhebliche Schnittmengen, so dass die Sittenwidrigkeit und die Umgehung sich nicht gegenseitig ausschließen.[32] In diesen Fällen bestimmt sich die Rechtsfolge in einer zweistufigen Prüfung. Die Sittenwidrigkeit – und damit die Nichtigkeit – kann nur dann eintreten, wenn sich das Geschäft auch unabhängig von der Umgehung als sittenwidrig darstellt: Kommt man nämlich zu dem Schluss, dass wegen der Umgehung eine Rechtsfolge nicht eingetreten ist, entfällt auch die Sittenwidrigkeit. Erst wenn nach der Feststellung der tatsächlich eingetretenen Rechtsfolge ein sittenwidriger Rest bestehen bleibt, kann auf diesen § 138 Abs. 1 BGB oder gegebenenfalls speziellere Normen wie § 241 Nr. 4 AktG angewendet werden. Das Umgehungsargument hat daher logisch bedingt Vorrang.[33] In die Wertung bei der Feststellung der Rechtsfolge des Umgehungsgeschäfts sind jedoch die Aspekte mit einzubeziehen, die das Gesamtgeschäft an der Oberfläche sittenwidrig erscheinen lassen.[34]

Bei strenger Betrachtung ist die Gesetzesumgehung auch von der (gegebenenfalls extensiven) Tatbestandsauslegung zu unterscheiden: Ist es möglich, den jeweils fraglichen Fall noch unter die Norm zu subsumieren, die umgangen werden sollte, kann von einer Umgehung im Grunde nicht gesprochen werden; vielmehr ist sie schlicht gescheitert und die passende Norm wird angewandt.[35] Daher kann die Gesetzesumgehung eigentlich erst dort anfangen, wo die Auslegung endet. Diese Unterscheidung bleibt jedoch ohne ernsthafte praktische Bedeutung: Bei der Gesetzesumgehung handelt es sich schließlich nicht um ein Rechtsinstitut, sondern um ein Rechtsproblem, das mit Hilfe der Analogie (oder gegebenenfalls der teleologischen Reduktion) gelöst wird. Die Kategorisierung als „Gesetzesumgehung" hat für den Analogieschluss keine Bedeutung, insbesondere wird nicht das Vorliegen einzelner Tatbestandsvoraussetzungen vorweggenommen. Der Begriff dient daher im Ergebnis nur der Systematisierung

29 BGH WM 1968, S. 918; BGH NJW 1968, S. 2286, 2287; BGH NJW 1983, S. 2873; ebenso bereits RGZ 63, S. 143, 145; 84, S. 304, 305; 155, S. 138, 146 f.; zustimmend *Sack*, in: Staudinger, BGB, Neubearbeitung 2003, § 138 Rn. 42, 498; ablehnend *Armbrüster*, in: MK-BGB, § 134 Rn. 17, § 138 Rn. 53.

30 Vgl. BGH NJW 1968, S. 750, 751; *Benecke*, Gesetzesumgehung im Zivilrecht, S. 45; *Sack*, in: Staudinger, BGB, Neubearbeitung 2003, § 134 Rn. 152.

31 *Benecke*, Gesetzesumgehung im Zivilrecht, S. 45.

32 *Benecke*, a.a.O.; *Schurig*, Gesetzesumgehung, S. 407.

33 *Benecke*, a.a.O.; *Schurig*, a.a.O.

34 *Benecke*, Gesetzesumgehung im Zivilrecht, S. 46.

35 Vgl. *Sack*, in: Staudinger, BGB, Neubearbeitung 2003, § 134 Rn. 146; *Schurig*, Gesetzesumgehung, S. 384.

von vergleichbaren Interessenlagen, die im Falle des Vorliegens der weiteren Voraussetzungen eine Analogie ermöglichen. Das fehlende Gewicht der Begrifflichkeit als solcher zeigt sich in der Variante der Gesetzesergehung: Bei dieser liegt der Sachverhalt innerhalb der Auslegungsgrenzen der fraglichen Norm, weshalb aus Wertungsgesichtspunkten dieser so eingeengt werden soll, dass ihre Anwendung verhindert wird.[36] Damit kann die strikte begriffliche Trennung der Gesetzesumgehung (als Form der Analogie) von der Auslegung nicht aufrecht erhalten werden. Dadurch wird die Gesetzesergehung aber nicht zu einer Frage der Auslegung des Gesetzeswortlauts. Vielmehr eröffnet sie über die Heranziehung wertender Kriterien die Möglichkeit der Reduktion des Tatbestands.

Zusammenfassend lässt sich daher festhalten, dass die Beurteilung der Gestaltungsmaßnahmen mit Blick auf die örtliche Zuständigkeit in Insolvenzverfahren nach einem mehrstufigen Muster zu erfolgen hat. Zunächst ist zu klären, ob es sich bei der Konstellation um ein erlaubtes *forum shopping* im engeren Sinne handelt, weil mehrere Gerichtsstände eröffnet sind. Ist dies nicht der Fall und ist es deshalb fraglich, dass das Verfahren bei dem richtigen Gericht gelandet ist, muss die nächste Frage sein, ob sich der Sachverhalt unter Ausschöpfung aller Mittel der Auslegung unter die vorhandenen Normen subsumieren lässt. Ist dies nicht der Fall, stellt sich die Frage nach der Gesetzesumgehung oder –ergehung. Diese ist wiederum streng abzugrenzen von der Simulation, der Sittenwidrigkeit und dem Rechtsmissbrauch. Es muss daher geklärt werden, ob die Gestaltung des Einzelfalls möglicherweise von mehreren Instituten erfasst wird, wie diese zueinander im Verhältnis stehen und welche Gesamtrechtsfolge sich daraus ergibt. Lässt sich der Sachverhalt jedoch unter die vorhandenen Vorschriften fassen, bleibt immer noch die Frage, ob die Rechtsfolge nicht dennoch sittenwidrig ist oder das Verhalten des Schuldners rechtsmissbräuchlich ist, da diese Institute gerade nicht streng von der Auslegung abgegrenzt werden müssen. Da ein Umgehungsfall dann aber nicht vorliegt, muss bei der Prüfung darauf verzichtet werden, die Umgehung der gesetzlichen Vorschriften als Argument anzuführen. Dies würde zu einer unkontrollierten Ausweitung der gesetzlichen Tatbestände führen.[37] Geht man aber von einem Umgehungsfall aus, bleibt weiter zu klären, ob die Voraussetzungen einer Gleichstellung, also eines Analogieschlusses vorliegen und wie weit dieser gehen kann.

---

36 Vgl. *Benecke*, Gesetzesumgehung im Zivilrecht, S. 36 f.

37 *Benecke*, Gesetzesumgehung im Zivilrecht, S. 87.

C) Beeinflussung der nationalen Zuständigkeit

I) Geschichtliche Entwicklung

Das *forum shopping* und die Firmenbestattung in der modernen Form entstand nach der deutschen Wiedervereinigung. Bis zur Einführung der Insolvenzordnung (InsO) im Jahr 1999 galt auf dem Gebiet der „neuen Bundesländer" die Gesamtvollstreckungsordnung (GesO) weiter. Diese beinhaltete Vorschriften zur Restschuldbefreiung, die der Konkursordnung (KO) im restlichen Bundesgebiet fremd waren. Dies hatte zur Folge, dass es insbesondere auch für Privatpersonen interessant wurde, ein Verfahren nach der GesO anzustreben. Zugleich entwickelte sich für Gesellschaften mit beschränkter Haftung (GmbH) ein Markt unter dem Begriff der „Firmenbestattung".

Das *forum shopping* der GmbH steht daher in einem engen Zusammenhang mit dieser sogenannten Firmenbestattung. Ziel des Ganzen ist nicht (mehr[38]) der Zugang zu einer anderen Rechtsordnung. Die Vorgehensweise und die Taktiken sind zwar die gleichen geblieben. Sie zielen heutzutage jedoch vornehmlich auf die Einstellung des Verfahrens mangels Masse und die Vermeidung der damit einhergehenden Bekanntmachungen und Veröffentlichungen am „Heimatstandort". Wenn sich die Lage einer Gesellschaft so entwickelt hat, dass ihre Anteilseigner zu der Überzeugung gelangt sind, dass es angezeigt ist, diese aus dem Verkehr zu ziehen ohne große Wellen zu schlagen, besteht bei den Gesellschaftern regelmäßig eine besondere individuelle Interessenlage, der ein „reguläres" Insolvenzverfahren in den Augen der Gesellschafter häufig nicht gerecht werden kann. Die vorherrschenden Motive sind dann regelmäßig dadurch geprägt, dass die Gesellschafter danach streben, Verantwortung abzugeben oder zu vermeiden. Dieses Problem ist besonders auffällig, wenn die Gesellschaft von Gesellschafter-Geschäftsführern geleitet wird oder eine Durchgriffshaftung wegen „Existenzvernichtung", „Vermögensvermischung" oder Ähnliches. zu befürchten ist. Darüber hinaus kommt z.B. die Sorge um die Pflicht zur Rückgewähr der an die Gesellschafter ausgeschütteten Gesellschaftsmittel nach §§ 30, 31 GmbHG bzw. die insolvenzrechtliche Schlechterstellung wegen Gesellschafterdarlehen oder –sicherheiten aller Art gemäß §§ 39 Abs. 1 Nr. 5, 135 InsO, § 6 AnfG in Betracht. Die Anreize, den Gläubigern und auch dem Gericht den klaren Blick auf die Verhältnisse der Gesellschaft zum Nachteil der Gläubiger zu verstellen, sind also vielfältig. Ein tragendes Element sämtlicher Ansätze ist stets eine notwendige Heimlichkeit, die sich regelmäßig durch besondere Eile, wenig Kooperationsbereitschaft und einen Mangel an Unterlagen auszeichnet.

---

38 Seit der Abschaffung der KO und GVO und Einführung der InsO gilt im gesamten Bundesgebiet ein einheitliches Insolvenzrecht.

II) Rechtsprechungsübersicht

Diese historische Weiterentwicklung des Begriffs des *forum shoppings* macht es erforderlich, seine Wesensmerkmale neu herauszuarbeiten. Dazu bietet sich an, die Entwicklung der Rechtsprechung zu betrachten. Anhand der dort entschiedenen Fälle können Gemeinsamkeiten deutlich gemacht werden. Auf dieser Grundlage kann dann untersucht werden, ob diese Gemeinsamkeiten bereits einen hinreichenden Nenner bilden, um von einem insgesamt missbräuchlichen Vorgehen sprechen zu können oder ob jeweils noch weitere Umstände hinzukommen müssen.

Die Betrachtung muss sich auf die Rechtsprechung nach der Einführung der InsO konzentrieren. Wenn es einen inhaltlichen Wandel des *forum shoppings* gegeben hat, beruht er auf der Vereinheitlichung der Konkurs- bzw. Insolvenzvorschriften im Bundesgebiet. Dennoch ist eine Entscheidung des BGH aus der Zeit vor der Einführung der InsO von zentraler Bedeutung. Diese wird in der Literatur auch zu diesem Zeitpunkt noch als maßgebliche Stellungnahme des BGH zum Problem des *forum shopping* angesehen. Die Darstellung der Entscheidungen erfolgt davon ausgehend anhand einiger exemplarischer Fälle.

BGHZ 132, S. 195 ff. (Beschluss vom 20. März 1996): Am 5. April 1995 hatte der neue Geschäftsführer einer Gesellschaft deren Anteile erworben und am gleichen Tag per Gesellschafterversammlung die Verlegung des Gesellschaftssitzes in den Geltungsbereich der GesO und den Austausch der Geschäftsführung beschlossen. Am 9. Juni 1995 stellte er einen Antrag auf Gesamtvollstreckung bei dem Gericht am Zielort. Das Gericht lehnte den Antrag nach einem Ortstermin als unzulässig ab, weil die Zuständigkeit erschlichen werden sollte. Nach der Eintragung der Sitzverlegung in das Handelsregister wurde ein weiterer Antrag auf Gesamtvollstreckung gestellt, der ebenfalls abgewiesen wurde. Daraufhin stellte der Geschäftsführer einen gleichlautenden Antrag bei dem Konkursgericht des Ursprungsorts und beantragte die Verweisung an das Gericht des Zielorts. Der BGH wurde dann von diesem Gericht zur Klärung der Zuständigkeit angerufen. Er entschied, dass trotz der weiteren Umstände eine Sitzerschleichung nur in Betracht käme, wenn die Gesellschaft ihren Sitz erst nach dem Eintritt der Konkursreife verlegt hätte, was im Hinblick auf die Drei-Wochen-Frist des § 64 Abs. 1 Satz 1 GmbHG[39] nicht zu vermuten sei. Die weiteren tatsächlichen Umstände waren: (i) keine werbende Tätigkeit am Zielort, (ii) der Geschäftsführer der Gesellschaft war zugleich Geschäftsführer und Gesellschafter einer Mehrzahl von Gesellschaften mit beschränkter Haftung, die sämtlich unter derselben Anschrift residierten und Konkurs angemeldet hatten.

BayObLG Beschl. v. 19. September 2003 – Az. 1Z AR 102/03[40]: Mit Vertrag vom 22.04.2003 veräußerte der frühere Gesellschafter einer GmbH seine Ge-

39 Heute § 15a Abs. 1 Satz 1 InsO.

40 BayObLG ZInsO 2003, S. 1143 ff.

schäftsanteile. Dieser hielt umgehend eine Gesellschafterversammlung ab, in welcher der frühere Geschäftsführer (und vorheriger Alleingesellschafter) abberufen und entlastet wurde, sich selbst zum neuen Geschäftsführer bestellte und die Firma und den Unternehmensgegenstand der Gesellschaft änderte. Dies wurde zum 20.05.2003 bei dem Handelsregister in Bamberg angemeldet. Am 11.06.2003 wurde eine weitere Gesellschafterversammlung durchgeführt, auf der die Sitzverlegung nach Brandenburg a.d. Havel beschlossen wurde. Deren Anmeldung wurde jedoch zurückgezogen. Am 17.06.2003 wurde beim Insolvenzgericht am Gesellschaftssitz ein Insolvenzantrag gestellt und die Verweisung nach Berlin-Charlottenburg beantragt. Der Antrag wurde damit begründet, dass (i) der Gewerbebetrieb abgemeldet wurde, (ii) bestehende Arbeitsverhältnisse aufgelöst wurden, (iii) die angemieteten Räumlichkeiten aufgegeben wurden und (iv) sämtliche Geschäftsunterlagen an den Wohnsitz des Gesellschafter-Geschäftsführers nach Berlin-Charlottenburg gebracht worden seien. Von dort aus solle die Abwicklung unter Einschaltung einer weiteren GmbH betrieben werden. Nach der Darstellung des Insolvenzgerichts Berlin-Charlottenburg hatte diese GmbH als Unternehmensberatung/Wirtschaftsdienste-Berlin wiederholt in der Presse damit geworben, Unternehmen binnen 24 Stunden zu übernehmen und Entlastung zu erteilen. Sie sei aus vielen Parallelverfahren gerichtsbekannt und halte für die übernommenen Gesellschaften in Berlin lediglich Briefkastenadressen vor. Im anschließenden Zuständigkeitsbestimmungsverfahren entschied das BayObLG, das Insolvenzgericht Bamberg sei zuständig, weil dort der Gesellschaftssitz liege und der Verweisungsbeschluss keine Bindungswirkung entfalte. Das Gericht stellte darauf ab, dass zum Zeitpunkt der Antragsstellung der Geschäftsbetrieb bereits eingestellt gewesen sei und ein Mittelpunkt einer selbständigen wirtschaftlichen Tätigkeit deshalb nicht existierte. Vielmehr sei der Verwaltungssitz erst nach Eintritt der Insolvenzreife verlegt worden und es sei von einem Versuch einer Zuständigkeitserschleichung auszugehen. Die Bestellung eines neuen Geschäftsführers zur Durchführung eines Insolvenzverfahrens begründe keine neue Zuständigkeit am Sitz des Geschäftsführers. Die Satzungsänderung über die Sitzverlegung sei wegen eines Verstoßes gegen § 4a Abs. 2 GmbHG[41] nichtig und nicht mehr zum handelsregisterlichen Vollzug vorgelegt worden. Die Verweisung sei willkürlich und damit nicht bindend.

OLG Celle Beschl. v. 9. Oktober 2003 – Az. 2 W 108/03[42]: Das OLG entschied in einem ganz ähnlich gelagerten Fall, ein Mittelpunkt einer selbständigen wirtschaftlichen Tätigkeit existiere nach der Einstellung des Geschäftsbetriebs nicht mehr. Abwicklungsmaßnahmen könnten einen solchen auch nicht mehr begründen, da sie nicht auf Erwerb, sondern nur noch auf Abwicklung ausgerichtet seien. Die Mitnahme der Geschäftsunterlagen an den Wohnsitz des

41 Inzw. aufgehoben durch MoMiG.

42 OLG Celle ZIP 2004, S. 1023 ff.

neuen Geschäftsführers sei für eine Zuständigkeitsbegründung nicht hinreichend. Das Gericht müsse im Einzelnen feststellen, welche Maßnahmen an dem vorgeblichen Verwaltungssitz tatsächlich durchgeführt würden. Außerdem sei aus einer Sitzverlegung, an die sich weitere Maßnahmen in kurzer zeitlicher Folge anschlössen, auf eine Zuständigkeitserschleichung zu schließen. Der Verweisungsbeschluss sei willkürlich und deshalb nicht bindend.

OLG Stuttgart Beschl. v. 27.11.2003 – Az. 8 AR 16/03[43]: Das OLG ist ebenfalls der Auffassung, eine Abwicklung durch die Dienstleistung eines dritten Unternehmens liefe dem Zweck des § 3 Abs. 1 Satz 2 InsO zuwider und könne nicht als selbständige wirtschaftliche Tätigkeit gelten. Dadurch würde Missbrauch Vorschub geleistet und die Grundsätze über die missbräuchliche Sitzverlegung könnten durch das Unterlassen einer Satzungsänderung umgangen werden. Außerdem sei die Redlichkeit eines Antragsstellers zweifelhaft, der sich sofort mit einem Verweisungsantrag an ein Insolvenzgericht wenden würde. Auch die Firmenänderung lege eine gläubigerschädigende Absicht nahe. Die Anforderungen an die Nachforschungen des Gerichts seien aber immer einzelfallabhängig, weshalb allgemein verbindliche Grundsätze nicht aufgestellt werden könnten.

BGH Beschl. v. 13. Dezember 2005 – Az. X ARZ 223/05[44]: Der BGH hat die Rechtsprechung der anderen Oberlandesgerichte gestützt, indem er Verweisungen für willkürlich erklärt hat, die ohne Begründung und ohne weitere Ermittlungen durch das verweisende Gericht ergangen sind.

III) Auswertung: Gemeinsame Elemente

Aus der Rechtsprechung ergibt sich ein weitgehend einheitliches Bild solcher Vorgehensweisen, die allgemein als gläubigerschädigend und missbräuchlich angesehen werden. Sie bilden in ihrer Gesamtheit die „gewerbsmäßige Firmenbestattung“. Ein tragendes Element dabei ist, die Zuständigkeit eines Gerichts zu erreichen, auf das sich die Gläubiger nicht einstellen konnten. Dazu werden mehrere Schritte unternommen. Diese sind zusammengefasst:

- Die Übernahme der Geschäftsanteile durch einen Erwerber. Der Kaufpreis ist häufig nur symbolischer Natur oder wird zunächst völlig ausgeklammert.[45]
- Die Abberufung und Entlastung der Geschäftsführer. In den kleineren Gesellschaften mit beschränkter Haftung ist der Geschäftsführer zumeist auch Gesellschafter. Dieser Schritt ist aus der Sicht der (früheren) An-

---

43 OLG Stuttgart OLGR 2004, S. 184 ff. = NZI 2004, S. 750 ff.

44 BGH NJW 2006, S. 847 ff.

45 Geht man von den Erfahrungen mit den einschlägigen Inserenten aus, wird davon auszugehen sein, dass die Anteilseigner dem Erwerber die Übernahme bezahlen.

teilseigner der wichtigste, da sie sich dadurch versprechen, von einer möglichen Haftung freizukommen.

- Die Bestellung eines neuen Geschäftsführers. In den angeführten Entscheidungen war dies zumeist der Erwerber. Häufig sind dies jedoch wirtschaftlich unerfahrene Personen, die im Rahmen des Verfahrens unauffindbar werden und deshalb dem Informationsbegehren der Gerichte nicht nachkommen können.
- Die Änderung der Firma und des Unternehmensgegenstands. Dieser Schritt wird von den Gerichten besonders kritisch betrachtet, weil die Firmenänderung besonders geeignet ist, die Gläubiger zu benachteiligen, weil alle weiteren Verfahrensschritte und die damit einhergehenden Bekanntmachungen von ihnen unbemerkt bleiben. Zugleich hängt die Firmenänderung und insbesondere die Änderung des Unternehmensgegenstands wohl häufig mit der geplanten kommerziellen Weiterverwertung des Firmenmantels durch den Erwerber zusammen.[46]
- Die Stellung des Insolvenzantrags bei dem Gericht am ursprünglichen Standort, verbunden mit dem Antrag, das Verfahren an ein weit entfernt liegendes Insolvenzgericht zu verweisen.

Die formale Sitzverlegung selbst, die sich auf den ersten Blick für diese Konstellationen aufdrängen mag, wurde in den besprochenen Fällen nicht durchgeführt. Lediglich in einem Fall wurde sie von der Gesellschafterversammlung zwar beschlossen, dann aber zurückgezogen und folglich nicht mehr in das Handelsregister eingetragen.[47] Dies ist bemerkenswert, weil beispielsweise das OLG Stuttgart argumentiert, der Verzicht auf eine Sitzverlegung stelle eine Umgehung der dazu entwickelten Grundsätze über missbräuchliche Sitzverlegungen dar; sonst werde der Zuständigkeitserschleichung Vorschub geleistet.[48] Dem gegenüber steht die Entscheidung des OLG Celle, das andeutet, die Sitzverlegung von A nach B, um dann ein Insolvenzverfahren im weit entfernten B-C anzustreben, deute auf die Absicht hin, die Vorgänge zu verschleiern.[49] Geht man vom Standpunkt des OLG Stuttgart aus, liegt deshalb die Vermutung nahe, dass die Durchführung einer formellen Sitzverlegung die geplante insolvenzrechtliche Abwicklung möglich gemacht hätte, wohl mit der Begründung, ein Missbrauch wäre bei der Kontrolle der Sitzverlegung durch das Registergericht aufgefallen und da dies nicht geschehen sei, könne nicht von einer Zuständigkeitserschleichung ausgegangen werden.

Daraus folgen die Fragen, welcher Art die Grundsätze über die rechtsmissbräuchliche Sitzverlegung sein sollen, was sie besagen und ob sie weiterhin Gel-

---

46 In diesen Fällen wird der Unternehmensgegenstand regelmäßig in die „Verwaltung eigenen Vermögens“ geändert.

47 BayObLG ZInsO 2003, S. 1143 ff.

48 OLG Stuttgart, ZInsO 2004, S. 750 ff. Rn. 18.

49 OLG Celle, ZIP 2004, S. 1023 Rn. 16.

tung beanspruchen können.[50] Im Anschluss daran stellt sich die Frage, ob unter Beachtung dieser Grundsätze das Ergebnis der Prüfung beeinflusst wird oder ob die Rechtsprechung, die wohl inzwischen als gefestigt angesehen werden kann, weiterhin den Kurs in diesen Fallgestaltungen vorgibt.

Daneben haben die Gerichte teils ausdrücklich teils implizit noch eine Aussage darüber getroffen, welche Auswirkungen die Abwicklungstätigkeiten der neuen Geschäftsführung oder ihrer beauftragten Dienstleister auf die örtliche Zuständigkeit haben. Eine selbständige wirtschaftliche Tätigkeit wurde insoweit abgelehnt. Die dafür gegebene Begründung erscheint jedoch wenig überzeugend zu sein: Die Gerichte verweisen auf die Umstände, die eine Firmenbestattung nahe legen würden und dass deshalb die Anerkennung nach § 3 Abs. 1 Satz 2 InsO der Firmenbestattung und Zuständigkeitserschleichung Vorschub leisten würde und aus diesem Grund abgelehnt werden müsse. Damit schaffen sie jedoch möglicherweise eine Ausnahme zu § 3 Abs. 1 Satz 2 InsO oder ein eigenes Rechtsinstitut. Einen Mittelpunkt einer selbständigen wirtschaftlichen Tätigkeit in diesen Fällen abzulehnen, muss deshalb ebenfalls intensiver begründet werden.

IV) Örtlich zuständiges Gericht

Der Ausgangspunkt der Betrachtung zur Beeinflussung des Gerichtsstandes sind die Vorschriften der InsO und über die Verweisung des § 4 InsO die Normen der ZPO. Spezialgesetzlich regelt sich die örtliche Zuständigkeit nur nach § 3 InsO. Die örtliche Zuständigkeit des Insolvenzgerichts bestimmt sich danach gemäß § 3 Abs. 1 Satz 1 InsO nach dem allgemeinen Gerichtsstand des Schuldners. Die Insolvenzfähigkeit einer Kapitalgesellschaft ergibt sich aus § 11 Abs. 1 Satz 1, 2. Alternative InsO. Der allgemeine Gerichtsstand orientiert sich bei diesen Gesellschaften gemäß § 17 Abs. 1 Satz 1 ZPO nach ihrem Sitz. Dieser ergibt sich aus der Satzung bzw. dem Gesellschaftsvertrag. Die Vermutung des § 17 Abs. 1 Satz 2 ZPO kommt nur dort zum Tragen, wo es an einem eindeutig bestimmten Sitz fehlt.[51] Von diesem Grundprinzip weicht § 3 Abs. 1 Satz 2 InsO jedoch ab. Für den Fall, dass der Mittelpunkt der selbständigen wirtschaftlichen Tätigkeit der Gesellschaft an einem anderen Ort als dem Sitz der Gesellschaft liegt, soll jener maßgeblich sein. Daraus ergibt sich, dass bei einer noch am Markt aktiven Gesellschaft vorrangig geprüft werden muss, ob sich ein abweichender Mittelpunkt der selbständigen wirtschaftlichen Tätigkeit feststellen lässt, bevor auf den Grundfall zurückgegriffen werden kann.[52]

50 Vgl. zu den Änderungen durch das MoMiG u. IV) 1) (1).
51 *Heinrich* in Musielak, ZPO, § 17 Rn. 10; *Vollkommer* in Zöller, ZPO, § 17 Rn. 10.
52 *Ganter* in MK-InsO, § 3, Rn. 4.

Für die Beurteilung der Gestaltungsvarianten ist es erforderlich, die Sachverhalte, wie sie durch die gemeinsamen Elemente vorgegeben sind, unter die Kategorien zu subsumieren.

Zunächst kann sowohl für die Frage nach der Sitzverlegung als auch für die Frage nach der Neuplatzierung der selbständigen wirtschaftlichen Tätigkeit übergreifend geklärt werden, ob ein *forum shopping* im technischen Sinne[53] in Betracht kommt oder ob nur die Kategorien der Gesetzesumgehung, der Sittenwidrigkeit, der Simulation und des Rechtsmissbrauchs herangezogen werden können. Das technische *forum shopping* scheidet aus, wenn das Zuständigkeitssystem der InsO so ausgelegt ist, dass die parallele Zuständigkeit mehrerer Gerichte ausgeschlossen ist. Besteht im Bundesgebiet immer nur ausschließlich eine Zuständigkeit, kann eine zulässige Auswahl des Gerichtsstands nicht möglich sein. Die Zuständigkeit mehrerer Insolvenzgerichte spricht jedoch § 3 Abs. 2 InsO ausdrücklich an. Daraus lässt sich schließen, dass es grundsätzlich zu parallelen Zuständigkeiten kommen kann. Es ist jedoch fraglich, welche Fälle von dieser Vorschrift erfasst werden. Die Formulierung des § 3 Abs. 1 Satz 2 InsO macht mit der Wahl des Wortes „ausschließlich" deutlich, dass kein Wahlrecht zwischen dem Gericht am Tätigkeitsmittelpunkt und dem allgemeinen Gerichtsstand gemäß § 17 Abs. 1 Satz 1 InsO besteht. Weicht also der Tätigkeitsmittelpunkt von dem allgemeinen Gerichtsstand ab, ist nur das Gericht am ersteren zuständig.[54] Der Anwendungsbereich der Vorschrift liegt vielmehr zuvorderst bei den natürlichen Personen als Schuldnern. So kann eine natürliche Person ohne Tätigkeitsmittelpunkt im Sinne von § 3 Abs. 1 Satz 2 InsO mehrere Wohnsitze haben.[55] Diese Sachverhalte sind jedoch auf Kapitalgesellschaften praktisch nicht übertragbar.[56] Fehlt dort ein Tätigkeitsmittelpunkt, ist der satzungsmäßige Sitz ausschlaggebend. Doppelsitze sind jedoch nur in ganz engen Ausnahmefällen für zulässig erachtet worden.[57] Daher bleibt es bei Kapitalgesellschaften auch in diesem Fall bei einer einfachen Zuständigkeit. Einzig entfernt denkbar bleibt der Fall, dass die schuldnerische Gesellschaft an mehreren Orten selbständig wirtschaftlich tätig ist, ohne dass ein Mittelpunkt festzustellen ist.[58] Hat die schuldnerische Gesellschaft dann einen weiteren durch Statut, Gesetz oder Konzessionsbedingungen begründeten allgemeinen Gerichtsstand im Inland im Sinne des § 17 Abs. 3 ZPO, so kann es zu einem Wahlrecht kommen.

53 Vgl. o. B.

54 *Gerhardt*, in: Jaeger, InsO, § 3 Rn. 2.

55 *Kirchhof*, in HK-InsO, § 3 Rn. 17; *Schmerbach*, in: FK-InsO, § 3 Rn. 14.

56 A.A. *Klockenbrink*, Gläubigerstellung, S. 96, 132 am Bsp. von Daimler/Chrysler.

57 Einerseits im Zusammenhang mit Enteignungen im Zuge der deutsch-deutschen Teilung, s. *Heider*, in: MK-AktG, § 5 Rn. 46 f.; andererseits in besonders gelagerten Fällen wie z.B. aus Traditionsgründen nach dem Zusammenschluss von Thyssen und Krupp, s. dazu LG Essen, ZIP 2001, S. 1632 f.

58 *Ganter*, in: MK-InsO, § 3 Rn. 20.

Diese Vorschrift kann aber nicht dazu gebraucht werden, durch eine Satzungsbestimmung einen beliebigen weiteren Gerichtsstand zu errichten, sondern stellt eine Form der Prorogation, also einer Vereinbarung über den Gerichtsstand, dar.[59] Davon werden deshalb insbesondere solche Klauseln im Gesellschaftsvertrag erfasst, die für Streitigkeiten mit den Gesellschaftern den allgemeinen Gerichtsstand festlegen.[60] Die Gesellschaft kann sich nicht durch eine Satzungsregelung selber ein Wahlrecht und damit eine Möglichkeit zum *forum shopping* schaffen.

Forum shopping im engen technischen Sinne scheidet für Kapitalgesellschaften praktisch aus, da die Insolvenzordnung jeweils nur einen Gerichtsstand zur Verfügung stellt.[61]

Es ist deshalb zu prüfen, ob die in Rede stehenden Sachverhalte unter die positiven Vorschriften zu fassen sind oder ob sie sich außerhalb der Schranken der Auslegung bewegen und deshalb eine Analogie unter weiteren Voraussetzungen erforderlich machen. Zudem ist weiter fraglich, ob sich die Vorgänge als sittenwidrig, rechtsmissbräuchlich oder als Simulation erweisen und welche Rechtsfolgen sich im Zusammenspiel ergeben. Für diese Prüfung ist im Folgenden jedoch zwischen den Konstellationen zu unterscheiden. Einerseits stellt sich die Frage nach der Behandlung einer Sitzverlegung im Zusammenhang mit der Insolvenzantragsstellung. Andererseits muss erörtert werden, wie der – bisher scheinbar – üblichere Weg, den Mittelpunkt der selbständigen wirtschaftlichen Tätigkeit zu verlegen, zu qualifizieren ist.

59 *Vollkommer*, in: Zöller, ZPO, § 38 Rn. 9a.
60 Vgl. BGHZ 123, S. 347 ff.
61 A.A. *Klockenbrink*, Gläubigerstellung, S. 96, 131 f.

1) Beeinflussung der Umstände: der Sitz

Der Mittelpunkt der wirtschaftlichen Tätigkeit ist nur so lange ausschlaggebend, wie sie tatsächlich aufrecht erhalten wird. Fällt die Tätigkeit vollständig weg, entfällt damit auch der Anknüpfungspunkt für die Zuständigkeitsbestimmung gemäß § 3 Abs. 1 Satz 2 InsO. Folglich ist dann auf Satz 1 zurückzugreifen und die örtliche Zuständigkeit gemäß § 4 InsO i.V.m. § 17 Abs. 1 Satz 1 ZPO über den Sitz der Gesellschaft zu bestimmen.[62] Es ist dementsprechend naheliegend, durch die Wahl des Gesellschaftssitzes eine Beeinflussung des Insolvenzorts zu versuchen. Nach der Rechtsprechung des BGH ist die Aufnahme einer werbenden Tätigkeit am Zielort nicht mehr erforderlich.[63] Als Konsequenz richtet sich die Zuständigkeit des Insolvenzgericht dann gemäß §§ 3 Abs. 1 Satz 1, 4 InsO i.V.m. § 17 Abs. 1 ZPO nach dem satzungsmäßigen Sitz der Gesellschaft. Es kann daher grundsätzlich möglich sein, durch die Verlegung des Gesellschaftssitzes in Verbindung mit einer rechtzeitigen Einstellung des Geschäftsbetriebs ein bestimmtes Gericht örtlich zuständig werden zu lassen. Dabei ist jedoch Voraussetzung, dass die Sitzverlegung vollständig wirksam geworden ist.[64] Dazu gehört insbesondere die notarielle Form gemäß § 53 Abs. 2 GmbHG und die Eintragung in das Handelsregister (§ 54 Abs. 3 GmbHG).[65]

Das Modell, das den Weg über die Änderung des satzungsmäßigen Sitzes beschreitet, hat dabei zwei Hürden zu überwinden.

Zunächst muss das Registergericht die Satzungsänderung prüfen und eintragen. Wenn später am neuen Satzungssitz die Insolvenz beantragt wird, prüft das Insolvenzgericht seine örtliche Zuständigkeit nach § 3 InsO und kommt möglicherweise zu dem Schluss, dass es die Sitzverlegung nicht gelten lässt. Die Sitzverlegung muss als Satzungsänderung gemäß § 53 Abs. 2 Satz 1 GmbHG notariell beurkundet werden. Dies braucht Zeit, kostet Geld und fügt der Überprüfung ein weiteres Paar Augen hinzu. Auch die Anmeldung und Eintragung selbst braucht wiederum eine Weile und zusätzliche Gebühren. Gerade diese Zeit – und möglicherweise dieses Geld – steht den Beteiligten mit Blick auf § 15a Abs. 1 InsO[66] jedoch gerade nicht zur Verfügung, wenn sie eine Haftung oder Strafbarkeit wegen Insolvenzverschleppung vermeiden wollen. Daneben ziehen die Beteiligten möglicherweise auch noch die Aufmerksamkeit

---

62 BayObLG ZinsO 2001, 669; 2003, 1143; NZI 2004, 89; OLG Celle ZIP 2004, 1023; *Gerhardt* in: Jaeger, InsO, § 3 Rn. 11; *Kirchhof* in HK-InsO, § 3 Rn. 8; a.A. *Becker*, in: Nerlich/Römermann, InsO, § 3 Rn. 21.

63 BGHZ 132, S. 195, 197.

64 *Ganter* in MK-InsO, § 3, Rn. 19; *Uhlenbruck* in Uhlenbruck, InsO, § 3, Rn. 3.

65 *Ganter* in MK-InsO, § 3 Rn. 19.

66 Vormals § 64 Abs. 1 GmbHG, geändert durch das MoMiG zum 1. November 2008.

der IHK auf sich. Vor diesem Hintergrund erklärt sich, warum in den besprochenen Fällen die formale Sitzverlegung vermieden wurde.[67]

Könnte man davon ausgehen, dass dieser Zeit- und Geldfaktor eine effektive Abschreckung wäre, könnte man mit dem OLG Stuttgart[68] davon ausgehen, dass es ausreichend ist, die Durchführung der formalen Sitzverlegung zu erzwingen, um sicherzustellen, dass einer Gerichtsstandserschleichung ein Riegel vorgeschoben wird. Dies überzeugt jedoch nicht. Ein genauerer Blick auf die Zeitangaben in den exemplarisch aufgeführten Entscheidungen macht deutlich, dass zwischen den Maßnahmen, die in den Augen die Firmenbestattung nahe legten, ihrer Eintragung und dem Eigenantrag auf die Eröffnung eines Insolvenzverfahrens, immer mehr als die im damaligen § 64 Abs. 1 Satz 1 GmbHG, heute § 15a Abs. 1 InsO, längstens vorgesehenen drei Wochen lagen. Wollen die Beteiligten dem zuständigen Registerrichter nicht geradezu aufdrängen, dass alle Maßnahmen im engen Zusammenhang stehen oder auf Nachfrage freimütig einräumen, die Gesellschaft still liquidieren zu wollen[69], erscheint es praktisch unmöglich, alle Maßnahmen innerhalb der Frist durchzuführen. Legt man wie der BGH den Entscheidungen zugrunde, dass sich der (Gesellschafter-)Geschäftsführer prinzipiell gesetzestreu verhält, könnte man daraus auf eine hinreichende Abschreckungswirkung durch § 64 Abs. 1 Satz 1 GmbHG a.F., jetzt § 15a Abs. 1 InsO, schließen.[70] Wie die Entscheidungen nach der Jahrtausendwende aufzeigen, spiegelt das die Praxis jedoch nicht wider. Gerade die Werbung der Firmenbestatter, die Geschäftsführung zu entlasten, macht den Wunsch der Alt-Gesellschafter und -Geschäftsführer deutlich, sich der eigenen Verantwortung zu entledigen. Sie sind sich offensichtlich bewusst, dass diese besteht und sie wird in Kauf genommen. Diese Abschreckung funktioniert offensichtlich nicht.[71]

Darüber hinaus ist auch fraglich, ob es zulässig ist, den Gesellschaften die Sitzverlegung praktisch vorzuschreiben. § 3 Abs. 1 Satz 2 InsO ist vorrangig zu prüfen[72] und legt eine örtliche Zuständigkeit aus Gründen der Sachdienlichkeit gerade unabhängig und abseits vom Gesellschaftssitz fest. Die Auffassung, ein Mittelpunkt einer selbständigen wirtschaftlichen Tätigkeit sei nicht anzuerkennen, weil sich die Gesellschaft nicht die Zeit genommen habe, den Sitz zu verlegen,[73] stellt die Regelungstechnik des § 3 InsO auf den Kopf. Außerdem legt das

---

67 Den Grund für dieses Verhalten in dem Wirken des § 4a GmbHG zu sehen, überschätzt wohl dessen praktische Relevanz. Diese Vorschrift spielte in den strittigen Fällen eigentlich keine tragende Rolle, vgl. *Kleindiek*, ZGR 2007, S. 276, 285 f.

68 OLG Stuttgart, ZInsO 2004, S. 750 ff.

69 Vgl. BayObLG ZInsO 2001, S. 669 ff.

70 Vgl. dazu näher u. 1) (2) a).

71 Vgl. BayObLG ZInsO 2003, S. 1143 ff.; OLG Celle ZIP 2004, S. 1023 ff.

72 Vgl. o. IV).

73 So wohl OLG Stuttgart, ZInsO 2004, S. 750 ff.

Gesetz nicht fest, dass der Sitz der Gesellschaft immer am Mittelpunkt der selbständigen wirtschaftlichen Tätigkeit liegen muss. Nach der Liberalisierung der Sitzwahl durch das MoMiG[74] müssen Satzungssitz und Geschäftstätigkeit nicht mehr in einem besonderen Zusammenhang stehen. Es sind deshalb Konstellationen denkbar, in denen eine ernst gemeinte Sanierung versucht wird, aber eine Sitzverlegung überhaupt (noch) nicht notwendig ist oder aus kaufmännischen Gründen nachteilig ist. Wenn diese Sanierung in der Folge scheitert, kann es nicht auf die formale Sitzverlegung ankommen.

Wenn eine Zuständigkeit nach § 3 Abs. 1 Satz 2 InsO also nicht generell mit dem Verweis auf die Vermeidung der Sitzverlegung verneint werden kann, bleibt dennoch die Frage, ob andersherum die Sitzverlegung bewirken kann, dass das Gericht am Zielort zuständig wird oder ob diese Sitzverlegung unbeachtlich ist. Insoweit soll davon ausgegangen werden, dass auch im Übrigen keine Zuständigkeit nach § 3 Abs. 1 Satz 2 InsO besteht. So wie bereits oben gesagt wurde, dass die Sitzverlegung zwei Hürden überwinden muss, gibt es dementsprechend zwei Ansatzpunkte, um missbräuchliche Sitzverlegungen abfangen und bekämpfen zu können. Einerseits kann das Registergericht die Eintragung und damit wegen § 54 Abs. 3 GmbHG die Wirksamkeit verweigern. Sollte das Registergericht dies nicht erkennen oder nicht für richtig halten oder die Eintragung aus anderen Gründen dennoch vornehmen, stellt sich die Frage, ob das Insolvenzgericht dieser die Anerkennung verweigern kann und auf welche Rechtsgrundlagen es sich dabei stützen muss.

(1) Auswirkung des MoMiG

Mit dem MoMiG[75] sind weitreichende Veränderungen am Recht der GmbH vorgenommen worden. Eine davon ist die Aufhebung des § 4a Abs. 2 GmbHG (und des entsprechenden § 5 Abs. 2 AktG). Ziel dieser Änderung war die Flexibilisierung der Sitzvorschriften. Die GmbH sollte im internationalen Wettbewerb der Gesellschaftsformen konkurrenzfähig gemacht werden. Daher wurde den Gesellschaftern die Möglichkeit eingeräumt, die Geschäftsanschrift, d.h. den tatsächlichen Verwaltungssitz, abseits des Satzungssitzes anzusiedeln, insbesondere also auch im Ausland.[76] Damit sollte natürlich keine Narrenfreiheit einhergehen und insbesondere nicht die Möglichkeit eröffnet werden, mit Hilfe des Satzungssitzes *forum shopping* vorzunehmen.[77]

---

74 Vgl. RegE MoMiG, BT-Drs. 16/6140, S. 29.

75 Gesetz zur Modernisierung des GmbH-Rechts und zur Bekämpfung von Missbräuchen (MoMiG) v. 23.10.2008, in Kraft getreten zum 01.11.2008, Bundesgesbl. 2008 Teil I Nr. 48, S. 2026 ff.

76 RegBegr. MoMiG, BT-Drs. 16/6140, S. 29.

77 *Kleindiek*, ZGR 2007, S. 276, 285.

Im Wesentlichen hält sich die Veränderung durch das MoMiG daher in Grenzen. Nach §§ 31, 29, 12 HGB muss die Geschäftsanschrift zum Handelsregister angemeldet werden. Die Änderung dieser Eintragung erfolgt ohne den erheblichen bürokratischen Aufwand des § 13h HGB. Eine Änderung der Geschäftsanschrift ist daher schneller zur Eintragung gebracht als eine Sitzverlegung.

§ 3 InsO und § 17 ZPO sind aber unverändert geblieben. Die Geschäftsanschrift hat als solche daher keinen direkten Einfluss auf die örtliche Zuständigkeit des Insolvenzgerichts. Ohne einen abweichenden Mittelpunkt selbständiger wirtschaftlicher Tätigkeit bleibt also weiterhin der Sitz der Gesellschaft ausschlaggebend und nicht die Geschäftsanschrift. Der eingetragenen Geschäftsanschrift wird aber die Stellung eines starken Indizes für die Lage eines solchen Mittelpunkts zugestanden werden müssen. Dies rechtfertigt sich einerseits aus der Öffentlichkeit, welche die Geschäftsanschrift durch ihre Eintragung genießt. Andererseits hat der Gesetzgeber betont, dass die Vorschriften über die Zustellung besonderes Gewicht gewinnen.[78] Damit sollen die Verantwortlichen zur Wahrheit angehalten werden: Ist die eingetragene Geschäftsadresse reine Fantasie oder ein Briefkasten eines Firmenbestatters, in dem die Post ungelesen bleibt, droht nämlich die öffentliche Zustellung und damit die Rechtskraft von gerichtlichen Entscheidungen, ohne dass die Gesellschafter und Geschäftsführer davon Kenntnis erlangen.

Die Indizwirkung der eingetragenen Geschäftsanschrift wirkt sich dahingehend aus, dass es nur in ganz wenigen Ausnahmefällen denkbar erscheint, das Insolvenzgericht davon überzeugen zu können, dass die örtliche Zuständigkeit weder im Bezirk der Geschäftsanschrift noch am Sitz der Gesellschaft liegt. In Anbetracht der hervorgehobenen Bedeutung der Zustellungsvorschriften[79] ist es der schuldnerischen Gesellschaft zuzumuten, ein Verfahren an der eingetragenen Anschrift zu ertragen; gleichsam ist es den Gläubigern zumutbar, sich auf ein Verfahren an einem der im Register eingetragenen Orte einzustellen.

Im Übrigen ist qualitativ kein Unterschied zwischen einer kurzfristigen Sitzverlegung und einer kurzfristigen Änderung der Geschäftsanschrift im Vorfeld eines Insolvenzantrags erkennbar. Insofern können auf letztere die wertenden Betrachtungen zur Bedeutung einer verdächtigen Sitzverlegung übertragen werden.[80] In dogmatischer Hinsicht ermöglicht die Indiznatur der eingetragenen Geschäftsanschrift es dem Insolvenzgericht, je nach Lage des Falles den Mittelpunkt der selbständigen wirtschaftlichen Tätigkeit mit entsprechender Begründung am vorherigen Ort zu erkennen oder den eingetragenen Gesellschaftssitz als ausschlaggebend zu behandeln, wenn es an einer hinreichenden Tätigkeit mangelt. Den flexibleren Möglichkeiten zur Verlegung auf der Gesell-

78 RegBegr. MoMiG, BT-Drs. 16/6140, S. 29.

79 RegBegr. MoMiG, a.a.O.

80 Dazu u. (2) e) (c) und (d).

schaftsseite steht also die leichtere Möglichkeit der Gerichte gegenüber, diese zu ignorieren.

Dementsprechend ermöglichen die Gesetzesänderungen durch das MoMiG in der Tat nicht das unbürokratische *forum shopping*. Die Flexibilisierungen werden insofern ausgeglichen durch die negativen Folgen öffentlicher Zustellung falls die Eintragungen nicht der Wahrheit entsprechen und der größeren Freiheit der Gerichte, einer Änderung der Geschäftsanschrift keine Beachtung zu schenken. Insoweit gelten die gleichen Maßstäbe wie bei einer nicht anzuerkennenden Sitzverlegung. Eine Zuständigkeit, die sowohl vom Sitz als auch von der Geschäftsanschrift abweicht, ist nur mit ganz außergewöhnlichen Begründungen denkbar. Es lässt sich deshalb die Prognose aufstellen, dass die Änderung der Geschäftsanschrift keine wesentlichen Änderungen im Umgang mit *forum shopping* bewirken wird und gleichzeitig die Sitzverlegung weiterhin eine Rolle spielen wird.

(2) Keine Anerkennung der Sitzverlegung

Wenn die Gesellschaft die örtliche Zuständigkeit auf dem Wege der Betriebsverlegung herbeiführt, wird das regelmäßig zur Folge haben, dass sie dort tatsächlich einen wirtschaftlichen Mittelpunkt geschaffen hat. In dieser Konstellation erscheint es fraglich, inwieweit ein Missbrauch vorliegen kann, wenn dort tatsächlich eine wirtschaftliche Tätigkeit aufgenommen wurde. In diesem Zusammenhang besteht auch eine geringere Schutzbedürftigkeit auf Seiten der Gläubiger, da sie ihre Geschäfte mit der Gesellschaft am neuen Ort weiterführen. Ein Bedürfnis für eine Missbrauchsabwehr entsteht erst da, wo die Gesellschaft versucht, unbemerkt von der Öffentlichkeit kurzfristig die örtliche Zuständigkeit zu ändern. Dies sind die Fälle der Verlegung des satzungsmäßigen Sitzes im Zusammenhang mit der Einstellung der Betriebstätigkeit.

Bis zum Erlass des MoMiG, richtete sich die Zulässigkeit der Sitzwahl nach § 4a Abs. 2 GmbHG.[81] Während der BGH sich in seiner ursprünglichen Entscheidung von 1996[82] noch nicht daran orientieren konnte, da § 4a Abs. 2 GmbHG erst 1999 geschaffen wurde, ist diese Vorschrift für die Oberlandesgerichte, die spätere Fälle entschieden haben, geltendes Recht gewesen. Trotzdem enthalten die Entscheidungen, die sich mit den Fragen einer Sitzverlegung befassen, keine Ausführungen darüber, wie sich *forum shopping*, Gerichtsstandererschleichung und Firmenbestattung zu § 4a Abs. 2 GmbHG a.F. verhalten.[83] Vielmehr wird in diesen Entscheidungen ganz allgemein davon gesprochen, dass eine Sitzverlegung wegen Rechtsmissbräuchlichkeit unbeachtlich gewesen

81 Dazu ausführlich im vorigen Abschnitt.

82 BGHZ 132, S. 195 ff.; vgl. auch o. II).

83 Anders nur BayObLG ZInsO 2003, S. 1143 ff.

wäre,[84] oder dass die Konstruktion ohne die Vornahme einer Sitzverlegung nicht dazu führen dürfe, die Grundsätze zu umgehen, die für die missbräuchliche Sitzverlegung entwickelt wurden.[85] Im Hinblick auf die neue Rechtslage, die eine Liberalisierung der Sitzwahlmöglichkeiten für juristische Personen mit sich gebracht hat, muss diese Rechtsprechung daher überdacht werden. Die neuen Freiheiten bei der Sitzwahl bedeuten im Gegenzug selbstverständlich nicht, dass der Gesetzgeber dem *forum shopping* freie Hand gewähren wollte.[86]

Die Formulierung der Beschlüsse macht jedoch schon deutlich, dass die Rechtsprechung keine genauen Begrifflichkeiten für die Einordnung der Sachverhalte verwendet und dementsprechend uneinheitlich verfährt. Dies wird in der Literatur nicht weiter kritisiert. Im Folgenden soll deshalb zunächst dargestellt werden, wie sich die Rechtslage insbesondere aus der Sicht des BGH darstellt und welche Position das Schrifttum dazu einnimmt. Anschließend soll dann die genauere dogmatische Einordnung vorgenommen werden.

a) Der frühe BGH

Der BGH hat in seiner frühen Entscheidung noch aus Zeiten der Konkurs- und der Gesamtvollstreckungsordnung beschlossen, dass eine Sitzverlegung missbräuchlich sein kann, wenn zu dem Zeitpunkt ihrer Durchführung die Gesellschaft bereits offensichtlich konkursreif ist.[87] Wenn die Gesellschaft aber erst mehr als drei Wochen nach ihrem Umzug bei dem Gericht den Insolvenzantrag stellt, soll dies gerade gegen die Annahme sprechen, die Gesellschaft sei bereits bei ihrer Sitzverlegung insolvenzreif gewesen. Dies begründet der BGH mit den strafrechtlichen Konsequenzen, die das Verschleppen des Insolvenzantrages mit sich bringt.[88] Gemäß §§ 84 Abs. 1 Nr. 2, 64 Abs. 1 GmbHG droht dem Geschäftsführer eine Freiheitsstrafe von bis zu drei Jahren. Gleichzeitig weigert der BGH sich, dem Fehlen der Aufnahme einer wirtschaftlichen Tätigkeit eine Vermutungswirkung zukommen zu lassen.[89] Auch wenn der bestellte Geschäftsführer zur gleichen Zeit das selbige Amt bei einer Vielzahl von Gesellschaften innehat, die ihren Sitz sämtlich an der gleichen Adresse haben und darüber hinaus alle Konkurs angemeldet haben, sei diesem Umstand allein keine Bedeutung beizumessen.[90] Ob er auch den in der Vergangenheit herausgearbeiteten Fallgruppen wie der Briefkastenadresse die Anerkennung versagt oder ob er hier von einem Missbrauch ausgehen will, lässt der BGH offen, da im entschiedenen

84 BayObLG ZInsO 2001, S. 669 ff.
85 OLG Stuttgart, ZInsO 2004, S. 750 ff.
86 *Kleindiek*, ZGR 2007, S. 276, 285.
87 BGHZ 132, 195, 197.
88 BGHZ a.a.O.
89 BGHZ a.a.O.
90 BGHZ a.a.O.

Fall wohl tatsächlich einige Räumlichkeiten angemietet und dort die Geschäftsunterlagen aufbewahrt wurden.[91]

b) Die Literatur

Diese Rechtsauffassung wird in der Literatur verbreitet als unbefriedigend oder zumindest nicht abschließend angesehen. Der Beschluss sei für die Praxis unbrauchbar.[92] Dem BGH wird vorgeworfen, er lade zu einer Zuständigkeitserschleichung ein, die nur vom Abwarten einer „Schamfrist" abhängig gemacht werde.[93] Der Ansatz sei zu formalistisch und zu eng. Im Einzelnen gehen die Meinungen jedoch auseinander.

Es wird vertreten, dass eine Vermutung für eine Zuständigkeitserschleichung bereits dann bestehen solle, wenn am neuen Sitz keine werbende Tätigkeit entfaltet werde.[94] Teilweise wird diesem Umstand aber auch nur Indizwirkung zugemessen, da die Beweggründe, eine werbende Tätigkeit nicht mehr aufzunehmen, vielfältig sein könnten.[95] Bestehen am alten Sitz noch Geschäftsräume, soll dies aber in jedem Falle ein starkes Indiz für ein missbräuchliches Vorgehen darstellen.[96] Andere verzichten ganz auf feste Kriterien und nehmen eine missbräuchliche Inanspruchnahme der Zuständigkeit des Insolvenzgerichts dann an, wenn die Verlegung des Sitzes nicht als nachhaltig beabsichtigt war, sondern zumindest vorrangig dazu diente, einen neuen Gerichtsstand zu begründen.[97] Das Insolvenzgericht habe dies im Einzelfall gemäß § 5 InsO anhand der genannten Indizien zu prüfen.[98] Insoweit wird eine Analogie zu § 117 Abs. 1 BGB herangezogen und die Sitzverlegung als Scheingeschäft für unwirksam erklärt.[99]

c) Der aktuelle BGH

Der BGH hat sich in einer zweiten Entscheidung aus dem Jahr 2005 erneut zu der Thematik geäußert.[100] In der Entscheidung konnte sich das Gericht jedoch auf die Entscheidung der Frage beschränken, ob der Verweisungsbeschluss des ursprünglich von den Antragstellern angegangenen Insolvenzgerichts willkürlich war. Der BGH äußert sich daher nicht direkt zu der Frage, unter welchen

---

91 BGHZ 132, 195, 196.
92 *Paulus* EWiR 1996, S. 741, 742.
93 *Leibner* NZI 2002, S. 479; *Schmerbach* in FK-InsO, § 3, Rn. 21.
94 *Schmerbach* in FK-InsO, § 3, Rn. 21.
95 *Ganter* in MK-InsO, § 3, Rn. 42.
96 LG Göttingen, ZIP 1997, 988, 989; *Ganter* in MK-InsO, § 3, Rn. 42; *Schmerbach* in FK-InsO, § 3, Rn. 21.
97 *Kirchhof* in HK-InsO, § 3, Rn. 20. *Uhlenbruck* in Uhlenbruck, InsO, § 3, Rn. 12.
98 *Kirchhof* in HK-InsO, § 3, Rn. 20.
99 *Uhlenbruck*, in Uhlenbruck, InsO, § 3, Rn. 12.
100 Vgl. o. II).

Umständen ein *forum shopping* bzw. allgemein eine Firmenbestattung anzunehmen sei. Auch musste er nicht auf seine frühere Entscheidung eingehen, weil in diesem Fall keine Sitzvernehmung vorgenommen worden war. Der Beschluss enthält auch keine Aussage darüber, ob es inhaltlich richtig war, den Verweisungsbeschluss zu treffen. Der BGH weist aber auf den Prüfungsmaßstab hin, den das Insolvenzgericht zu beachten hat. Deshalb kann daraus geschlossen werden, auf welche Punkte das Gericht nach der Ansicht des BGH bei seiner Prüfung abstellen muss:

Der BGH verweist in Randnummer 13 des Beschlusses auf die obergerichtliche Rechtsprechung. Das Insolvenzgericht hätte sich in Anbetracht dieser inzwischen verfestigten Rechtsprechung zu einer tiefergehenden Prüfung veranlasst sehen müssen. Der BGH gibt diese Rechtsprechung in Randnummer 6 seines Beschlusses jedoch – wohl bewusst – nur knapp wieder. Dies geschieht jedoch auf bemerkenswerte Weise. Zum einen reduziert er die Sachverhalte der dort genannten Entscheidungen darauf, dass die Veräußerung der Geschäftsanteile und der Austausch der Geschäftsführung in einem unmittelbaren Zusammenhang mit der Insolvenzantragsstellung stehen. Zum anderen gibt der BGH die Rechtsansicht der Oberlandesgerichte überraschend wieder:

> „Diese haben entschieden, dass ein Verweisungsbeschluss willkürlich und deshalb nicht bindend sei, **weil** eine Zuständigkeit am Wohnsitz des Geschäftsführers der GmbH dann nicht in Betracht komme, wenn die Veräußerung der Geschäftsanteile und die Abberufung des alten sowie die Ernennung des neuen Geschäftsführers in unmittelbarem zeitlichen Zusammenhang mit der Stellung des Insolvenzantrags stünden und das Verfahren damit das Gepräge einer "gewerbsmäßigen Firmenbestattung" habe. In solchen Fällen komme für die Durchführung des Insolvenzverfahrens eine Zuständigkeit des Insolvenzgerichts, bei dem der neu bestellte Geschäftsführer seinen Sitz habe, nicht in Betracht, **weil** es sich um eine rechtsmissbräuchliche Zuständigkeitserschleichung handele."[101] (Hervorhebungen des Verfassers)

Die zitierten Oberlandesgerichte haben – zumindest formal – den Verweisungsbeschluss für willkürlich erklärt, weil dieser – über ein Gesetzeszitat hinaus – jeweils nicht begründet war und das Gericht keine weiteren Nachforschungen angestellt hat. Dies bleibt jedoch ohne direkte Konsequenzen, weil der BGH in Randnummer 12 die fehlende Bindungswirkung eines Beschlusses ebenfalls auf die Formel stützt, dass der Verweis schlechterdings nicht als im Rahmen des § 281 ZPO ergangen angesehen werden kann, etwa weil er auf der Verletzung rechtlichen Gehörs beruht oder weil er jeder gesetzlichen Grundlage entbehrt und deshalb als willkürlich betrachtet werden muss. Jedoch macht der BGH deutlich, dass er erkannt hat, dass die Oberlandesgerichte nicht nur wegen der Verletzung prozessrechtlicher oder rechtsstaatlicher Grundsätze die Verweisungsbeschlüsse für unbeachtlich erklärt haben, sondern eben auch, weil sie zu der Ansicht gekommen waren, dass dort eine missbräuchliche Firmenbestattung

101 BGH NJW 2006, S. 847 Rn. 6.

stattfand. Dadurch, dass der BGH dem Insolvenzgericht aufgibt, genau diese Ansicht, nämlich den Bestattungscharakter bei seiner Verweisung in Betracht zu ziehen und sich damit auseinanderzusetzen, bedeutet, dass der BGH dieser obergerichtlichen Rechtsprechung seinen Segen gibt und sich ihr anschließt.

Trotzdem kann darin keine Abkehr von der früheren Entscheidung gesehen werden: zum einen handelt es sich um unterschiedliche Fallkonstellationen, so dass der BGH nicht erneut über die Missbräuchlichkeit einer Sitzverlegung entschieden hat. Zum anderen stellt er inhaltlich auch in diesem Beschluss wieder auf eine zeitliche Nähe zwischen den Maßnahmen der Abwickler und dem Insolvenzantrag ab. Letzteres ist die Fortführung der früheren Rechtsprechung, in der es auf den unmittelbaren zeitlichen Zusammenhang zwischen Sitzverlegung und Insolvenzantrag ankommen sollte. Folglich ergänzen sich die Entscheidungen inhaltlich. Neu ist aber, dass der BGH die Figur der Firmenbestattung als solche anerkennt. In dem vorangegangenen Beschluss hatte er diese Begrifflichkeit und bestimmte damit verbundene tatsächliche Umstände noch zurückgewiesen. Wie aber bereits gezeigt, hat der BGH nicht den gesamten Indizienkatalog anerkannt. Dies gilt insbesondere für die von der Literatur geforderten weitergehenden Umstände wie die Aufnahme einer wirtschaftlichen Tätigkeit am Zielort.[102] Auch äußert er sich nicht über das Gewicht einer Firmenänderung und der Anpassung des Unternehmensgegenstands. Für die Frage nach der Beurteilung der Sitzverlegung kommt es deshalb weiterhin auf die frühere Entscheidung des BGH an. Es erscheint jedoch möglich und wünschenswert, dass der BGH seine Rechtsprechung in diesen Fällen derart anpasst, dass er auf den zeitlichen Zusammenhang zwischen Bestattungsmaßnahmen allgemein und Insolvenzantrag abstellt. Damit würde er sich einerseits von der starren und insofern ineffektiven Frist des § 15a Abs. 1 Satz 1 InsO[103] lösen und andererseits vermeiden, dass die Sitzverlegung als letzte Maßnahme noch „hinterhergeschoben“ wird, wenn das Schicksal des Unternehmens bereits besiegelt ist.

d) Vergleich von Rechtsprechung und Literatur

Die Literatur und der BGH beurteilen von unterschiedlichen Ausgangspunkten, wie das Verhalten der Gesellschaft zu charakterisieren ist. Die Literatur ist dabei in sich uneinheitlich. Der gemeinsame Nenner scheint großteils darin zu bestehen, dass sie weitere tatsächliche Umstände zu Merkmalen eines Missbrauchstatbestandes erhebt oder diese Elemente in eine Gesamtbetrachtung einfließen lässt, die bewirken soll, dass flexiblere Reaktionen auf unterschiedliche Gestaltungsvarianten möglich sind. Dabei geht die Literatur von der Grundannahme aus, dass es zulässig ist, für die Beurteilung der insolvenzrechtlichen Zuständigkeit Kriterien und Maßstäbe heranzuziehen, die außerhalb des Insolvenzrechts

102 Vgl. dazu bereits o. b).

103 Vormals § 64 Abs. 1 GmbHG, geändert durch das MoMiG zum 1. November 2008.

liegen. Besonders verdeutlicht das die Literaturansicht, welche die Heranziehung des allgemeinen Teils des BGB, namentlich § 117 BGB befürwortet.[104] Soweit das Insolvenzrecht eine besondere Regelung beinhaltet, müssen allgemeinere Regelungen oder sonstige generelle Rechtsgrundsätze aber bis auf Weiteres in den Hintergrund treten. Diese Herangehensweise verfolgt der BGH, indem er praktisch ausschließlich darauf abstellt, ob es zum Zeitpunkt der Sitzverlegung bereits offensichtlich war, dass ein Eröffnungsgrund vorlag. Das Erfordernis eines Grundes für die Eröffnung des Insolvenzverfahrens findet sich als Dreh- und Angelpunkt des Verfahrens in § 16 InsO. Dieser könnte also einen insolvenzrechtsinternen Maßstab liefern, der möglicherweise die allgemeinen Erwägungen der Literatur verdrängt.

Das Vorliegen eines Eröffnungsgrundes stellt die sachliche Voraussetzung für die Eröffnung des Insolvenzverfahrens dar.[105] Es ist daher schlüssig, dem Vorliegen des Eröffnungsgrundes auch schon innerhalb der Zuständigkeitsprüfung eine gewichtige Rolle zuzuweisen.[106]

e) Stellungnahme

Die Rechtsprechung verfolgt inhaltlich und ergebnisorientiert zwar eine stringente Linie. Auf eine dogmatisch exakte Einordnung der Vorgänge verzichtet sie jedoch. Die Literatur kritisiert die Begründungen der Rechtsprechung in dieser Hinsicht nicht, sondern beschränkt sich darauf, für die Beachtung weiterer und allgemeinerer Sachverhaltsmerkmale zu kämpfen.

(a) Simulation

Die Simulation nimmt eine etwas herausgehobene Stellung ein. Während die Auslegung, die Gesetzesumgehung oder –ergehung, die Sittenwidrigkeit und der Rechtsmissbrauch ein Rechtsgeschäft oder einen Sachverhalt voraussetzen, ist dies bei der Simulation gerade nicht der Fall. Hier legen es die Antragssteller darauf an, das Vorliegen bestimmter tatsächlicher Umstände oder Rechtsgeschäfte nur vorzutäuschen.[107] In diese Richtung geht *Uhlenbruck*, wenn er für eine analoge Anwendung des § 117 BGB über Scheingeschäfte plädiert.[108] Dabei soll es darauf ankommen, ob erkennbar wird, dass bei den Beteiligten der Wille fehlt, einen neuen effektiven Firmensitz zu begründen.[109] In den Fällen

---

104 *Uhlenbruck*, in: Uhlenbruck, InsO, § 3 Rn. 12.

105 *Kirchhof* in HK-InsO, § 16, Rn. 1.

106 So der BGH, a.a.O.

107 Vgl. bereits o. B.

108 *Uhlenbruck* in Uhlenbruck, InsO, § 3 Rn. 12, der zwar nur § 117 Abs. 1 ohne Gesetzesangabe zitiert, nach seinen weiteren Ausführungen aber wohl von § 117 Abs. 1 BGB spricht.

109 *Uhlenbruck*, in: Uhlenbruck, InsO, § 3 Rn. 12.

offensichtlich professionell tätiger Unternehmensbestatter erfolge die Sitzverlegung lediglich zu dem Zweck, eine problemlose Abweisung mangels Masse nach § 26 Abs. 1 InsO zu erreichen und die nach Ausplünderung („asset-stripping“) masselose Gesellschaft zur Löschung zu bringen. Eine selbständige wirtschaftliche Tätigkeit und eine auf Gewinnerzielung gerichtete Tätigkeit sei niemals beabsichtigt.[110] Es ist jedoch zweifelhaft, ob § 117 Abs. 1 Satz 1 BGB hier Anwendung finden kann.

§ 117 BGB setzt eine Willenserklärung voraus, die mit Einverständnis der Gegenseite nur zum Schein abgegeben wird. Dies wäre dann der Fall, wenn die Rechtsfolge, auf den die Willenserklärungen der Gesellschafter gerichtet sind, in Wirklichkeit gar nicht gewollt wäre.[111] Für den Gesellschafterbeschluss, der auf die Änderung der Satzung gerichtet ist, erscheint dies zweifelhaft. Ein Scheingeschäft scheidet nämlich aus, wenn für die Erreichung des erstrebten Erfolges die Wirksamkeit des Geschäfts erforderlich ist.[112] In den Fällen der Firmenbestattung ist eine Änderung des Gesellschaftsvertrag gewollt. Dafür ist auch ein wirksamer Gesellschafterversammlungsbeschluss erforderlich. Die Parteien lehnen es lediglich ab, die tatsächlichen Umstände herbeizuführen, die eine Sitzverlegung eigentlich voraussetzt, d.h. den Sitz in tatsächlicher Hinsicht an dem neuen Ort einzurichten. Dies ist aber keine Rechtsfolge des Gesellschafterbeschlusses sondern ein davon völlig unabhängiges tatsächliches Verhalten, welches im Rahmen weiterer Vorschriften - § 4a GmbHG, § 5 AktG – zu berücksichtigen ist und einen Teil der gerichtlichen Gesamtschau für die Prüfung auf Unwirksamkeit oder Nichtigkeit des Beschlusses über die Sitzverlegung ausmacht, die das Gericht gemäß § 181 Abs. 2 AktG[113], § 54 Abs. 2 GmbHG[114] vor der Entscheidung über die Eintragung durchzuführen hat. Erfüllt der Zielort nicht die für einen Satzungssitz erforderlichen Voraussetzungen ist die Rechtsfolge ein Satzungsmangel.[115] Die Satzung wird durch den Beschluss also wirksam geändert, ist anschließend aber fehlerhaft. Es ist auch nichts dafür ersichtlich, dass die Beteiligten eine mittelbare Falschbeurkundung beabsichtigen. Der Wille der Gesellschafter geht nicht dahin, dem Gericht nur vorzutäuschen, die Satzung sei geändert worden, damit dies den neuen Sitz einträgt, woraufhin im späteren Verlauf Personen, welche die Registereintragung wahrnehmen, davon ausgehen sollen, der Sitz liege am Zielort. Die Gesellschafter wollen daher einen wirksamen satzungsändernden Beschluss herbeiführen. Es handelt sich daher nicht um ein Scheingeschäft i.S.d. § 117 Abs. 1 BGB. Eine direkte Anwendung der Norm auf den Fall der missbräuchlichen Sitzverlegung scheidet deshalb aus.

---

110 *Uhlenbruck*, a.a.O.

111 *Kramer* in MK-BGB, § 117 Rn. 12; *Heinrichs* in Palandt, BGB, § 117 Rn. 3.

112 *Heinrichs* in Palandt, BGB, § 117 Rn. 4.

113 *Hüffer*, AktG, § 181 Rn. 12.

114 *Lutter/Hommelhoff*, GmbHG, § 54 Rn. 7.

115 Vgl. *Lutter/Hommelhoff*, GmbHG, § 4a Rn. 24.

Für eine analoge Anwendung bedarf es einer planwidrigen Regelungslücke im Gesetz und einer vergleichbaren Interessenlage.[116] Da aber nach dem Willen der Beteiligten der Gesellschaftssitz am neuen Ort bestehen soll und sie sich nicht insgeheim vorbehalten, die Geschäfte vom alten Sitz aus weiter fortzuführen, da dies aufgrund der Insolvenz nicht mehr möglich ist, besteht keine vergleichbare Interessenlage und eine analoge Anwendung scheidet daher ebenfalls aus.[117]

Im Ergebnis ist daher festzuhalten, dass die Lehren über simulierte Rechtsgeschäfte auf Fälle der Gerichtsstandserschleichung im Rahmen einer Insolvenzverfahrenseröffnung nicht angewendet werden können.

(b) Auslegung

Der BGH hat die Meinung vertreten, dass der Gerichtsstand erschlichen sein soll, wenn die Gesellschaft bereits zum Zeitpunkt des Beschlusses über die Sitzverlegung insolvenzreif war. Es ist zweifelhaft, dass sich dies aus den geschriebenen gesetzlichen Vorschriften so ergibt.

aa) § 3 InsO und § 4a GmbHG

Die Zuständigkeitsregelung des § 3 Abs. 1 Satz 1 InsO spricht davon, dass zuständig das Gericht ist, in dessen Bezirk der Schuldner seinen allgemeinen Gerichtsstand „hat". Das Gesetz stellt damit auf den Zeitpunkt der Antragsstellung ab.[118] Die Insolvenzgründe kommen im Wortlaut des § 3 Abs. 1 Satz 1 InsO nicht vor. Das Gesetz fragt nicht danach, wo der Schuldner seinen allgemeinen Gerichtsstand hatte, als die Insolvenzreife eintrat. Die systematische Auslegung ergibt, dass sich die örtliche Zuständigkeit unabhängig von den Eröffnungsgründen der §§ 17 ff. InsO bestimmt. Der § 3 InsO findet sich im ersten Teil des Gesetzes, der den Titel „Allgemeine Vorschriften" trägt. Die Insolvenzgründe sind hingegen im ersten Abschnitt des zweiten Teils „Eröffnungsvoraussetzungen und Eröffnungsverfahren" niedergeschrieben. Die örtliche Zuständigkeit des Gerichts wurde davon abgetrennt und „vor die Klammer" gezogen. Sie soll daher unabhängig von der materiellen insolvenzrechtlichen Lage eindeutig festgelegt werden.

Auch die Gesetzeshistorie legt kein anderes Verständnis nahe. § 71 KO legte wie § 3 Abs. 1 InsO ein Stufenverhältnis zwischen der wirtschaftlichen Tätigkeit – in der KO wurde noch auf die „gewerbliche Niederlassung" abgestellt – und dem allgemeinen Gerichtsstand fest. Nach der Gesetzesbegründung soll die Re-

116 *Larenz*, Methodenlehre, S. 381 f.

117 A.A. *Uhlenbruck*, in: Uhlenbruck, InsO, § 3 Rn. 12.

118 BayObLG NZI 2000, S. 148; OLG Hamm NZI 2000, S. 220, 221; *Ganter* in: MK-InsO, § 3 Rn. 5; *Kirchhof*, in: HK-InsO, § 3 Rn. 5; *Uhlenbruck*, in: Uhlenbruck, InsO, § 3 Rn. 3.

gelung in § 3 InsO im wesentlichen den alten Vorschriften entsprechen.[119] Lediglich die Ersetzung der gewerblichen Niederlassung durch den Mittelpunkt einer selbständigen wirtschaftlichen Tätigkeit diente dem Zwecke der Präzisierung und der Klarstellung.[120] Das Insolvenzgericht prüft daher nur, ob der Insolvenzgrund zum Zeitpunkt der Antragsstellung gegeben ist und ob der allgemeine Gerichtsstand des Schuldners im eigenen Bezirk liegt. Der Ansatz des BGH ergibt sich daher nicht aus der Auslegung des § 3 InsO.

Die Auslegung der Norm gibt auch für die Ansätze der Literaturvertreter nichts her. Der eindeutige Wortlaut enthält keine Ansatzpunkte, um den allgemeinen Gerichtsstand unerheblich zu machen, sollten besondere Umstände tatsächlicher Art vorliegen oder vorgelegen haben. Die Vorschrift ist eindeutig. Ausschlaggebend ist der allgemeine Gerichtsstand und dieser ergibt sich gemäß § 17 Abs. 1 ZPO aus dem Sitz. Alles, was darüber hinausgeht fällt in den Bereich einer Ergebniskorrektur aus Wertungsgesichtspunkten.

Da es um die Nicht-Anerkennung der Sitzverlegung geht, liegt es daneben nahe zu fragen, ob sich aus der entsprechenden Vorschrift § 4a GmbHG durch Auslegung ergibt, dass Sitzverlegungen, die während der Insolvenzreife beschlossen werden, unbeachtlich sind. Für die GmbH regelt sich die materielle Zulässigkeit einer Sitzwahl nach § 4a GmbHG. Da § 4a GmbHG dem § 5 AktG nachgebildet ist, entsprechen sich die Voraussetzungen weitgehend und es kann auf die dazu in Rechtsprechung und Lehre entwickelten Erkenntnisse zurückgegriffen werden.[121]

Nach der Neufassung des § 4a GmbHG mit Wirkung zum 1. November 2008, muss der Gesellschaftssitz zwar weiterhin innerhalb der Grenzen der Bundesrepublik Deutschland liegen; darüber hinaus gehende Restriktionen sind jedoch aufgehoben worden. Der bis dahin geltende § 4a Abs. 2 GmbHG ist weggefallen. Durch die Gesetzesänderung soll es den Gesellschaften ermöglicht werden, ihre tatsächliche Verwaltung an einem Ort außerhalb des Bundesgebietes zu führen.[122] In jedem Fall kann dann der Vorschrift nach ihrem Wortlaut durch Auslegung keine Einschränkung bezüglich der Sitzwahl im Zusammenhang mit der Insolvenzreife entnommen werden. Dies hindert freilich nicht, auch diesen weiteren Tatbestand wertend zu korrigieren. Eine rein willkürliche Sitzwahl bleibt ausgeschlossen.[123] Der Gesetzgeber verweist insofern auf die besondere Bedeutung der Zustellungsvorschriften.[124] Da aber zugleich gewollt ist, dass die Geschäftstätigkeit aus dem Ausland vorgenommen werden kann, muss eingeräumt werden, dass die Anforderungen an den inländischen Sitz gering sind.

---

119 RegE InsO, BT-Drucks. 12/2443, S. 110.

120 RegE InsO, a.a.O.

121 Zu § 4a a.F. *Hueck/Fastrich*, in: Baumbach/Hueck, GmbHG, § 4a Rn. 1.

122 RegE MoMiG, BT-Drs. 16/6140, S. 29.

123 Vgl. schon *Kleindiek*, ZGR 2007, S. 276, 285.

124 RegE MoMiG, a.a.O.

Insbesondere wäre es sinnwidrig zu verlangen, dass dort eine ernsthafte Geschäftsführung durchgeführt werde. Die Verbindung die § 4a Abs. 2 GmbHG a.F. zwischen der Tätigkeit der Gesellschaft und ihrem Sitz hergestellt hat, ist weggefallen. § 4a GmbHG n.F. bietet deshalb keine Handhabe, die Sitzverlegung innerhalb Deutschlands abzulehnen.

Weder aus der Auslegung von § 3 InsO noch aus § 4a GmbHG ergibt sich im Ergebnis die materielle Illegalität der Sitzverlegung. Aus den Vorschriften kann daher nichts zur Ablehnung der Anerkennung der Sitzverlegung gewonnen werden.

bb) Nichtigkeit nach § 241 AktG analog

Das GmbHG enthält keine Regelungen über fehlerhafte Gesellschafterbeschlüsse.[125] Es kann jedoch auf die ausführlichen Vorschriften im AktG zurückgegriffen werden. Das AktG enthält namentlich im ersten Abschnitt des siebenten Teils in den §§ 241 ff. Vorschriften über die Nichtigkeit und die Anfechtbarkeit der Beschlüsse der Hauptversammlung. Diese Vorschriften sind auf den fraglichen (Hauptversammlungs-)Beschluss anwendbar. Die Sitzverlegung ist für die AG eine Satzungsänderung, für die ein Hauptversammlungsbeschluss erforderlich ist, vgl. §§ 5 Abs. 1, 23 Abs. 3 Nr. 1, 119 Abs. 1 Nr. 5, 179 Abs. 1 Satz 1 AktG. Auf diesen Beschluss sind daher die Vorschriften des siebenten Teils des AktG direkt anwendbar. Nach ganz h.M. und ständiger Rechtsprechung ist § 241 AktG auf die GmbH analog anwendbar.[126] Es kann sich daher aus diesen Vorschriften grundsätzlich die Nichtigkeit eines Beschlusses der Gesellschafterversammlung ergeben.

(aa) Verhältnis des § 241 AktG zu anderen Nichtigkeitsgründen

Die Rechtsprechung stützt in ihren Beschlüssen die Unbeachtlichkeit der Sitzverlegung nicht auf eine bestimmte Vorschrift, sondern auf einen allgemeinen oder richterrechtlich gebildeten Rechtsgrundsatz.[127] Den § 241 AktG hält sie daher augenscheinlich nicht für einschlägig oder nicht für abschließend.[128] Das Aktiengesetz mit den §§ 241 ff. AktG ist nach allgemeiner Meinung aber ein geschlossenes System, das mangelhafte Beschlüsse abschließend regelt. Sie lö-

---

125 *Lutter/Hommelhoff*, GmbHG, Anh § 47 Rn. 1; *Zöllner*, in: Baumbach/Hueck, GmbHG, Anhang nach § 47 Rn. 1.

126 BGHZ 36, S. 207, 210 f.; BGHZ 100, S. 264, 265; BGHZ 134, S. 364, 365; BGH BB 2006, S. 851; *Lutter/Hommelhoff*, GmbHG, Anh § 47 Rn. 1; *Roth*, in: Roth/Altmeppen, GmbHG, § 47 Rn. 91; *Zöllner*, in: Baumbach/Hueck, GmbHG, Anhang nach § 47 Rn. 1.

127 Vgl. die Ausführungen zur Rspr. o. C II).

128 Anders im Zusammenhang mit § 4a Abs. 2 GmbHG a.F. BGH DstR 2008, S. 1935, 1936.

sen die rechtlichen Folgen fehlerhafter Beschlüsse, die anderenfalls unter die allgemeinen Grundsätze der §§ 125 Abs. 1, 134 Abs. 1, 138 BGB zu fassen wären und stellen sich diesen Vorschriften gegenüber als *lex specialis* dar.[129] Die allgemeinen Regeln des BGB sind daneben grundsätzlich nicht anwendbar.[130] Es ist dennoch nicht zu verkennen, dass insbesondere §§ 134, 138 BGB die Basisvorschriften des Beschlussmängelrechts darstellen.[131] Die aktienrechtlichen Normen stellen zwar wesentliche Ausdifferenzierungen und Abweichungen dar; sie sind dennoch lediglich Variationen des in §§ 134, 138 BGB niedergelegten Grundthemas.[132] Daher ist die Bedeutung des Regelungskanons außerhalb des direkten Anwendungsbereichs der Hauptversammlung der Aktiengesellschaft nicht ganz unumstritten. Die Anwendbarkeit auf die Beschlüsse der Gesellschafterversammlung der GmbH ist zwar allgemeine Meinung und in ständiger Rechtsprechung anerkannt.[133] Im Ausgangspunkt gelten mangels spezieller Regelung aber auch für Beschlüsse der Gesellschafterversammlung in der GmbH die §§ 134, 138 BGB.[134] Es bleibt daher zu fragen, wie weitgehend die analoge Anwendung der aktienrechtlichen Vorschriften ist, und welche allgemeinen Nichtigkeitsgründe daneben noch zum Tragen kommen können oder ob von einer vollständigen Verdrängung allgemeiner Rechtsgrundsätze auszugehen ist. Nach der ganz herrschenden Meinung soll das Prinzip des Aktienrechts, dass für Beschlussmängel zwischen Anfechtbarkeit und Nichtigkeit unterscheidet, auch auf die GmbH anzuwenden sein. Namentlich sollen alle Gesetzesverstöße, die nach §§ 134, 138 BGB zur Nichtigkeit führen würden, sich aber nicht unter § 241 AktG subsumieren lassen, nur zur Anfechtbarkeit nach § 243 Abs. 1 AktG in analoger Anwendung führen.[135]

(bb) Unvereinbarkeit mit dem Wesen der Gesellschaft

Nach einigen Stimmen in der Literatur führt ein Verstoß gegen § 5 Abs. 2 AktG a.F. zu einer Nichtigkeit aus § 241 Nr. 3, 1. Variante AktG.[136] Der BGH hat sich dieser Ansicht in einer Entscheidung vor der Reform des § 4a Abs. 2 GmbHG angeschlossen.[137] Diese Annahme bedarf nach dem Wegfall sowohl des § 4a Abs. 2 GmbHG als auch des § 5 Abs. 2 AktG durch das MoMiG weiterer Untersuchung. Die bereits angesprochene Liberalisierung der Sitzwahl innerhalb

---

129 *Würthwein*, in: Spindler/Stilz, AktG, § 241 Rn. 15.
130 *Würthwein*, a.a.O.
131 *Hüffer*, ZGR 2001, S. 833, 836.
132 *Hüffer*, a.a.O.
133 Vgl. bereits o. bb).
134 *Hüffer*, ZGR 2001, S. 833, 836.
135 *Hüffer*, ZGR 2001, S. 833, 838.
136 *Heider* in MK-AktG, § 5 Rn. 64; *Brändel* in GK AktG, § 5 Rn. 41 f.
137 BGH DstR 2008, S. 1935, 1936.

Deutschlands macht es sehr fragwürdig, ob diese Entscheidung aufrecht erhalten bleiben kann.

Im Detail ist die Konkretisierung des § 241 Abs. 3 AktG in der Literatur der Gegenstand verschiedener Streitigkeiten. Diese umkreisen einerseits großteils die Rolle des § 23 Abs. 5 AktG, der eine speziell aktienrechtliche Vorschrift ist und andererseits das Verhältnis der Tatbestandsmerkmale des § 241 Abs. 3 AktG untereinander. Namentlich ist nicht nur umstritten, woraus sich das Wesen der Aktiengesellschaft ergibt – und insbesondere, ob es direkt an die Satzungsstrenge nach § 23 Abs. 5 AktG gekoppelt werden kann – sondern auch, ob es bei der Prüfung im Einzelfall darauf überhaupt ankommt oder ob die übrigen zwei Tatbestandsalternativen vorrangig zu prüfen sind.[138] Da sich AktG und GmbHG teils tiefgreifend unterscheiden, ist es dementsprechend nicht möglich, die Erkenntnisse zum Aktienrecht ohne Bruch auf die GmbH zu übertragen.[139]

Weil die Beurteilung, wann ein Beschluss gegen das Wesen der GmbH verstößt, nicht an einer Vorschrift wie § 23 Abs. 5 AktG festgemacht werden kann, muss die Definition des Wesens der GmbH zwangsläufig vage und schwer fassbar bleiben. Im Ergebnis wird daher beispielsweise auf allgemeine Formeln wie die grundlegenden Strukturmerkmale und alle Normen, die grundsätzliche Bedeutung für die Gesellschaft haben und zu ihrem unverbrüchlichen Normenbestand gehören, zurückgegriffen.[140] Andere wollen darauf abstellen, dass die Rechtsform der GmbH erkennbar gehalten werden müsse.[141] Weitergehend stellen wieder andere auf alle unentziehbaren Individual- und Minderheitsrechte der Gesellschafter ab.[142] Diese Formeln versprechen keine Rechtssicherheit und eignen sich kaum für Subsumtionen. Das Problem relativiert sich aber dann, wenn – losgelöst von den Streitigkeiten im Aktienrecht – das Augenmerk verstärkt auf die weiteren Tatbestandsalternativen gelenkt wird.[143] Der Versuch, gläubigerschützende oder sonst im öffentlichen Interesse liegende Vorschriften auszumachen, ist wesentlich erfolgversprechender. Deshalb ist dem Ansatz, der dem Gläubigerschutz bzw. den öffentlichen Interessen den Vorrang vor der Wesensbestimmung der GmbH einräumt – zumindest für die Anwendung auf die GmbH – der Vorzug zu geben.

Folglich müsste der Beschluss gegen eine Vorschrift verstoßen, die entweder im öffentlichen Interesse zwingend anwendbar ist oder dem Schutz der Interessen der Gläubiger dient. In Betracht kommt dabei § 4a GmbHG.[144] Dieser will

---

138 Vgl. ausführlich zu diesem Streit *Würthwein* in: Spindler/Stilz, AktG, § 241 Rn. 180 ff.

139 *Zöllner*, in: Baumbach/Hueck, GmbHG, Anh § 47 Rn. 44.

140 *Zöllner*, in: Baumbach/Hueck, GmbHG, Anh § 47 Rn. 50.

141 *Koppensteiner*, in: Rowedder/Schmidt-Leithoff, GmbHG, § 47 Rn. 104.

142 *Lutter/Hommelhoff*, GmbHG, Anh § 47 Rn. 17.

143 *Zöllner*, in: Baumbach/Hueck, GmbHG, Anh § 47 Rn. 50.

144 Realistischerweise muss festgehalten werden, dass diese Norm in der Praxis praktisch keinerlei Rolle spielt. Im Maximalfall wird das Registergericht bei der IHK nachfragen,

einerseits sicherstellen, dass die Gläubiger ohne tiefgehende Nachforschungen auf die Gesellschaft und ihr Vermögen zugreifen können. Andererseits soll die Norm die effektive Registerführung und Amtszustellung ermöglichen.[145] Wie bereits erörtert, ist der Austausch der Geschäftsführung ein regelmäßiger Vorgang im Rahmen einer Firmenbestattung. Nach der Neufassung der Vorschrift, mit der die Liberalisierung der Sitzbestimmung einher gehen sollte,[146] ist es möglich, dass die Gesellschaft ausschließlich im Ausland auftritt. Wird demnach ein neuer Geschäftsführer in weiter Ferne berufen und tritt dieser dann für die Gesellschaft auf, reicht dies für die Sitzbestimmung nach § 4a GmbHG n.F. daher in jedem Falle aus. Der dahingehende Beschluss stellt deshalb formal keine Verletzung der Vorschrift dar. Seine Nichtigkeit scheidet deshalb grundsätzlich aus.

Ein weiterer Aspekt macht deutlich, dass keine Nichtigkeit nach § 241 Nr. 3 AktG angenommen werden kann: Bei der Prüfung des Verstoßes kommt es ausschließlich auf den Beschlussinhalt an.[147] Die Motive und Ziele, denen die Beteiligten nachgehen, sind danach nicht Gegenstand der Nichtigkeitsprüfung. Satzungsändernde Beschlüsse sind regelmäßig inhaltlich kurz und knapp formuliert. Ein Gesellschafterbeschluss mag beispielsweise so aussehen:

„Die Gesellschafterversammlung beschließt einstimmig, § 3 der Satzung wie folgt zu ändern: Neuer Sitz ist Berlin-Charlottenburg."

Unstrittig ist, dass bei der Beurteilung dieses Gesellschafterbeschlusses seine Entstehungsgeschichte außen vor bleibt. Es muss daher ein objektiver Maßstab herangezogen werden. In Anbetracht der Schärfe der Sanktion, die bei einem Verstoß gegen § 4a GmbHG die Nichtigkeit auslöst, muss dieser Prüfungsmaßstab streng sein.[148] Beabsichtigten die Gesellschafter mit diesem Beschluss also, das Unternehmen unbemerkt zu bestatten, findet dies in dem bloßen Wortlaut der Bestimmung keinen Widerklang. Die Zweifel, ob der Beschluss mit § 4a GmbHG vereinbar ist, ergeben sich vielmehr daraus, dass der Außenstehende unterstellt, die Gesellschafter würden den Gesetzeszweck nicht ernstlich erfüllen wollen. Dies ist aber eine Frage, die sich ausschließlich auf die subjektiven Beweggründe der Gesellschafter abzielt. Diese sind jedoch gerade nicht ausschlaggebend. Der § 4a GmbHG enthält keine subjektiven Tatbestandsmerkmale. Es

---

ob eine Sitzverlegung tatsächlich durchgeführt wurde. Diese lässt zu diesem Zweck die Geschäftsführer einige Formulare ausfüllen. Eine tiefergehende Prüfung findet nicht statt. Etwas anderes mag nur gelten, wenn bereits in diesem frühen Stadium massiver Druck durch die Gläubiger ausgeübt wird, was aber fernliegt.

145 So auch in der neuen Fassung; vgl. RegE MoMiG, BT-Drs. 16/6140, S. 29.

146 RegE MoMiG, BT-Drs. 16/6140, S. 29.

147 Vgl. bspw. OLG München NZG 2007, S. 192, 193; zu Nr. 4, der ebenfalls auf den Inhalt des Beschlusses abstellt *Hüffer*, AktG, § 241 Rn. 24; *ders*, in: MK-AktG, § 241 Rn. 69; so bereits RGZ 131, S. 141, 145.

148 Vgl. dazu auch bereits o. (aa).

kommt nicht auf eine Fortführungsabsicht oder Ähnliches an. § 241 AktG legt einen *numerus clausus* von Nichtigkeitsgründen fest, der nur von den §§ 250, 253, 256 AktG durchbrochen wird.[149] Über die Fälle des dort niedergeschriebenen Katalogs hinaus kann deshalb keine Nichtigkeit eines Gesellschafterbeschlusses herbeigeführt werden. Da § 241 Art. 3 AktG in seiner entsprechenden Anwendung auf die GmbH so auszulegen ist, dass es auf eine Gesetzesverletzung ankommt,[150] diese hier aber nicht vorliegt, besteht kein Raum dafür, anzunehmen, dass der Beschluss gegen das Wesen der GmbH verstößt.

Beruft die Gesellschaft also einen neuen Geschäftsführer an einem entfernt liegenden Ort und verlegt sie dann den Sitz dorthin, ist der Sitzverlegungsbeschluss nicht wegen eines Verstoßes gegen das Wesen der Gesellschaft oder Vorschriften, die ausschließlich oder überwiegend zum Schutze der Gläubiger der Gesellschaft oder sonst im öffentlichen Interesse gegeben sind, gemäß § 241 Nr. 3 AktG nichtig. Der Rechtsprechung des BGH[151] zu § 4a Abs. 2 GmbHG a.F. wurde der Boden entzogen.

(cc) Sittenwidrigkeit

Nach § 241 Nr. 4 AktG analog sind auch solche Gesellschafterbeschlüsse nichtig, die *„durch ihren Inhalt"* gegen die guten Sitten verstoßen. Nach der gängigen Definition ist ein Beschluss nichtig, wenn eine durch ihn getroffene Regelung gegen außergesetzliche Normen verstößt, auf deren Beachtung nach dem „Anstandsgefühl aller billig und gerecht Denkenden" nicht verzichtet werden kann.[152] Dabei ist kein Verstoß gegen ausdrückliche gesetzliche Vorschriften oder das Wesen der Aktiengesellschaft erforderlich. Die Nichtigkeit wird vielmehr an die Unvereinbarkeit des Beschlussinhalts mit außergesellschaftsrechtlichen Grundsätzen, also den allgemeinen Grundwerten des gesellschaftlichen Zusammenlebens geknüpft.[153] Dafür kann auf die Grundsätze zurückgegriffen werden, die in §§ 138, 826 BGB Ausdruck gefunden haben.[154] Es muss sich um Fälle handeln, deren Bewertung der Verletzung von Vorschriften nahe kommt, die hauptsächlich öffentlichen Interessen dienen.[155] Dabei soll es aber auch hier ausschließlich auf den Inhalt des Beschlusses ankommen.[156] Danach wäre also auf den ersten Blick nicht maßgeblich, dass die Gesellschafter ein missbräuchliches *forum shopping* versuchen, namentlich, dass sie sich dem Zugriff der Gläu-

149 *Hüffer*, in: MK-AktG, § 241 Rn. 7.
150 *Lutter/Hommelhoff*, GmbHG, Anh § 47 Rn. 16; *Zöllner*, in: Baumbach/Hueck, GmbHG, Anhang zu § 47 Rn. 50 f.
151 BGH DStR 2008, S. 1935, 1936.
152 *Hüffer* in MK-AktG, § 241 Rn. 68; *Schwab*, in: Schmidt/Lutter, AktG, § 241 Rn. 23.
153 *Würthwein*, in: Spindler/Stilz, AktG, § 241 Rn. 219.
154 *Würthwein*, in: Spindler/Stilz, AktG, § 241 Rn. 219.
155 *Hüffer* in MK-AktG, § 241 Rn. 68.
156 *Schwab*, in: Schmidt/Lutter, AktG, § 241 Rn. 23; *Hüffer* in MK-AktG, § 241 Rn. 69.

biger entziehen wollen und sie dieses Vorhaben zu einem Zeitpunkt angehen, zu dem sie davon ausgehen müssen, dass der Insolvenzfall eintritt. Es käme lediglich darauf an, ob die Sitzverlegung als solche sittenwidrig wäre.

Diese strikte Sichtweise wird in der Praxis jedoch nicht völlig durchgehalten. Da sich in den in Rede stehenden Beschlüssen der sittenwidrige Inhalt wegen der neutralen Formulierung regelmäßig nicht aufdrängt, muss der Kontext und der tiefere Sinn und innere Gehalt hinterfragt werden.[157] Jedoch soll es dennoch nicht reichen, wenn die hinter dem Beschluss stehende Motivation, der Zweck oder die Art und Weise seines Zustandekommens anstößig ist.[158] Es besteht aber im Grundsatz Einigkeit darüber, dass Beschlüsse, die auf die Schädigung von Gläubigern oder anderen nicht zur Anfechtung befugten Dritten abzielen, auch dann wegen Sittenwidrigkeit nichtig sind, wenn dies dem Wortlaut des Beschlusses wegen seiner nichtssagenden Fassung nicht entnommen werden kann.[159] Es ist jedoch zu verlangen, dass die Beschlüsse Dritte gezielt sittenwidrig schädigen sollen, d.h. sie müssen auf konkrete Vertragspartner oder Konkurrenten gerichtet sein.[160]

Es ist zweifelhaft, ob diese strengen Anforderungen an den subjektiven Tatbestand häufig erfüllt sind. Die Motive für eine Unternehmensbestattung sind vielfältig und in den meisten Fällen ist festzustellen, dass die Gesellschaft und die Gesellschafter weitgehend vermögenslos sind, sodass sich für die Befriedigung der Gläubiger häufig kein großer Unterschied ergeben wird. Die Beteiligten handeln dann häufig aus persönlichen Gründen heraus: die Insolvenz wird als Schande und persönliches Versagen angesehen und der Name der Familie soll nicht beschmutzt werden. Andere fühlen sich in der Situation völlig überfordert und suchen den schnellen Ausweg. Die Motivlage bezieht sich häufig nicht auf die Gläubiger der Gesellschaft, sondern auf die eigene Situation. Ein Schaden für die Gläubiger wird nur in Kauf genommen. Die Einlassung der (früheren) Gesellschafter und Geschäftsführer, sie seien davon ausgegangen, dass bei den Unternehmensbestattern für eine seriöse Abwicklung gesorgt werde und sie hätten keine Kenntnis von fragwürdigen Praktiken ist auch nicht per se unglaubwürdig. Es ist daher zweifelhaft, ob die Entscheidungen, die die Beteiligten gegebenenfalls unter hohem persönlichen Leidensdruck getroffen haben, generell als sittenwidrig bezeichnet werden können.

---

157 BGHZ 15, S. 382, 385; *Würthwein*, in: Spindler/Stilz, AktG, § 241 Rn. 220; einschränkend auch *Hüffer* in MK-AktG, § 241 Rn. 70; wohl streng aber *Schwab*, in: Schmidt/Lutter, AktG, § 241 Rn. 23 f.

158 BGHZ 103, S. 184, 193; *Hüffer* in MK-AktG, § 241 Rn. 69; *Würthwein*, in: Spindler/Stilz, AktG, § 241 Rn. 220; a. A. wohl *Schwab*, in: Schmidt/Lutter, AktG, § 241 Rn. 23 f.

159 BGHZ 15, S. 382, 385 f.; *Hüffer*, AktG, § 241 Rn. 24; *ders.* in MK-AktG, § 241 Rn. 70; *Zöllner*, in: Baumbach/Hueck, GmbHG, Anhang zu § 47 Rn. 55.

160 *Würthwein*, in: Spindler/Stilz, AktG, § 241 Rn. 222.

Im Endergebnis bleibt dies eine Frage des Einzelfalls. Für eine generelle Einordnung der hier in Rede stehenden Fallgestaltungen taugt die Sittenwidrigkeit entsprechend § 241 Nr. 4 AktG aber nicht.

cc) Zwischenergebnis

Weder aus der Auslegung von § 3 InsO noch aus § 4a GmbHG ergibt sich die materielle Illegalität der Sitzverlegung. Aus den Vorschriften kann daher nichts zur Ablehnung der Anerkennung der Sitzverlegung gewonnen werden.

Das System der Nichtigkeitsvorschriften, wie es aus dem Aktienrecht auf die GmbH übertragen wird, bietet ebenfalls keine dauerhaft belastbare Lösung. Im speziell gelagerten Einzelfall kann sich die Nichtigkeit eines entsprechenden Gesellschafterbeschlusses ergeben. Die Anforderungen an die Nichtigkeit des Beschlusses sind wegen der scharfen Rechtsfolgen bewusst streng gehalten. Deshalb können sie die auf Wertung beruhende Bekämpfung der Unternehmensbestattungen nicht leisten. Wegen der tiefgreifenden Rechtsfolgen wäre auch die Verhältnismäßigkeit überaus zweifelhaft.

(c) Wertende Korrektur

Die Weite der Tatbestände der einschlägigen Normen bringt es mit sich, dass auch Konstellationen erfasst werden, bei denen es (rechtspolitisch) fragwürdig erscheint, sie in den Genuss der Rechtsfolgen kommen zu lassen. Die Unternehmensbestattung ist ein derartiger Fall, wie sich aus der Literatur und Rechtsprechung ergibt, die praktisch einhellig zum gleichen Ergebnis kommt. Wie gezeigt kommt dafür nur eine wertende Korrektur in Betracht. Diese kann entweder darin bestehen, dass der Anwendungsbereich der Norm durch eine Analogie erweitert wird[161] oder per Reduktion eingeschränkt wird.[162] Alternativ können die Fälle in den Wirkungsbereich anderer Rechtsinstitute wie des Rechtsmissbrauchs oder der Sittenwidrigkeit geraten. Auch Überschneidungen und die Anwendbarkeit mehrerer rechtlicher Grundsätze oder Institute ist möglich.[163] Die Wortwahl des BGH, der von einer Erschleichung des Gerichtsstands spricht, deutet bereits darauf hin, dass es sich bei der Sitzverlegung im engen Zusammenhang mit einer Gesellschaftsinsolvenz um die Umgehung oder die Ergehung eines Gesetzes handeln kann.

---

161 Vgl. dazu u. B.

162 Vgl. dazu u. B.

163 Vgl. dazu bereits o. B.

aa) Allgemeines

(aa) Anknüpfungspunkt und Korrekturziel

Die Gesetzesumgehung setzt voraus, dass der Anwendungsbereich einer Vorschrift vermieden werden soll.[164] Dies ist besonders einleuchtend, wenn es sich bei der umgangenen Vorschrift um ein Verbotsgesetz handelt. Es wurde jedoch bereits gezeigt, dass wegen der weiten Tatbestände der einschlägigen Normen die in Betracht kommenden Vorschriften gerade anwendbar sind und ihre Voraussetzungen erfüllt werden. Die örtliche Zuständigkeit der Insolvenzgerichte ist in § 3 InsO in Verbindung mit § 17 ZPO wiederum in Verbindung mit § 4a GmbHG erschöpfend geregelt. Das von der Rechtsprechung und Literatur hier gewünschte Ergebnis ist nicht die Anwendbarkeit einer weiteren Norm deren Rechtsfolge eine Unternehmensbestattung verhindern würde. Wunsch und Ziel ist vielmehr, dass dieselben Vorschriften zu einer anderen Rechtsfolge führen. In den bisher dazu ergangenen Entscheidungen wird vornehmlich darauf abgestellt, dass die Zuständigkeit oder der Gerichtsstand erschlichen werden sollte[165]. Andererseits wird aber auch von der „rechtsmissbräuchlichen Sitzverlegung" gesprochen[166]. Insofern ist nicht klar, ob sich die Sanktion gegen die ganze Sitzverlegung richten soll oder ob nur der Gerichtsstand keine Änderung erfahren sollte. Für die Rechtsprechung kommt es auf diese Unterscheidung regelmäßig auch nicht an, weil mit dem generellen Hinweis bereits das erstrebte Ziel erreicht werden kann. Die Literatur zur früheren Rechtslage, die sich auf die Erreichbarkeit der Gesellschaft durch das Gericht konzentrierte, sah die problematischen Gestaltungen als unzulässige Sitzwahl an[167]. Damit richtete sie sich folglich nicht nur gegen die Manipulation des Gerichtsstands. Diese Zielrichtung läuft in den insolvenzrechtlichen Fällen jedoch regelmäßig leer. Da der Gesellschaftssitz wegen § 3 Abs. 1 Satz 2 InsO ohnehin nur ausschlaggebend ist, wenn der Geschäftsbetrieb der Gesellschaft zum Erliegen gekommen ist, wird sich die Erreichbarkeit am Ursprungsort nicht wesentlich besser darstellen als am Zielort. Dies ist insbesondere augenfällig, wenn sich die Gesellschafter tatsächlich dazu entschlossen haben, eine Unternehmensbestattung durchzuführen, um die Gesellschaft aus dem Verkehr zu ziehen. Dann werden sie sich anschließend regelmäßig auf den Standpunkt stellen, redlicherweise davon ausgegangen zu sein, dass die Erreichbarkeit am Zielort sichergestellt ist und von keinen unseriösen Praktiken Kenntnis zu haben oder Verantwortung zu tragen.

Die Kassation von Beschlüssen der Gesellschafterversammlung ist nach richtiger Ansicht durch die Übertragung der Nichtigkeits- und Anfechtbarkeitsvorschriften aus dem Aktienrecht speziell geregelt. Soweit also eine Lücke bezüg-

---

164 Vgl. zur Definition bereits o. B.

165 BGHZ 132, S. 195, 197 f.; OLG Celle, ZIP 2004, S. 1023 Rn. 16, 18.

166 OLG Stuttgart, ZInsO 2004, S. 750 ff

167 *Ulmer*, in: Hachenburg8, GmbHG, § 3 Rn. 10.

lich der Ausmerzung mangelbehafteter Beschlüsse erkannt wurde, ist diese damit raumgreifend ausgefüllt worden. In diesem Gesamtsystem besteht kein Platz, die Sitzverlegung, die gerade das Ergebnis eines den Nichtigkeitsvorschriften unterworfenen Gesellschafterbeschlusses ist, nun über eine weitere wertende Korrektur zu kassieren. Da hier die Qualität der Sitzverlegung ausschließlich in Bezug auf die örtliche Zuständigkeit der Insolvenzgerichte problematisch wird, soll sich die Reduktion der einschlägigen Vorschriften auch auf die Vermeidung dieser Folge beschränken. Es spricht daher alles dafür, den Anknüpfungspunkt der wertenden Korrektur auf die Beeinflussung des Gerichtsstands zu beschränken.

Die teleologische Reduktion auf eine bestimmte Norm zu beziehen, gestaltet sich dabei problematisch. Wird der oben geäußerte Gedanke konsequent weitergedacht, dass der korrigierende Eingriff nicht weiter gehen soll, als unbedingt erforderlich, erscheint es logisch, die Reduktion als eine gedankliche Ergänzung des § 3 Abs. 1 Satz 1 InsO zu begreifen. Folglich ist die Vorschrift so zu lesen, dass örtlich zuständig ausschließlich das Insolvenzgericht ist, „in dessen Bezirk der Schuldner seinen allgemeinen Gerichtsstand hat, *oder zuvor hatte, wenn diese Zuständigkeit anderenfalls das Ergebnis einer unzulässigen Beeinflussung wäre.*“ Diese spezifische Anknüpfung ändert jedoch nichts daran, dass sich die Wertung als solche nicht allein aus dem Kontext des § 3 InsO ergeben kann. Dieser ist zu eng mit § 4a GmbHG und § 17 ZPO verknüpft, als dass die diesen Vorschriften zugrunde liegenden Wertungen und Regelungsziele bei der Betrachtung außer Acht gelassen werden könnten. Inhaltlich steht dabei insbesondere § 4a GmbHG im Vordergrund. Diese Vorschrift legt den Rahmen der zulässigen Sitzwahl fest, auch wenn sie hier nach ihrem Wortlaut und ihrer Auslegung nicht verletzt ist.[168] Während sich die in Rede stehende teleologische Reduktion also auf die inhaltliche Beschränkung des § 3 Abs. 1 Satz 1 InsO bezieht, begründet sie sich aus der wertenden Betrachtung des gesamten Regelungskomplexes im Hinblick auf die Zuständigkeit der Insolvenzgerichte.

(bb) Gesetzesumgehung oder Gesetzesergehung

Für diese Korrektur kommen nicht die Grundsätze der Gesetzesumgehung in Betracht, sondern nur die Prinzipien über Gesetzesergehungen. Dies ergibt sich aus dem ebenfalls bereits erwähnten Faktum, dass die Problemlösung nicht daraus besteht, eine andere Vorschrift samt Rechtsfolge zur Anwendung zu bringen, sondern daraus, den gesetzlichen Tatbestand so zu modifizieren, dass der Beschluss der Gesellschafter keine wirksame Sitzverlegung darstellt. Anders gewendet besteht die Ansicht, dass die Sitzverlegung unter den hier in Rede stehenden Umständen eine unzulässige Inanspruchnahme der Vorschriften über die Sitzwahl ist und diese daher ergangen werden. Es sei an dieser Stelle noch ein-

168 Vgl. o. aa).

mal darauf hingewiesen, dass weder die Gesetzesumgehung noch die Gesetzesergehung ein eigenständiges Rechtsinstitut bilden.[169] Vielmehr stellen diese Begrifflichkeiten eine Zusammenfassung verschiedener rechtlicher Grundsätze dar, die es ermöglichen, unter Vermeidung von Systembrüchen durch Wertung zu Analogien oder teleologischen Reduktionen zu kommen.

(cc) Frühere wertende Korrekturen

Der § 4a GmbHG ist verhältnismäßig jung. Er wurde zum 01.01.1999 durch Art. 9 HRefG[170] eingeführt und inhaltlich an § 5 AktG ausgerichtet.[171] Durch Art. 1 Nr. 2 lit. b) des MoMiG wurde der § 4a Abs. 2 GmbHG aufgehoben. Damit nähert sich die Rechtslage wieder dem Zustand vor 1999 an. Die Rechtsprechung hatte zu der Rechtslage vor Einführung des § 4a GmbHG entwickelt, dass ein Mindestbezug zwischen der Geschäftstätigkeit und dem Sitz der Gesellschaft bestehen müsse.[172] Die Wahl des Sitzes durfte danach „nicht missbräuchlich" und ohne jede tatsächliche Beziehung der Gesellschaft zum gewählten Sitz bleiben.[173] Darunter fiel insbesondere die Wahl eines willkürlichen, fiktiven Sitzes[174] oder eine Entscheidung nur danach, bei welchem Registergericht voraussichtlich mit den geringsten Eintragungsschwierigkeiten zu rechnen war.[175] Dadurch wurden vor allem sogenannte „Briefkastenfirmen" unzulässig. Damit wurde im Wesentlichen der Zweck verfolgt, die Zustellungen nach der ZPO sicherzustellen.[176] Teilweise wurde auch die schlichte postalische Erreichbarkeit für ausreichend gehalten.[177] Das „Missbrauchsverbot" wurde durch die Rechtsprechung teils an sehr enge Voraussetzungen gebunden. Eine unzulässige Festlegung des Sitzes konnte in der Praxis nur dann angenommen werden, wenn die Gesellschaft zu der gewählten Gemeinde keinerlei Beziehungen hatte, also dort weder Räume noch sonstige Erreichbarkeit gegeben waren.[178] Indizien für die

169 Vgl. bereits o. B.

170 Gesetz zur Neuregelung des Kaufmanns- und Firmenrechts und zur Änderung anderer handels- und gesellschaftsrechtlicher Vorschriften (Handelsrechtsreformgesetz – HrefG) vom 22. Juni 1998, BGBl. 1998 I, S. 1474, 1479.

171 RegE, BT-Drs. 13/8444, S. 75.

172 OLG Zweibrücken, NJW-RR 1991, S. 1509; OLG Stuttgart, NJW-RR 1991, S. 1510; OLG Schleswig, BB 1994, S. 810; *Ulmer*, in: Hachenburg8, GmbHG, § 3 Rn. 10.

173 OLG Zweibrücken, NJW-RR 1991, S. 1509; OLG Stuttgart, NJW-RR 1991, S. 1510; OLG Schleswig, BB 1994, S. 810; *Ulmer*, in: Hachenburg8, GmbHG, § 3 Rn. 10.

174 BayObLG BB 1981, S. 870; OLG Frankfurt, GmbHR 1979, S. 226; OLG Köln, BB 1984, S. 1065, 1066; *Bartl*, in: HK-GmbHR, § 3 Rn. 4.

175 *Ulmer*, in: Hachenburg8, GmbHG, § 3 Rn. 10.

176 *Wessel*, BB 1984, S. 1058 f.; AG Wuppertal, GmbHR 1988, S. 28.

177 BayObLG BB 1981, S. 870; BayObLG DB 1987, S. 2194, dass einen Missbrauch aber erst annehmen will, wenn die Gesellschaft innerhalb des gesamten Bundesgebiets postalisch nicht erreichbar ist.

178 *Bartl*, in: HK-GmbHR, § 3 Rn. 5.

unzulässige Sitzwahl wurden als gegeben angesehen, wenn Briefsendungen zurückkamen oder nicht zustellbar waren.[179] Dadurch sollte sich der Registerrichter veranlasst sehen, weitere Ermittlungen anzustrengen.[180] Durch diese hohen Hürden sah sich der Gesetzgeber zum Handeln gezwungen.[181] Aspekte des Gläubigerschutzes spielten für die Rechtsprechung weitgehend keine Rolle. Diesen wollte erst der Gesetzgeber durch das HRefG Gewicht verleihen.[182]

(dd) Lückenhaftigkeit des Gesetzes / Ergehbarkeit der Vorschrift

Eine Wertung kann nur stattfinden, wenn die vorhandene gesetzliche Regelung für eine Korrektur zugänglich ist. Für die Analogie (im Fall der Umgehung) und für die teleologische Reduktion (im Fall der Ergehung) ist jeweils eine Gesetzeslücke erforderlich. Dies bedeutet, dass eine bestimmte, nach dem Regelungsplan oder dem Gesamtzusammenhang des Gesetzes zu erwartende Regel fehlt.[183] Wie bereits erörtert wurde, sind die hier in Rede stehenden Fälle grundsätzlich unter die einschlägigen Vorschriften subsumierbar. Eine Lücke kann aber auch dann bestehen, wenn das Gesetz zwar eine auch auf derartige Fälle anwendbare Regel enthält, diese aber ihrem Sinn und Zweck nach nicht passt, weil sie die für die Wertung dieser Fälle ausschlaggebende Besonderheit unbeachtet lässt. Die Lücke besteht dann in dem Fehlen einer Einschränkung.[184] Es wurde deshalb gefolgert, dass nur eine teleologische Reduktion in Betracht kommen kann.[185] Das Erfordernis des unvollkommenen[186], lückenhaften Gesetzes liegt dabei darin, dass die gesetzliche Regel einer im Gesetz nicht enthaltenen, durch ihren Sinn und Zweck aber geforderten Einschränkung bedarf.[187] Dies kommt aber nur dort in Betracht, wo der Gesetzgeber einen Bereich möglichst umfassend regeln wollte.[188]

Der Gesetzgeber äußerte bei der Einführung des § 4a a.F. GmbHG durch das HRefG die Erwartung, mit der Neuregelung die Fälle zu verhindern, in denen die schuldnerische Gesellschaft versucht, sich dem Zugriff der Gläubiger dadurch zu entziehen, dass sie Sitz und wirtschaftliche Tätigkeit auseinanderklaffen lässt.[189] Auf den ersten Blick gibt der Gesetzgeber dies mit der Einführung

179 *Bartl*, a.a.O.
180 *Bartl*, a.a.O.
181 RegE, BT-Drs. 13/8444, S. 75.
182 Vgl. RegE BT-Drs. 13/8444, S. 75.
183 *Larenz*, Methodenlehre, S. 375.
184 *Larenz*, Methodenlehre, S. 377, der in diesen Fällen von einer „verdeckten" Lücke spricht.
185 *Larenz*, a.a.O.
186 Vgl. *Benecke*, Gesetzesumgehung im Zivilrecht, S. 93.
187 *Larenz*, Methodenlehre, S. 370.
188 *Larenz*, Methodenlehre, S. 371.
189 RegE BT-Drs. 13/8444, S. 75.

des MoMiG auf. Ausweislich der Begründung der Bundesregierung soll es deutschen Gesellschaften mit beschränkter Haftung zukünftig gestattet sein, die tatsächliche Verwaltung abseits des Sitzes zu führen.[190] Dies ist jedoch der jüngeren europarechtlichen Entwicklungen zur Niederlassungsfreiheit geschuldet und soll bewirken, dass die GmbH, ähnlich wie die englische Limited in Deutschland, befähigt wird, im Ausland tätig oder als Tochtergesellschaft eines ausländischen Konzerns gegründet zu werden.[191] Der Gesetzgeber hat das ursprüngliche Ziel jedoch nicht aufgegeben, sondern sieht dies jetzt durch verschärfte Zustellungsvorschriften gewahrt.[192] Während sich der Gesetzgeber also weder in dem früheren noch in dem heutigen Gesetzgebungsfall ausdrücklich zu den Fällen der Unternehmensbestattung im Rahmen von Insolvenzen geäußert hat, sollen die vorhandenen Vorschriften diesen Fall jedoch nicht freilassen.[193] Einerseits beinhaltet auch die Unternehmensbestattung Elemente der Fälle, die die Reform von 1998 anvisierte: Am neuen Ort ist häufig niemand anzutreffen, Anfragen durch das Gericht werden schleppend oder gar nicht beantwortet.[194] Unter den hier diskutierten Maßnahmen leidet also die Erreichbarkeit der Gesellschaft in erheblichem Maße, was sich unmittelbar nachteilig auf die Gläubiger auswirkt, die versuchen, ihre Ansprüche zu verfolgen. Das Gesetz soll die örtliche Zuständigkeit mit Hilfe der einschlägigen Vorschriften umfassend, möglichst klar und abschließend regeln. Dem Gesetzgeber steht es auch nicht frei, einzelne Fallgestaltungen wie diese hier, einer Zuständigkeitsregelung nicht zu unterwerfen, weil dies einer Rechtsverweigerung gegenüber den Gläubigern gleichkäme.[195] Die gesetzliche Regelung soll also umfassend sein. Dennoch hat sich nach ganz überwiegender Ansicht in der Rechtsprechung und der Literatur herausgestellt, dass einzelne Regelungen zur Abwehr unerwünschter Gestaltungen fehlen. Dem Gesetz mangelt es daher an einer bestimmten, nach dem Gesamtzusammenhang des Gesetzes zu erwartende Regelung zur Abwehr von Manipulationen der örtlichen Zuständigkeit. Da der Gesetzgeber davon ausgegangen ist, dass die vorhandenen Vorschriften unbillige und gläubigerschädigende Vorgehensweisen verhindern, ist die Regelungslücke auch planwidrig.

bb) Wertungskriterien

Während vor der Einführung des § 4a GmbHG a.F. die Unerreichbarkeit der Gesellschaft das treibende Motiv der Wertung war, berufen sich die Stimmen in

---

190 RegE MoMiG, BT-Drs. 16/6140, S. 29.

191 RegE MoMiG, a.a.O.

192 RegE MoMiG, a.a.O.

193 *Kleindiek*, ZGR 2007, S. 276, 285 sprach sich für eine klarstellende Bemerkung in der Regierungsbegründung aus.

194 Vgl. die Einlassungen des AG Berlin-Charlottenburg in OLG Schleswig, NZI 2004, S. 264 Rn. 3.

195 Vgl. *Larenz*, Methodenlehre, S. 372.

Rechtsprechung und Literatur heute auf die Gefahr einer lautlosen Liquidation der Gesellschaft.[196] In beiden Fällen geht es zumindest als Teilaspekt darum, dass es den Gläubigern schwer gemacht wird, ihre Ansprüche zu verfolgen. Im heutigen Verständnis wiegt der Gläubigerschutz aber wesentlich schwerer. Die zugrunde liegende Wertung hat sich über die Zeit also gewandelt. Es ist daher zu klären, welche Beschaffenheit die einschlägigen Wertungskriterien aufzuweisen haben, um eine Korrektur des Tatbestands zu erlauben.

Die wertende Betrachtung muss von dem Punkt ausgehen, dass wesentlich Gleiches gleich und wesentlich Ungleiches ungleich zu behandeln ist.[197] Die teleologische Reduktion dient letzterem, d.h. sie soll die aus Wertungsgesichtspunkten erforderliche Differenzierung sicherstellen.[198] Der korrigierende Eingriff in den Anwendungsbereich der Vorschriften über den Satzungssitz ist nur möglich, wenn eine gewisse Eingriffsschwelle überschritten wird. Es ist aus Gründen der Rechtssicherheit und zur Vermeidung von Willkür[199] erforderlich, möglichst klar abgrenzbare und eindeutige Kriterien zu finden. Wegen der Vielzahl von Umgehungsmöglichkeiten gibt es keine festen Sätze an universellen Kriterien, die für eine Überwindung der Eingriffsschwelle stehen.[200] Es haben sich über die Zeit jedoch Fallgruppen oder zumindest Verallgemeinerungen gefunden. Ein Wertungskriterium ist dabei häufig der Gläubigerschutz. Der Gläubiger einer Kapitalgesellschaft hat praktisch keinen Einblick in deren wirtschaftliche Verhältnisse.[201] Dies gilt auch für den Insolvenzgläubiger.[202] Soweit die einschlägigen Vorschriften also dem Schutz dieser Interessengruppe dienen, muss seine Verwirklichung in den Vordergrund gestellt werden. Das Gesamtkonzept des § 3 InsO zielt darauf ab, eine Zuständigkeit an dem Ort zu begründen, an dem der Gläubiger wegen des Auftretens der Gesellschaft während ihrer Geschäftstätigkeit ihr wirtschaftliches Zentrum vermuten durfte. Dieser Gedanke findet unmittelbaren Widerhall in dem Vorrang des zweiten Satzes des § 3 Abs. 1 InsO, der dem Tätigkeitszentrum generell den Vorrang vor dem satzungsmäßigen Sitz einräumt. Dies wird häufig auf die knappe Formel gebracht, der Gläubiger solle da das Insolvenzverfahren vermuten können, wo er sein Vertrauen gelassen habe.

Der Regelungskomplex über die örtliche Zuständigkeit verfolgt aber nicht nur den Gläubigerschutz im Sinne eines absoluten Schutzzwecks. Die Vorschriften

---

196 Vgl. nur *Kleindiek*, ZGR 2007, S. 276 ff.; *Schmerbach*, in: FK-InsO, § 3 Rn. 18 ff.; *Uhlenbruck*, in: Uhlenbruck, InsO, § 3 Rn. 12.

197 Vgl. *Larenz*, Methodenlehre, S. 392.

198 *Larenz*, Methodenlehre, S. 392.

199 Vgl. *Benecke*, Gesetzesumgehung im Zivilrecht, S. 125.

200 *Benecke*, Gesetzesumgehung im Zivilrecht, S. 131.

201 Vgl. *Burg/Westerheide*, BB 2008, S. 62, 63; *Hölzle*, ZIP 2003, S. 1897 f.; zur Personenhandelsgesellschaft: *Kersting*, BB 2008, S. 790, 796,

202 Vgl. *Burg/Westerheide*, BB 2008, S. 62, 63.

dienen auch der schnellen und eindeutigen Bestimmung eines zuständigen Gerichts und damit der Prozessökonomie. Die Ergehung muss deshalb auch eine subjektive Komponente haben.[203] Dabei ist jedoch keine Umgehungs- bzw. Ergehungsabsicht im Sinne eines *dolus directus* erforderlich.[204] Vielmehr genügt ein Handeln, das bewusst auf das Ziel gerichtet ist, etwas zu erreichen, was vergleichbar ist mit dem, was das Gesetz verhindern will;[205] die Beteiligten müssen also keine rechtsfeindliche Gesinnung aufweisen.[206] Im Rahmen der Unternehmensinsolvenz kann dies beispielsweise bei der Inanspruchnahme eines Dienstleisters bejaht werden, der anbietet, sich um „Insolvenzprobleme" schnell und unkompliziert zu kümmern. Auch wenn den ursprünglichen Gesellschaftern nicht klar ist, dass es sich dabei um unseriöse Praktiken handelt, ist der Erfolg offensichtlich, dass sie als eigentliche Verantwortliche nicht an dem Verfahren teilnehmen werden und dass sich das Verfahren auch abseits dessen abspielen wird, was für die Gesellschaft üblich ist und von den Gläubigern erwartet wird.

cc) Die Wertung auslösende Umstände

Ein Verhalten der Gesellschafter, welches die Gläubiger benachteiligt – wenn auch nicht immer absichtlich – überschreitet die Eingriffsschwelle und begründet die teleologische Reduktion der Gerichtsstandsvorschriften. Diese Kriterien sind jedoch für sich genommen sehr allgemeiner Natur und für den konkreten Fall wenig hilfreich. Es soll daher geprüft werden, welche tatsächlichen Umstände diese Wertungskriterien erfüllen und damit eine verlässliche, Rechtssicherheit gewährende Grundlage bieten können für den Spagat zwischen dem Gläubigerschutz einerseits und der privatautonomen Gestaltung der Gesellschaftsverhältnisse im Rahmen der gesetzlichen Grenzen andererseits. Es muss nämlich bei aller häufig zwischen den Zeilen lesbaren Entrüstung über das Vorgehen der Verantwortlichen im Hinterkopf behalten werden, dass diese sich nicht außerhalb der vom Wortlaut der einschlägigen Vorschriften gesetzten Grenzen bewegen, sondern dass es sich um eine Korrektur des Tatbestands aus Wertungsgesichtspunkten handelt.

Zunächst ist zu bemerken, dass der Ansatz des BGH auf den ersten Blick einen weitgehend stimmigen Rahmen zur Verfügung stellt. Ist die Gesellschaft im Sinne der Insolvenzordnung gesund, bleibt es ihr unbenommen, sich innerhalb Deutschlands zu verlagern. Um einer Willkür diesbezüglich entgegenzutreten gilt § 4a GmbHG. Daher scheint zunächst kein Bedürfnis zu bestehen, im Insolvenzrecht auf der Grundlage einzelner Indizien und Erfahrungswerte oder Verdachtsmomente eine weitere Hürde einzuführen, die im Gesetz so nicht vorge-

203 BGHZ 110, S. 230, 233 f.; *Benecke*, Gesetzesumgehung im Zivilrecht, S. 156.
204 BGHZ 56, S. 285, 288; BGHZ 110, S. 230, 233 f.
205 BGHZ 110, S. 230, 233 f.
206 *Benecke*, Gesetzesumgehung im Zivilrecht, S. 157.

sehen ist. Der BGH hat in seiner früheren Entscheidung deshalb eine relativ klare Linie gezogen. Nach dem Inhalt des Beschlusses ist die Frage einer vorangegangenen (und anhaltenden) Insolvenzreife allein ausschlaggebend, wenn es um die Nichtanerkennung einer Sitzverlegung geht. Dies ergibt sich aus dem Wortlaut der Entscheidung:

> „Solange in dem Eilverfahren über den Antrag auf Konkurseröffnung [...] nicht offensichtlich ist, daß die Schuldnerin ihren Sitz erst nach Eintritt der Konkursreife verlegt hat, könnte das Konkursgericht [...] nicht davon ausgehen, daß die Schuldnerin den Gerichtsstand unzulässig erschlichen hat.“[207]

Diese Aussage des BGH ist mäßig eindeutig. Da die Eingangsvoraussetzung in diesem Fall nicht gegeben war, musste sich das Gericht nicht dazu äußern, ob daneben weitere Kriterien, insbesondere subjektiver Art, eine Rolle spielten. Die Verlegung des Satzungssitzes nach dem Eintritt der Insolvenz ist aber in jedem Fall für die Gläubiger nachteilig. In Anbetracht der Umstände ist es auch schwer vorstellbar, dass die Gesellschafter sich nicht bewusst gewesen sein sollen, welche Auswirkungen ihr Tun auf die Ansprüche der Gläubiger haben würde. Der „Fluchtgedanke“ tritt hier sehr offen zutage. Sollte das Gericht einen derartigen Verlauf feststellen können, sind die Wertungskriterien deutlich erfüllt und die teleologische Reduktion des § 3 Abs. 1 Satz 1 InsO kann eingreifen. Realistischerweise ist jedoch festzuhalten, dass die Gerichte regelmäßig darauf verzichten werden, eine intensive Überprüfung der bilanziellen oder finanziellen Entwicklung der Gesellschaft im Hinblick auf jüngere Entwicklungen in den Gesellschaftsstatuten durchzuführen. Der enge zeitliche Rahmen wird zwar regelmäßig bewirken, dass die Sitzverlegung eine der letzten Eintragungen und dementsprechend augenfällig ist. Angesichts der Schwierigkeiten der Gerichte, wegen der schleppenden Kommunikation mit den Schuldnern oder fehlender Geschäftsunterlagen die aktuelle Finanzsituation der Gesellschaft feststellen zu können, erscheint es wenig machbar, dies verlässlich für einen bestimmten Zeitpunkt in der Vergangenheit zu tun. Zweifel an der Effektivität dieses Vorgehens ergeben sich spätestens, wenn man in Betracht zieht, dass Teil der Bestattungsstrategie gerade ist, die Umstände zu verschleiern und insbesondere auch, die Unterlagen beiseite zu schaffen. In der Folge schlagen in diesem Fall die grundsätzlichen Bedenken der Literatur gegen die Durchführung eines Verfahrens abseits der eigentlichen Wirkstätte der Gesellschaft[208] durch: das entfernte Gericht hat wenig effektive Möglichkeiten, die wirtschaftlichen Verhältnisse der Gesellschaft zu einem Zeitpunkt in der Vergangenheit gründlich zu erforschen. Stammt der Antrag also nicht von einem gut vorbereiteten Gläubiger, sondern von einem ebenso gut vorbereiteten Schuldner, ist die Wahrscheinlichkeit hoch, dass das Gericht nicht hinreichend sicher feststellen kann, dass bereits drei oder mehr Wochen zuvor in einem anderen Teil des Bundesgebiets für die Gesell-

---

207 BGHZ 132, S. 195, 197.

208 Vgl. o. (2) b).

schaft Insolvenzreife bestand. Gerade wegen dieser Schwierigkeiten bestehen die Bemühungen, *forum shopping* zu verhindern.

Darüber hinaus zeigen die Fälle aus der Praxis, dass die Verletzung der Frist des § 15a Abs. 1 InsO, ehemals § 64 Abs. 1 GmbHG, regelmäßig in Kauf genommen wird. Gerade in den Fällen, in denen eine Reihe von Maßnahmen durchgeführt werden, um der Unternehmensbestattung zum Erfolg zu verhelfen, kann die Frist beinahe zwangsläufig nicht eingehalten werden. Der BGH hat zwar im Grundsatz und wegen der strafrechtlichen Relevanz eines Fehlverhaltens der Geschäftsführer davon auszugehen, dass sich die Beteiligten gesetzestreu verhalten und deshalb zu unterstellen, dass ohne deutliche Anzeichen die Frist nicht verletzt wurde.[209] Dies macht jedoch lediglich diese Herangehensweise praktisch nutzlos, hindert aber nicht eine wertende Korrektur generell.

Der Herangehensweise des BGH könnte vielleicht mehr Durchschlagskraft verliehen werden, würde die Insolvenzreife bereits im Zuge der Eintragung der Sitzverlegung geprüft und gegebenenfalls aufgedeckt. Es ist jedoch zweifelhaft, ob dies vom Prüfungsauftrag der beteiligten Gerichte gedeckt und tatsächlich machbar ist. Die förmliche Abwicklung der Sitzverlegung richtet sich nach § 13h HGB. Dementsprechend führt das Registergericht am Zielort gemäß § 13h Abs. 2 Satz 3 HGB die Prüfung der ordnungsgemäßen Sitzverlegung aus. Dazu gehört auch § 4a GmbHG. Zwar liegt die Vermutung nahe, dass eine gemäß § 17 InsO zahlungsunfähige Gesellschaft nicht mehr zur Aufnahme einer ordentlichen Geschäftsführung, Verwaltung oder eines Betriebs in der Lage ist. Diese Vermutung liegt jedoch bei der Überschuldung gemäß § 19 InsO oft schon nicht mehr auf der Hand, da es nicht ungewöhnlich ist, dass eine Zahlungsunfähigkeit durch einen Liquiditätszuschuss behoben wurde, der seinerseits zu einer Überschuldung führt, ohne dass dadurch im Ergebnis die Insolvenzreife aufgehoben würde.[210] In diesen Fällen werden die Insolvenzgründe ausgetauscht. Die Gesellschaft erscheint zahlungsfähig. Ihr wahrer Zustand ergibt sich erst aus einer eingehenden Durchsicht der Bücher der Gesellschaft. Dies vorzunehmen würde aber nicht nur einen enormen Anstieg der Arbeitsbelastung bedeuten, er ist auch mit den Interessen der Gesellschaft nicht vereinbar, da die Aufbereitung der Geschäftsunterlagen einen erheblichen Kosten- und Aufwandsfaktor darstellt. Darüber hinaus würde sich die Frage nach einer externen Buchprüfung stellen. Dies alles ginge für eine Sitzverlegung, deren gesetzliche Anforderungen verhältnismäßig gering sind, viel zu weit. Im Ergebnis ist es für das Registergericht am Zielort demzufolge keineswegs offensichtlich, dass die Gesellschaft insolvent ist. Die Prüfung der Insolvenzgründe ist vielmehr ein komplexer Vorgang, der regelmäßig auch „schon" bei der Feststellung der Zah-

---

209 Vgl. BGH NJW-RR 2006, S. 697, 698 zum Zurücktreten der Unschuldsvermutung im Falle drohender größerer Schäden für die Insolvenzmasse.

210 Vgl. *Uhlenbruck* in Gottwald, Insolvenzrecht, § 6 Rn. 20.

lungsunfähigkeit nicht ohne die Heranziehung eines Gutachters absolviert werden kann.[211] Dies braucht nicht nur Zeit und verursacht Kosten, sondern es wird vom Prüfungsauftrag des § 13h Abs. 2 Satz 3 HGB nicht abgedeckt[212] und kann auch nicht ohne weiteres von dem Registergericht erwartet werden.

Die Lösung des BGH geht daher in beinahe sämtlichen Fällen an dem angemessenen Ergebnis vorbei und vermag die ausschlaggebenden Wertungsgesichtspunkte nicht umzusetzen. Es ist sogar zu befürchten, dass gerade die Verletzung einer weiteren Pflicht – die Antragsstellung innerhalb längstens drei Wochen nach Eintritt der Insolvenzreife – dazu führt, dass die wertende Korrektur vermieden werden kann. Dies führt freilich den gesamten Ansatz ad absurdum.[213]

Dementsprechend wird in der Literatur beinahe einhellig vertreten, dass es noch auf weitere Kriterien ankommen muss, auch wenn es unterschiedliche Auffassungen im Detail gibt.[214] Es drängt sich die Frage auf, ob nicht aus den Gesichtspunkten der Literatur doch soviel Nutzen gezogen werden kann, dass diese an die Stelle oder neben die Ansicht der Rechtsprechung treten können. Es wird zugleich richtigerweise darauf hingewiesen, dass mit der bundesweiten Vereinheitlichung des Insolvenzrechts durch die Einführung der InsO ein wesentlicher Anreiz für missbräuchliche Sitzverlegungen entfallen ist[215]. Die Sitzverlegung führt nicht mehr in den Anwendungsbereich eines anderen Gesetzes, das vorteilhafte Institute bereithält. Es kann deshalb nur noch unter schärferen Kriterien von einem Missbrauch ausgegangen werden: eine vorgetäuschte Sitzverlegung kommt nur in Betracht, wenn konkrete und deutliche Umstände auf besondere Vorteile für den Schuldner hindeuten, die durch die Sitzverlegung herbeigeführt werden.[216]

(aa) Verbot des widersprüchlichen Verhaltens?

Der Widerspruch zwischen dem rechtsgeschäftlichen Handeln der Parteien, nämlich eine satzungsändernde Sitzverlegung zu beschließen und der tatsächlichen Unterlassung, diesen Geschäftsbetrieb an dem neuen Satzungssitz aufzunehmen, lässt sich nicht über § 117 BGB direkt oder analog angreifen.[217] Das Vorgehen könnte sich jedoch als widersprüchliches Verhalten im Rahmen der bestehenden Schuldverhältnisse zwischen der Gesellschaft und ihren Gläubigern

211 *Uhlenbruck* in Gottwald, Insolvenzrecht, § 6 Rn. 9.
212 Vgl. *Roth* in Koller/Roth/Morck, HGB, § 13h Rn. 2; *Hopt* in Baumbach/Hopt, HGB, § 13h Rn. 3.
213 Teilweise wird hier von einer „Schamfrist" gesprochen, *Schmerbach*, in: FK-InsO, § 3 Rn. 21.
214 Vgl. dazu bereits o. (2) b).
215 *Gerhardt*, in: Jaeger, InsO, § 3 Rn. 41.
216 *Gerhardt*, in: Jaeger, InsO, § 3 Rn. 41.
217 Vgl. o. (2) e) (a).

erweisen. Der objektive Tatbestand der Rechtsfigur des Verbots des widersprüchlichen Verhaltens setzt jedoch voraus, dass sich eine Partei in Widerspruch zu ihrem Vorverhalten setzt, was entweder miteinander sachlich unvereinbar ist oder ein gesetztes Vertrauen verletzt.[218] In der Folge muss sich die Partei dann an ihrem Vorverhalten festhalten lassen.[219]

Beispielsweise könnte ein Gläubiger vortragen, ihm gegenüber sei die Gesellschaft ausschließlich von Ort A aus tätig gewesen, so dass er davon ausgegangen sei, ihr Sitz läge dort, mit der Folge, dass die zwischenzeitliche Sitzverlegung nach Ort B unbeachtlich sei. Voraussetzung wäre jedoch, dass die GmbH ein Vertrauen in ihren satzungsmäßigen Sitz geschaffen hat, das durch ihr späteres Verhalten enttäuscht würde. Dies war bereits vor der Streichung des § 4a Abs. 2 GmbHG durch das MoMiG zweifelhaft; nach neuer Rechtslage ist der Einwand jedenfalls unbegründet.

Gemäß § 4a GmbHG liegt der Sitz der Gesellschaft immer dort im Inland, wo die Satzung bzw. der Gesellschaftsvertrag dies bestimmt. Eine abweichende tatsächliche Lage ändert nicht den Sitz der Gesellschaft,[220] sondern schafft eine Verpflichtung des organschaftlichen Vertreters nach §§ 31, 29 12 HGB, die aktuelle Geschäftsanschrift zum Handelsregister anzumelden. Der Auftritt der Gesellschaft oder ihrer Gesellschafter kann daher bei Außenstehenden kein Vertrauen in den Sitz nach dem Gesellschaftsvertrag schaffen, da er sich weiterhin aus dem Gesellschaftsstatut und damit aus dem Handelsregister ergibt. Das Auftreten der Vertreter der Gesellschaft ist deshalb nicht geeignet, ein hinreichendes Vertrauen hervorzurufen.

Hinzu kommt, dass durch die Streichung des § 4a Abs. 2 GmbHG die Notwendigkeit einer Verbindung zwischen der Tätigkeit der Gesellschaft und ihrem Sitz aufgehoben wurde. Erklärtes Ziel der Reform war, es Gesellschaften zu ermöglichen, sich abseits ihres eingetragenen Sitzes zu verwalten.[221] Zwar sollten damit vor allen Dingen die Entwicklungen der Rechtsprechung des EuGH zur Niederlassungsfreiheit nachvollzogen werden und für die GmbH die Konkurrenzfähigkeit gegenüber ausländischen Gesellschaften hergestellt werden, da es zuvor nicht möglich war, eine deutsche GmbH im Ausland zu führen.[222] Die Möglichkeit, den Verwaltungssitz vom Gesellschaftssitz abweichen zu lassen, betrifft aber auch die Fälle, in denen der Verwaltungssitz innerhalb Deutschlands frei gewählt wird. Diese Möglichkeit wird kompensiert durch die Pflicht der organschaftlichen Vertreter, den Verwaltungssitz nach §§ 31, 29, 12 HGB als Geschäftsanschrift anzumelden und die Möglichkeiten der Gläubiger, dort

---

218 Vgl. *Roth* in MK-BGB, § 242 Rn. 255; *Mansel* in Jauernig, BGB, § 242 Rn. 48.

219 *Mansel* in Jauernig, BGB, § 242 Rn. 48.

220 *Heider* in MK-AktG, § 5 Rn. 24; *Hueck/Fastrich* in Baumbach/Hueck, GmbHG, § 4a Rn. 9; *Hüffer*, AktG, § 5 Rn. 4, 11.

221 RegBegr. MoMiG, BT-Drs. 16/6140, S. 29.

222 RegBegr. MoMiG, a.a.O.

eine öffentliche Zustellung zu bewirken.[223] Das Fehlen einer notwendigen Verbindung zwischen der Tätigkeit einer Gesellschaft und ihrem Satzungssitz verhindert daher die Entstehung eines Vertrauens bei dem Gläubiger in die Lage des Sitzes. Stellt die Gesellschaft ihren Geschäftsbetrieb ein und wird dadurch automatisch nur noch der Sitz ausschlaggebend, kann sich der Gläubiger nicht darauf berufen, seine Verlegung stelle ein widersprüchliches Verhalten dar und dürfe deshalb nicht beachtet werden.

Die Grundsätze über das Verbot des widersprüchlichen Verhaltens können also im Ergebnis nicht genutzt werden, um eine Sitzverlegung als unbeachtlich zu werten. Dementsprechend können sie auch nicht als Ausgangspunkt einer Erweiterung der vom BGH aufgestellten Voraussetzungen an eine Gerichtsstandserschleichung im Insolvenzfall dienen.

(bb) Keine wirtschaftliche Tätigkeit

Es wurde bereits angesprochen, dass in der Literatur und stellenweise in der Rechtsprechung andere Kriterien tatsächlicher Art zur Beurteilung der Sitzverlegung herangezogen werden.[224] Insbesondere die Frage nach der Lage der Geschäftsräume,[225] nach der wirtschaftlichen Tätigkeit und nach der „rechtlichen" oder tatsächlichen Erreichbarkeit ist zu stellen.[226] Problematisch an diesen tatsächlichen Umständen ist ihre fehlende Eindeutigkeit. Bereits der BGH hat in seinem Beschluss nicht ausreichen lassen, dass am neuen Satzungsort keine wirtschaftliche Tätigkeit mehr aufgenommen wird.[227] Dem ist in der Literatur mit dem Argument zugestimmt worden, dass die Gründe, die einer Aufnahme wirtschaftlicher Tätigkeit entgegenstehen können, vielfältig seien.[228] Der Ansatz in der Literatur, diese Kriterien im Rahmen einer Gesamtbetrachtung zu würdigen,[229] ist der folgerichtige Schritt, um dem Nachteil der fehlenden Eindeutigkeit zu begegnen. So wie die einzelnen Merkmale als fixe Abgrenzung nicht überzeugen können, überzeugt aber auch die Gesamtbetrachtung nicht. Sie stellt im Kern die Addition der vorgeschlagenen Kriterien dar. Aber auch diese Summe ergibt kein eindeutiges Bild. Die untersuchten Umstände sind darauf gerichtet, zu belegen, dass der Mittelpunkt der wirtschaftlichen Tätigkeit eigentlich noch am ursprünglichen Ort liegt und tatsächlich gar nicht verlegt wurde.

Einerseits ist hierbei schon deren Relevanz fraglich. Wird die Geschäftstätigkeit fortgeführt, kommt es auf die Sitzverlegung gemäß § 3 Abs. 1 Satz 2 InsO

223 Vgl. RegBegr. MoMiG, a.a.O.

224 Vgl. o. (2) a) bis c).

225 LG Göttingen, ZIP 1997, 988, 989; *Ganter* in MK-InsO, § 3, Rn. 42; *Schmerbach* in FK-InsO, § 3, Rn. 21.

226 Vgl. Wessel, BB 1984, 1057 ff.

227 BGHZ 132, 195, 197.

228 *Ganter* in MK-InsO, § 3, Rn. 42.

229 Vgl. *Kirchhof* in HK-InsO, § 3, Rn. 20. *Uhlenbruck* in Uhlenbruck, InsO, § 3 Rn. 12.

im Ergebnis gar nicht an, da regelmäßig dort auch der Mittelpunkt der (verbliebenen) selbständigen wirtschaftlichen Tätigkeit liegt. Dieses Bestreben beinhaltet einen weiteren Mangel der Ausgangsüberlegung: Auch ein ernsthafter, wohlüberlegter Sanierungsversuch, der eine Verlegung des Geschäfts erfordert, kann im letzten Moment noch durch einen widerwilligen Gläubiger oder andere widrige Umstände, die außerhalb des Einflusses der Beteiligten liegen, zu Fall gebracht werden. Diese Art der Gesamtbetrachtung schafft daher keine Gewissheit darüber, dass die Sitzverlegung keinem redlichen Zweck diente. Bei Licht betrachtet, schaffen sowohl die Einzelkriterien als auch die Gesamtbetrachtung bei dem Untersuchenden nur das Bewusstsein, dass die Zuständigkeit nicht dort eröffnet wird, wo man sie mit an Sicherheit grenzender Wahrscheinlichkeit eigentlich vermutet hätte. Damit werden die Anforderungen an die teleologische Reduktion des § 3 Abs. 1 Satz 1 InsO jedoch nicht erfüllt. Der Überraschungseffekt löst zwar regelmäßig die erforderliche Benachteiligung auf Gläubigerseite aus; die zu fordernde Zweckgerichtetheit wird dadurch jedoch nicht belegt. Die Summe der Anhaltspunkte für eine Gläubigerbenachteiligung rechtfertigt deshalb die Reduktion der gesetzlichen Vorschrift nicht.

(cc) Eigene Lösung

Der Lösungsansatz des BGH hat trotz allem den Vorteil, mit einem festen, objektiven Tatbestandsmerkmal aufzuwarten. Es bietet sich daher an, diesen Weg zu verfolgen und so weiterzuentwickeln, dass die Probleme in der praktischen Umsetzung vermieden werden können und gleichzeitig die Anforderungen an die teleologische Reduktion der einschlägigen Vorschriften in objektiver und subjektiver Hinsicht erfüllt werden. Zunächst ist festzuhalten, dass der BGH für eine Antragstellung innerhalb der ersten drei Wochen nach der Sitzverlegung davon ausgeht, dass es sich um eine Gerichtsstandserschleichung handelt.[230] Eine derartige Vermutung ist in der Praxis äußerst einfach zu handhaben und bedarf keiner Optimierung. Entsprechend den oben erörterten Bedenken über die praktische Relevanz dieses Ansatzes und der Kritik in der Literatur, nach der diese „Schamfrist“ nicht für einen ausreichenden Schutz sorgen kann, ist zu prüfen, unter welchen Voraussetzungen auch nach dem Verstreichen von mehr als drei Wochen nach der Sitzverlegung von einer Gerichtsstandserschleichung gesprochen werden kann.

Geht man von dem Ansatzpunkt des BGH aus und ist das Ziel, diesen praktikabler zu gestalten, ist es erforderlich, das Merkmal der Insolvenzreife umgänglicher zu machen. Der gemeinsame Nenner der Insolvenzgründe liegt darin, dass die Gesellschaft in einem Zustand ist, der ihr die weitere Teilnahme am Markt ohne ein zu großes Ausfallrisiko für die Gläubiger zu begründen, unmöglich macht. Deshalb soll die Gesellschaft durch ihre Auflösung aus dem Wirtschafts-

---

230 BGHZ 132, S. 195, 198.

kreislauf entfernt und die Gläubiger sollen – soweit es möglich ist – gemeinschaftlich befriedigt werden, vgl. § 1 Satz 1 InsO. Wesentlicher Bestandteil des Insolvenzverfahrens ist, dass der Schuldner, d.h. hier der organschaftliche Vertreter, seiner Verfügungsbefugnis enthoben wird und an seine Stelle der Insolvenzverwalter tritt, § 80 Abs. 1 InsO. Dies bedeutet, dass dem Schuldner selber grundsätzlich nicht mehr zugetraut wird, die Angelegenheit so abzuwickeln, dass die Gleichbehandlung der Gläubiger gewährleistet ist.[231] Diese Grundannahme spiegelt sich auch in den Anforderungen an den Insolvenzverwalter wider. Dieser muss gemäß § 56 Abs. 1 InsO von den Gläubigern und von dem Schuldner unabhängig sein. Es steht daher ständig die Befürchtung im Raum, dass einzelne Beteiligte – also auch der Schuldner selbst – bevorzugt werden oder andere benachteiligt werden könnten.

Diese Vorbehalte gegenüber dem Schuldner stehen in direktem Zusammenhang mit seiner wirtschaftlichen Situation und dem damit einhergehenden zur Verfügung stehenden Handlungsrahmen. Ohne eine Mithilfe der Gläubiger durch Stundungen, Verzicht, Mittelzuführung etc. ist die Fortführung des Geschäftsbetriebs schon auf mittelfristige Sicht – in den meisten Fällen eher auf kurzfristige Sicht – nicht mehr möglich. Es wird offenbar, dass der Spielraum der Geschäftsführer und der Gesellschafter, noch Handlungen mit Nutzen für die Gesellschaft vorzunehmen, stark begrenzt ist.

Zu letzterem Missstand gehört auch die missbräuchliche Sitzverlegung durch einen Beschluss der Gesellschafterversammlung mit dem Ziel, das Insolvenzverfahren zu torpedieren, potenziell, um entweder die eigene Haftung zu kaschieren oder das Verschwinden von Vermögenswerten der Gesellschaft unaufklärbar zu machen. Diese Vorgehensweise stellt also kein wirtschaftliches Handeln für die Gesellschaft dar, sondern ein Handeln ohne jeden wirtschaftlichen Nutzen für irgendjemanden außer den Gesellschaftern und den Geschäftsführern. Die Motivlagen und Strategien der Beteiligten sind dabei verhältnismäßig nahe an denen der Fälle, die unter den Schlagworten „Rechtsformmissbrauch", „existenzvernichtender Eingriff" und „Vermögensvermischung" firmieren und sämtlich zum Ziel haben, der Gesellschaft ihr Kapital zu entziehen.[232]

Wie bereits oben gezeigt kann die Sitzverlegung bei positiver Insolvenzreife gemäß § 241 Nr. 4 AktG (ggf. analog) unter dem Gesichtspunkt der Gläubigerschädigung sittenwidrig sein.[233] Ist es Ziel, diesen Zustand durch objektive, leichter festzustellende Kriterien zu umschreiben und die Natur des missbräuchlichen Handelns zu berücksichtigen, dass kein Nutzen für die Gesellschaft oder die Gläubiger besteht, lässt sich folgende Liste aufstellen:

---

231 Vgl. *Ott/Vuia*, in: MK-InsO, § 80 Rn. 1.

232 Vgl. *Schulze-Osterloh* in Baumbach/Hueck, GmbHG, § 64 Rn. 100.

233 S.o. (2) e) bb) (cc).

- Keine Dokumentation über die Sanierungsmaßnahmen. Die Gesellschafterbeschlüsse enthalten keine Präambeln oder Erläuterungen, was mit der Sitzverlegung im Detail vereinbart wird. Es gibt keinen Schriftwechsel der Geschäftsführer oder der Gesellschafter mit ortsansässigen Kreditinstituten oder öffentlichen Geldgebern, die auf Finanzierungsbemühungen schließen lassen. Es gibt keine gerichtsbekannten wirtschaftlichen Vorteile, die dem Standort allgemein anhängen (Steuervorteile, andere Subventionen, geringere Lohnkosten, weniger Wettbewerb mangels Mitbewerbern etc.).
- Es gibt keine Dokumentation über eine Kommunikation mit den Gläubigern. Es kann nicht aufgezeigt werden, ob und welche Bemühungen unternommen wurden, gemeinsame Konzepte zu erarbeiten. Die Gläubiger wurden nicht über die Sanierungspläne informiert, insbesondere die Sitzverlegung wurde weder vorher angekündigt noch später mitgeteilt und in keinem Fall wirtschaftlich begründet.
- Keine Dokumentation sonstiger Art. Obwohl die Sitzverlegung erst in jüngster Zeit erfolgte, sind die Geschäftsunterlagen „unauffindbar“ oder „verloren gegangen“.
- Es wurde ein neuer Geschäftsführer eingesetzt, der ohne Geschäftserfahrung ist oder der sonst kein glaubhaftes Konzept vorbringen kann, die Gesellschaft zu sanieren. Seine Geschäftsführertätigkeit zeigt keinen Nutzen für die Gesellschaft.

Dreh- und Angelpunkt für die Beurteilung der Situation ist demnach die Dokumentation der Vorgänge. Die hier geforderte Art von Dokumentation ist dabei leichter zu erbringen als die Dokumentation, die es ermöglicht, die Insolvenzreife zu einem bestimmten Zeitpunkt in der Vergangenheit darzustellen. Es ist dem Schuldner auch zumutbar, diese Art von Dokumentation beizubringen. Anders als die tiefgehenden Geschäftsvorgänge, Bücher und Bilanzen, die eine genaue Beurteilung der wirtschaftlichen Lage ermöglichen, handelt es sich hier weitgehend um einfache Kommunikationsunterlagen. Diese zu verwahren gehört zu einer ordentlichen Geschäftsführung. Beruft sich die schuldnerische Gesellschaft darauf, es gebe keine schriftliche Kommunikation, da dies nicht üblich sei, ist das unbeachtlich. Dem jovialen Sanierungsversuch „unter Freunden“ kann keine Anerkennung als ernsthafte Sanierung zukommen. Insbesondere vermittelt die Sitzverlegung bei einer derartigen Art und Weise der Geschäftsführung und der Dokumentation der Geschäftsvorgänge keinen Sinn hinsichtlich der Sitzverlegung, sondern rückt die Vermutung, dass es darum ging, die Geschäftspartner im Unklaren zu lassen, in den Vordergrund.

Eine praktische Schwierigkeit, die auftreten kann, wenn dem Schuldner auferlegt wird, Unterlagen vorzulegen oder sich zu erklären, ist die Verwendung vorgefertigter, schematischer Dokumente. Bereits heute werden häufig allgemein gehaltene Listen vorgelegt, um das angegangene Gericht davon zu überzeugen, dass Sanierungsmaßnahmen geplant seien, die einen Mittelpunkt einer selbständigen wirtschaftlichen Tätigkeit begründen können.[234] Diesem Problem wird jedoch dadurch begegnet, dass der Schuldner Vorgänge nachweisen muss, die über seine Sphäre hinausgegangen sind. Anders als oben geht es hier um die Darlegung eines Sanierungsversuches, der bereits stattgefunden hat und nicht erst noch in Angriff genommen werden soll. Bringt der Schuldner vor, zu viele Gläubiger seien unwillig gewesen, einem Konzept zuzustimmen, fällt es dem Insolvenzgericht – gegebenenfalls mit einigen wenigen Telefonaten – leicht, aufzuklären, ob Gespräche tatsächlich stattgefunden haben.

An dieser Stelle muss daher festgestellt werden, wie weitgehend das Insolvenzgericht zu prüfen hat. Es hat grundsätzlich keine Zweckmäßigkeitskontrolle durchzuführen.[235] Es beurteilt dementsprechend nicht, ob das Sanierungsvorhaben sinnvoll war, eine Aussicht auf Erfolg hatte oder rechtlich durchführbar war. Es steht dem Schuldner also frei, einen utopischen, phantastischen und rechtlich bedenklichen Sanierungsansatz zu entwerfen, dessen Scheitern auf der Hand liegt. Die entscheidende Frage ist nicht, ob der Schuldner eine erfolgversprechende Sanierung angestrebt hat. Er darf sich auch in sein Schicksal ergeben. Das entscheidende Kriterium ist, ob er versucht hat, diesen Plan umzusetzen und damit Öffentlichkeit hergestellt hat, sodass seine Vertragspartner die Möglichkeit hatten, die Lage der Gesellschaft zu erfassen. Der Schuldner, der den Gesellschaftssitz verlegt, um die Folgen des Insolvenzverfahrens zu vermeiden, wird eine derartige Sanierung nicht versuchen.

Es ist ebenfalls darauf hinzuweisen, dass die hier vorgeschlagene Lösung keine Rechtspflicht für alle Gesellschaften einführen soll, eine Sanierung zu versuchen, zu dokumentieren und bei Gericht vorzulegen. Nur darf dann nicht anerkannt werden, dass der Schuldner im letzten Augenblick versucht, den Sitz der Gesellschaft zu verlegen. Geschieht dies „einfach so", ohne Verknüpfung zu einem Sanierungsversuch im weitesten Sinne, liegt der Versuch, die Gläubiger zu benachteiligen, auf der Hand.

Besondere Beachtung bedarf auch das Verhältnis zwischen den Gesellschaftern und dem oder den Geschäftsführer(n). Antragsberechtigt sind gemäß §§ 15 Abs. 1, 15a Abs. 1 InsO grundsätzlich die Mitglieder der Vertretungsorgane, d.h. die Geschäftsführer, nicht jedoch die Anteilseigner, von der engen Ausnahme der Führungslosigkeit der Gesellschaft abgesehen. In der GmbH besteht meist eine enge Verknüpfung zwischen den Gesellschaftern und der Geschäftsführung, die aus dem Weisungsrecht der Gesellschafterversammlung folgt, welches dem § 37 Abs. 1 GmbHG entnommen wird.[236] Obwohl nach außen gemäß

---

234 S. dazu o. II).

235 *Frind*, ZInsO 2006, S. 182; vgl. zum Umfang der Sorgfaltspflicht des Geschäftsführers: OLG Zweibrücken, NZG 1999, S. 506, 507.

236 *Lutter/Hommelhoff*, GmbHG, § 37 Rn. 17; *Zöllner/Noack* in Baumbach/Hueck, GmbHG, § 37 Rn. 18.

§ 35 Abs. 1 GmbHG die Geschäftsführung tätig wird und diese (wenigstens[237]) als Exekutivorgan deshalb erforderlich bleibt, können die Gesellschafter durch ein dichtes Netz von Weisungen stark in die Geschäftsführung eingebunden sein oder diese faktisch in der Hand haben.[238] Haben die Gesellschafter die Gesellschaft derart unter Kontrolle, ist es in gleichem Maße wahrscheinlich, dass auch sie die Art und Weise der Sanierung vorgeben und die Geschäftsführung in der Rolle des Exekutivorgans verbleibt. Die Verteidigung mit dem Argument, der Geschäftsführer habe die Sanierung nicht pflichtgemäß vorangetrieben und insbesondere nicht ordnungsgemäß dokumentiert, ist deshalb auf den ersten Blick wenig glaubwürdig. Dies gilt um so mehr, als der Gesetzgeber zwischenzeitlich anerkannt hat, dass mit Hilfe einer führungslosen Gesellschaft, die Insolvenzantragspflicht umgangen werden kann und wird.[239] Um dies zu verhindern, ist nun mit § 15a Abs. 3 InsO jeder Gesellschafter selbst zur Antragstellung verpflichtet, wenn die Gesellschaft führungslos ist, d.h. nach § 35 Abs. 1 Satz 2 GmbHG keinen Geschäftsführer hat. Daraus lässt sich folgern, dass es den Gesellschaftern verwehrt sein soll, die Verantwortung auf die Geschäftsführung abzuwälzen.

dd) Zwischenergebnis

Dem Gesetz mangelt es daher an einer bestimmten, nach dem Gesamtzusammenhang des Gesetzes zu erwartende Regelung zur Abwehr von Manipulationen der örtlichen Zuständigkeit. Es ist deshalb wertend zu korrigieren. Dabei müssen der Gläubigerschutz und die schnelle Bestimmung der Zuständigkeit als Wertungskriterien im Vordergrund stehen. Das korrekte und angemessene Ergebnis kann nicht über den allgemeinen Grundsatz des Verbots des widersprüchlichen Verhaltens erreicht werden. Es ist ebenfalls nicht möglich, auf tatsächliche Umstände abzustellen, die sich aus der vorangegangenen wirtschaftlichen Tätigkeit der Gesellschaft ergeben. Stattdessen muss sich die Untersuchung auf den dargelegten Sanierungsversuch konzentrieren, der eine Sitzverlegung erforderlich gemacht hat. Kann die Schuldnerin diesen durch die Vorlage von aussagekräftigen Unterlagen schlüssig darlegen, besteht kein Grund, die Sitzverlegung nicht hinzunehmen.

(d) Rechtsfolge

Der BGH prüft in seiner früheren Entscheidung lediglich, ob die schuldnerische Gesellschaft, den Gerichtsstand „mißbräuchlich erschlichen“ oder „unzulässig

237 Vgl. *Zöllner/Noack,* in: Baumbach/Hueck, GmbHG, § 37 Rn. 19.

238 *Konzen*, NJW 1989, S. 2977, 2978; *Mennicke*, NZG 2000, S. 622; *Zöllner/Noack*, in: in: Baumbach/Hueck, GmbHG, § 37 Rn. 18 ff; *Altmeppen*, in: Roth/Altmeppen, GmbHG, Rn. 3 ff. *Lutter/Hommelhoff*, GmbHG, § 37 Rn. 18a.

239 Vgl. RegE MoMiG, BT-Drs. 16/6140, S. 55 f.

erschlichen" hat.[240] Auf welcher dogmatischen Grundlage die eingetragene Sitzverlegung unbeachtlich sein soll, lässt der BGH offen, da in dem entschiedenen Fall nach seinen Ausführungen die Voraussetzungen eines Missbrauchs nicht vorlagen.[241] Es bleibt daher zu klären, ob sich die Prämisse des BGH, dass unter bestimmten Umständen eine Sitzverlegung zu einer Gerichtsstanderschleichung führt, in der Rechtsfolge auf eine dogmatische Grundlage stellen lässt.

Weder der BGH noch die Oberlandesgerichte gehen in ihren Beschlüssen auf eine derartige Rechtsgrundlage ein. Stattdessen ist die Rede von den Grundsätzen über die missbräuchliche Sitzverlegung. Darüber hinaus bleibt der Bezug unklar. Richtig ist, dass die Rechtsprechung vor der Einführung des § 4a Abs. 2 GmbHG a.F. auch für die GmbH eine Reihe von Prinzipien geschaffen hatte, die reine Briefkastenadressen und Scheinsitze verhindern sollten.[242] Ob diese Grundsätze die Einführung des § 4a GmbHG überdauert haben und nach momentaner Rechtslage ergänzend anwendbar sind, ist fraglich.[243] Zunächst ist zu klären, ob sich für die Unbeachtlichkeit der Sitzverlegung eine spezielle Vorschrift als Teil der *lex lata* finden lässt.

aa) „Gleichstellung"

Im Falle von Gesetzesumgehungen ist die Unwirksamkeit oder die Nichtigkeit des Geschäfts meist nicht die sachgerechte Lösung[244]. Deshalb wird regelmäßig die umgangene Norm mit Hilfe einer Analogie zur Anwendung gebracht und damit das unerwünschte Ergebnis vermieden (sogenannte „Gleichstellungslösung")[245]. Bei der Gesetzesergehung, wie sie hier vorliegt, wird der Tatbestand dagegen teleologisch reduziert. Dies führt jedoch im Falle der Zuständigkeitsvorschriften zu Schwierigkeiten. Die Rechtsordnung hält keine zweite, „eigentlich" anwendbare Vorschrift vor. Statt dessen wird der Wortlaut des § 3 Abs. 1 Satz 1 InsO gedanklich dahingehend eingeschränkt, dass der aktuelle Gerichtsstand nicht maßgeblich sein soll, wenn er erschlichen wurde.[246] Die Anwendung dieses „implizierten" Umgehungsverbots führt dann zu der gewünschten Folge, dass der ursprüngliche Gerichtsstand am ursprünglichen Satzungssitz ausschlaggebend ist. Ausgehend von diesem Standpunkt, bleibt auch der abschließende Charakter des Systems der Nichtigkeitsvorschriften gewahrt. Der Beschluss

240 Beide Zitate: BGHZ 132, S. 195, 197.

241 BGHZ 132, S. 195, 197.

242 BGHZ 132, S. 195, 196 f.; KGR Berlin 1998, 342.

243 Da die Abschaffung der Vorschrift durch das MoMiG geplant ist, stellt sich ebenso die Frage, ob sie nach der Reform weiterbestehen, bzw. wiederaufleben und inwiefern sie zu modifizieren sind.

244 *Benecke*, Gesetzesumgehung im Zivilrecht, S. 216.

245 *Benecke*, Gesetzesumgehung im Zivilrecht, S. 26, 216; *Rehberg*, ZGR 2005, S. 859, 876.

246 Vgl. dazu o. B.

wird als solcher nicht für nichtig erklärt, es wird auch die Sitzverlegung nicht für unwirksam erklärt. Vielmehr kommt man zu einem Minimalkonsens, der besagt, dass zumindest bei der Feststellung dieser örtlichen Zuständigkeit der frühere Sitz ausschlaggebend ist. Dem Charakter der teleologischen Reduktion als möglichst eng zu verstehende Ausnahme wird dadurch Rechnung getragen. Die Auswirkungen des wertenden Eingriffs in den weit gefassten Wortlaut des Gesetzes werden möglichst gering gehalten. Die Folgen einer Nichtigkeit für den Beschluss, die Satzung und die Handelsregistereintragungen etc. werden vermieden. Da sich die Gesellschaft ohnehin kurz vor dem Aus befindet, werden auch keine weiteren Kosten für die Berichtigung der nichtigen Sitzverlegung verursacht. Außerdem wird dem Bestreben des Gesetzgebers, den Gesellschaftern eine möglichst weitgehende Privatautonomie bei der Wahl des Sitzes zuzugestehen soweit es gerade geht, gewahrt. Die „Gleichstellung" in der Form der Durchsetzung des implizierten Umgehungsverbots oder – je nach Blickwinkel – der implizierten Ausnahmevorschrift stellt deshalb die sachgemäße Lösung dar.

bb) Veröffentlichung der Eröffnung

In der Literatur wird als Maßnahme gegen die missbräuchliche Verlegung eines Insolvenzverfahrens an einen fremden Ort vorgeschlagen, die Eröffnung des Insolvenzverfahrens auch in den Blättern am ursprünglichen Sitz, bzw. ursprünglichen Wirkbereich der Gesellschaft bekannt zu machen.[247] Dies soll zum einen abschreckenden Charakter haben. Da ein Motiv der missbräuchlichen Vorgehensweise zum Gegenstand hat, von den Gläubigern unbemerkt zu bleiben, würde dies durch die Veröffentlichung an dem Ort, an dem die Gläubiger damit rechnen würden, unmöglich gemacht. Dieses Vorgehen lag gemäß § 9 InsO Abs. 2 a. F. im Ermessen des Richters. Da durch das EHUG[248] inzwischen eine elektronische Registerführung eingeführt wurde und die Bekanntmachungen im Falle der Eröffnung des Insolvenzverfahrens nicht nur gemäß § 30 Abs. 1 Satz 2 InsO im Bundesanzeiger, sondern gemäß § 9 Abs. 1 Satz 1 InsO auch im Internet[249] vorgenommen werden, stellt sich die Frage, ob dieses Mittel dem Richter noch verbleibt oder ob ein anderes an seine Stelle getreten ist.

Es wird vertreten, dass die Verfügbarkeit der Bekanntmachungen im Internet während der gesamten Dauer des Insolvenzverfahrens das Bedürfnis für weitere oder wiederholte Veröffentlichungen, wie sie jetzt gemäß § 9 Abs. 2 Satz 1 InsO n. F. noch landesrechtlich zugelassen sein können, ausschlösse.[250]

247 *Ganter* in MK-InsO, § 3, Rn. 44; *Schmerbach*, in: FK-InsO, § 3 Rn. 23.

248 Gesetz über elektronische Handelsregister und Genossenschaftsregister sowie das Unternehmensregister (EHUG) v. 10. November 2006, BGBl. 2006, Teil I Nr. 52, S. 2553 ff.

249 Vgl. http://www.insolvenzbekanntmachungen.de

250 *Kexel* in Graf-Schlicker, InsO, § 9 Rn. 9.

Dieser Standpunkt wird dadurch gestärkt, dass auch die Bekanntmachungen im Bundesanzeiger seit jüngerer Zeit online abrufbar und durchsuchbar sind.[251] Soweit in der Vergangenheit vielleicht nicht davon ausgegangen werden konnte, dass der Bundesanzeiger von Gläubigern, die nicht Großinvestoren oder Banken sind, nicht gelesen wurde, stellt die neue Zugangsmöglichkeit eine wesentliche Erleichterung für alle Gläubiger dar. Darüber hinaus sollen in absehbarer Zeit die Veröffentlichungen in lokalen und überregionalen Zeitungen beendet werden.[252] Deshalb obliegt es den Gläubigern ohnehin, für eine effektive Beobachtung der online zur Verfügung gestellten Bekanntmachungen zu sorgen. Dazu dürfte auch gehören, die Bekanntmachungen nach den Namen oder Firmen der ausstehenden Gläubiger regelmäßig zu durchsuchen.

Dementsprechend fällt dieses Mittel des Gerichts, die Gläubiger auf die Insolvenz des Unternehmens aufmerksam zu machen, künftig weg. Da die Informationsmöglichkeiten der Gläubiger aber erweitert wurden, indem ihnen verhältnismäßig komfortable Möglichkeiten zur Verfügung gestellt werden, um die Schuldner bundesweit im Auge zu behalten, ist es auch nicht erforderlich, ein anderes Mittel an seine Stelle treten zu lassen.

cc) Zwischenergebnis

Im Ergebnis ergibt sich eine zweistufige Lösung. Auf der ersten Stufe steht die Vorgehensweise, die der BGH vorgegeben hat. Danach ist dann von einer Gerichtsstandserschleichung auszugehen, wenn der Schuldner so früh nach der Sitzverlegung einen Insolvenzantrag stellt, dass im Hinblick auf die Dreiwochenfrist des § 15a Abs. 1[253] vermutet wird, dass der Schuldner bereits zum Zeitpunkt der Sitzverlegung insolvenzreif war.

Jenseits dieser Vermutung ist auf das Verhalten der schuldnerischen Gesellschaft am Zielort abzustellen. Die in der Literatur vorgebrachten Kriterien wie das Fehlen einer Geschäftstätigkeit am Zielort oder das Fortbestehen von Geschäftsräumen am Ursprungsort reichen aber nicht aus. Vielmehr ist zu prüfen, ob die Sitzverlegung im Rahmen eines Sanierungs- oder sonstigen Fortführungsversuchs verlegt wurde. Dabei ist auf die objektiv vorhandene Dokumentation des Vorgangs abzustellen. Voraussetzung ist, dass der Plan zumindest im Ansatz umgesetzt wurde, also Kommunikation mit Gläubigern, Investoren und Kommunen bestand. Bei der Beurteilung des Sanierungsversuchs nimmt das Gericht darüber hinaus aber keine Plausibilitäts- oder Zweckmäßigkeitskontrolle vor. Ist die schuldnerische Gesellschaft eine GmbH, ist festzustellen, inwieweit die Gesellschafter über Weisungen im Allgemeinen und im Einzelfall in die Geschäftsführung eingeschaltet waren. Besteht eine enge Bindung der Geschäfts-

---

251 Vgl. http://www.ebundesanzeiger.de

252 RegE EHUG, BT-Drs. 16/960, S. 44; *Schmidt*, DStR 2006, S. 2272, 2273.

253 Vormals § 64 Abs. 1 GmbHG, geändert durch das MoMiG zum 1. November 2008.

führung an die Gesellschafter, können diese sich nicht auf den Standpunkt zurückziehen, der Geschäftsführer habe in eigener Verantwortung pflichtwidrig gehandelt.

Kommt das angegangene Insolvenzgericht also zu dem Schluss, dass der Gerichtsstand erschlichen werden soll und es mithin örtlich nicht zuständig ist, hängt das weitere Vorgehen davon ab, ob es einen Verweisungsantrag gemäß § 4 InsO i.V.m. § 281 Abs. 1 Satz 1 ZPO des Antragstellers gibt. Ist dies nicht der Fall, weist das Gericht den Antrag als unzulässig ab.[254] Wurde der Antrag bereits von einem anderen Gericht an dieses verwiesen, gilt das oben Gesagte. Es ist das Verfahren über die Bestimmung der Zuständigkeit gemäß § 4 InsO i. V. m. § 36 Abs. 1 Nr. 6 ZPO anzustrengen.[255] Wurde der Insolvenzantrag durch einen Gläubiger am ursprünglichen Satzungssitz gestellt, bedarf es keines weiteren besonderen Verfahrens. Für das angegangene Gericht stellt sich der Antrag als zulässig dar.

(e) Gläubigerantrag

Die obigen Erörterungen sind im Wesentlichen davon ausgegangen, dass auf die Initiative des Schuldners hin das Insolvenzverfahren angestrengt wird und dementsprechend das Gericht am Zielort mit der Prüfung der möglichen Gerichtsstandserschleichung befasst ist. Denkbar ist jedoch auch, dass ein Gläubiger den Antrag stellt. Dies wird er regelmäßig in Verkennung der zwischenzeitlich erfolgten Sitzverlegung bei dem Gericht am ursprünglichen Sitz tun. Auch dieses Gericht hat gemäß § 5 Abs. 1 InsO seine örtliche Zuständigkeit von Amts wegen zu prüfen.[256] Hat es Zweifel an dem Bestand der Sitzverlegung, führt es die entsprechende Prüfung durch. Insoweit ergeben sich keine Unterschiede.

(3) Ergebnis

Das MoMiG hat für die Fälle der Manipulation der örtlichen Zuständigkeit für die Insolvenz einer GmbH keine wesentlichen Änderungen mit sich gebracht. Die Liberalisierung des Sitzrechts macht es zwar leichter, den Gesellschaftssitz zu verlegen. Gerade deshalb bleibt die wertende Korrektur jedoch notwendig. Auch die nun einzutragende Geschäftsanschrift bringt keine wesentlichen Veränderungen. Sie stellt eine Vermutung für die Lage des Mittelpunkts der selbständigen wirtschaftlichen Tätigkeit nach § 3 Abs. 1 Satz 2 InsO dar. Die unveränderten § 3 Abs. 1 Satz 1 InsO und § 17 ZPO lassen es jedoch weiterhin auf den Sitz ankommen, wenn der Geschäftsbetrieb eingestellt ist.

---

254 *Kirchhof* in HK-InsO, § 3 Rn. 23.

255 S. zu dem Problem der Bindungswirkung aber auch u. 2).

256 Vgl. *Kirchhof* in HK-InsO, § 3 Rn. 22.

Die wertende Korrektur des § 3 InsO findet durch die Bewertung der Tätigkeiten der Gesellschaft am Zielort statt. Stellt sich das Geschehen nicht als ernsthafter Sanierungsversuch dar, den die Gesellschaft darzulegen und gegebenenfalls zu beweisen hat, hat es entweder an das zuständige Gericht gemäß § 4 InsO, § 281 ZPO zu verweisen oder eine Entscheidung über die Zuständigkeit gemäß § 36 ZPO herbeizuführen.[257]

257 S. dazu ausführlich auch u. 2).

2) Beeinflussung des Gerichts: die Verweisung / der Mittelpunkt der wirtschaftlichen Tätigkeit

Es wurde bereits angesprochen, dass einer der Anknüpfungspunkte die Beeinflussung des gerichtlichen Verfahrens darstellt.[258] Auf den ersten Blick stellt sich diese zweite Methode zwar ebenfalls als eine Änderung der tatsächlichen Umstände dar. Der Schwerpunkt – und der Punkt, der über Erfolg und Misserfolg der Bemühungen entscheidet – liegt jedoch bei der Antragsstellung und der Reaktion des Gerichts. Diese Unterscheidung bleibt freilich dogmatisch ohne Folgen.

In dieser Variante wird der Insolvenzantrag im Namen des neuen Geschäftsführers entweder bei dem Gericht an dessen Wohnsitz gestellt mit der Einlassung, der Mittelpunkt der selbständigen wirtschaftlichen Tätigkeit der Gesellschaft gemäß § 3 Abs. 1 Satz 2 InsO läge an dessen Wohnsitz. In anderen Gestaltungen wird ein Antrag bei dem Gericht am Ort des satzungsmäßigen Sitzes der Gesellschaft eingereicht und beantragt, das Verfahren an das vermeintlich zuständige Gericht am Mittelpunkt der selbständigen wirtschaftlichen Tätigkeit gemäß § 4 InsO i. V. m. § 281 Abs. 1 Satz 1 ZPO abzugeben, in der Erwartung, dass sich das andere Gericht an den Verweisungsbeschluss gemäß § 4 InsO i. V. m. § 281 Abs. 2 Satz 4 ZPO gebunden sieht.[259] Die Argumentation, die bei dieser Vorgehensweise gegenüber dem Gericht vorgebracht wird, geht dahin, dass die Abwicklungsmaßnahmen, die der neue Geschäftsführer und Gesellschafter an seinem Sitz vornimmt, den Mittelpunkt der selbständigen wirtschaftlichen Tätigkeit der Gesellschaft gemäß § 3 Abs. 1 Satz 2 InsO bildet und somit die Zuständigkeit des Gerichts begründet. Es ist jedoch fraglich, ob dieses Vorgehen von Erfolg gekrönt sein kann. Dies scheint in zweierlei Hinsicht zweifelhaft:

Zum einen müssten die Maßnahmen des Geschäftsführers noch als selbständige wirtschaftliche Tätigkeit der Gesellschaft anzusehen sein (dazu unter (1)). Zum anderen ist für den Fall, dass die Gesellschaft erreicht hat, das Verfahren an ein anderes vermeintlich zuständiges Gericht abzugeben, das grundsätzlich gemäß § 281 Abs. 2 Satz 2 ZPO an diese Verweisung gebunden ist,[260] schließlich zu erörtern, unter welchen Voraussetzungen diese Bindungswirkung durchbrochen werden kann, wenn sich herausstellt, dass am Sitz des Geschäftsführers eine wirtschaftliche Tätigkeit der Gesellschaft tatsächlich gar nicht ausgeübt wird (dazu unter (2) bis (4)).

Es ist deshalb wiederum zu fragen, ob dem Problem durch Auslegung der einschlägigen Vorschriften begegnet werden kann. Ist dies nicht der Fall, schließt sich die Frage an, ob eine wertende Korrektur möglich ist.

258 S.o. II), III).

259 Vgl. die Rechtsprechungsübersicht. o. II).

260 Vgl. *Schmerbach*, in: FK-InsO, § 3 Rn. 28.

(1) Auslegung: Abwicklungsmaßnahmen als selbständige wirtschaftliche Tätigkeit

Um die Zuständigkeit des Insolvenzgerichts abseits des satzungsmäßigen Sitzes zu begründen, muss ein Mittelpunkt einer selbständigen wirtschaftlichen Tätigkeit der Gesellschaft an einem anderen Ort dargelegt werden, vgl. § 3 Abs. 1 Satz 2 InsO.

Es ist daher zunächst zu klären, was unter dem Mittelpunkt der selbständigen wirtschaftlichen Tätigkeit zu verstehen ist. „Wirtschaftliche Tätigkeit" ist eine nachhaltig auf Erwerb gerichtete Teilnahme am Markt.[261] Ein Gewerbe im Rechtssinn ist nicht erforderlich.[262] Ausschlaggebend sind die tatsächlichen Begebenheiten; ein geschaffener Rechtsschein ist unerheblich.[263] „Selbständig" ist die Tätigkeit, wenn sie ein Handeln im eigenen Namen darstellt.[264] Der „Mittelpunkt" einer derartigen Tätigkeit liegt dort, wo die Leitungsentscheidungen der Gesellschaft getroffen werden[265].

a) Standpunkte in Lehre und Rechtsprechung

Diese Definitionen sind im Wesentlichen unumstritten. Ihre Anwendung stellt sich in der Literatur und Rechtsprechung jedoch teils unterschiedlich dar. Kritisch ist die Frage nach der wirtschaftlichen Tätigkeit. Wie bereits dargestellt wurde,[266] stützen sich die Geschäftsführer der in Rede stehenden Gesellschaften in ihrem Antrag regelmäßig darauf, mit oder ohne Hilfe an dem anderen Ort eine Fortführungsprüfung und ggf. anschließend die Liquidation zu betreiben. Diese Einlassungen können zum Ziel führen, wenn die angeführten Maßnahmen geeignet sind, eine wirtschaftliche Tätigkeit i.S.d. § 3 Abs. 1 Satz 2 InsO darzustellen.

Nach wohl herrschender Meinung ist eine Zuständigkeit über § 3 Abs. 1 Satz 2 InsO nicht mehr gegeben, wenn zum Zeitpunkt der Antragsstellung die werbende Tätigkeit der Gesellschaft vollständig eingestellt ist.[267] Dann soll es an

261 *Ganter* in MK-InsO, § 3, Rn. 7; *Kirchhof* in HK-InsO, § 3, Rn. 6; *Wienberg* in Hess/Weis/Wienberg, § 3, Rn. 21.

262 Begr. zu § 3 RegE, BT-Drucks. 12/2443, S. 110; *Wienberg* in Hess/Weis/Wienberg, § 3, Rn. 1.

263 *Kirchhof* in HK-InsO, § 3, Rn. 6; *Wienberg* in Hess/Weis/Wienberg, § 3, Rn. 18.

264 *Kirchhof* in HK-InsO, § 3, Rn. 7; *Wienberg* in Hess/Weis/Wienberg, § 3, Rn. 20.

265 *Gerhardt*, in: Jaeger, InsO, § 3 Rn. 16.

266 Vgl. o. 2) und II).

267 BayObLG ZInsO 2001, S. 669 und ZInsO 2003, S. 1143 und NZI 2004, S. 89; OLG Celle, ZIP 2004, S. 1023; *Ganter*, in: MK-InsO, § 3 Rn. 7b; *Kirchhof*, in: HK-InsO, § 3 Rn. 8; *Uhlenbruck*, in: Uhlenbruck, InsO, § 3 Rn. 11; a.A. *Becker*, in: Nerlich/Römermann, InsO, § 3 Rn. 21.

einer selbständigen wirtschaftlichen Tätigkeit insgesamt fehlen.[268] Die Verlegung ihres Mittelpunkts ist dann konsequenterweise auch nicht mehr möglich.[269] Gleichzeitig wird in der Literatur aber auch vertreten, dass es für die Annahme einer selbständigen wirtschaftlichen Tätigkeit ausreiche, wenn ein Geschäftsführer Abwicklungsmaßnahmen durchführe, die über die bloße Lagerung der Geschäftsunterlagen und die Annahme von Zustellungen hinausgehen würden.[270] Insofern soll es auch ausreichen, wenn der Geschäftsführer oder Liquidator diese Maßnahmen von seinem Wohnsitz aus trifft; die Zuständigkeit sei dann dementsprechend an diesem Ort begründet.[271]

Die Literatur scheint auf den ersten Blick widersprüchlich oder zumindest unexakt zu sein. Es sind jedoch die unterschiedlichen Sachlagen zu bedenken.

b) *„Kalte" Liquidation*

In den hier zuvorderst beleuchteten Fällen geht es dem Unternehmen wirtschaftlich so schlecht, dass die Insolvenz im Grunde die gesamte Zeit über unausweichlich ist. Lediglich die Details des Verfahrens und seines Ablaufs sollen beeinflusst werden. Die Sachlage stellt sich unter diesen Umständen so dar, dass die eigentliche Geschäftstätigkeit gezwungenermaßen eingestellt wird und im direkten Anschluss der Geschäftsführer die Geschäftsunterlagen an seinen Wohnort bringt, um die Gesellschaft von dort aus abzuwickeln. Da die Gesellschaft ihrem eigentlichen Gesellschaftszweck nicht mehr länger nachgeht, stellt das Handeln des Geschäftsführers eine Verlagerung des Mittelpunktes nach dem Wegfall der wirtschaftlichen Tätigkeit und somit ein nach der Meinung der Literatur bezüglich § 3 Abs. 1 Satz 2 InsO wirkungsloses Handeln dar. Nicht unter § 3 Abs. 1 Satz 2 InsO fallen daher auch die Fälle, die eine deutliche zeitliche Zäsur aufweisen, d. h. in denen die Geschäftstätigkeit schon eine gewisse Weile brach liegt, keinerlei Aktivitäten mehr entwickelt werden, die Geschäftsräume schon geräumt sind und dann erst jemand damit beauftragt wird, die Abwicklung an einem anderen Ort durchzuführen. Streng genommen würde es sich bei einer derartigen Sachlage aber nicht um eine Verlagerung der selbständigen wirtschaftlichen Tätigkeit handeln, sondern um ihre Neubegründung.

---

268 OLG Celle, ZIP 2004, S. 1023; BayObLG ZInsO 2001, S. 669; *Kirchhof*, in: HK-InsO, § 3 Rn. 8; *Uhlenbruck*, in: Uhlenbruck, InsO, § 3 Rn. 11.

269 BayObLG ZInsO 2003, S. 1143; *Kirchhof*, in: HK-InsO, § 3 Rn. 8.

270 *Henckel*, ZIP 2000, S. 2045, 2046; *Ganter*, in MK-InsO, § 3, Rn. 8; *Kirchhof*, in: HK-InsO, § 3 Rn. 8; *Uhlenbruck*, in: Uhlenbruck, InsO, § 3 Rn. 11; *Wienberg*, in: Hess/Weis/Wienberg, § 3 Rn. 21; *Schmerbach*, in: FK-InsO, § 3 Rn. 5; vgl. auch OLG Braunschweig NZI 2000, S. 266, 267.

271 *Uhlenbruck*, in: Uhlenbruck, InsO, § 3 Rn. 11.

c) „ordentliche“ Liquidation

Von dem Fall der unabwendbaren Insolvenz ist aber eine andere Konstellation zu unterscheiden. Wenn die Gesellschafter das Ende ihrer Gesellschaft nahen sehen und sich ausdrücklich oder konkludent im Sinne des § 60 Abs. 1 Nr. 2 GmbHG, § 131 Abs. 1 Nr. 2 (ggf. in Verbindung mit § 161 Abs. 2) HGB, § 262 Abs. 1 Nr. 2 AktG dazu entschließen, die Gesellschaft zu beenden, wird hierfür ein Liquidator bestellt. Dieser kann durchaus alles nach seinen Fähigkeiten Mögliche anstrengen, um die Gesellschaft entweder zu sanieren oder vollständig oder in Teilen zu verkaufen oder sie komplett zu zerschlagen. Wenn diese Bemühungen fehlschlagen, kann der Liquidator sich aber gezwungen sehen, den Insolvenzantrag zu stellen. Vorausgesetzt, dass er die Gesellschaft zuvor vollständig von seinem Sitz aus geleitet hat, bestehen, soweit die übrigen Voraussetzungen einer selbständigen wirtschaftlichen Tätigkeit gegeben sind, keine Bedenken, diese Tätigkeiten als hinreichend im Sinne des § 3 Abs. 1 Satz 2 InsO zu akzeptieren.

Die obergerichtliche Rechtsprechung geht in den hier interessierenden Fällen, in denen die Insolvenz als unumgänglich schon feststeht wenn der abwickelnde Liquidator / Geschäftsführer hinzugezogen wird, in praktisch einhelliger Rechtsprechung davon aus, dass die Einstellung der werbenden Tätigkeit – und damit ist die eigentliche Geschäftstätigkeit im Sinne einer Verfolgung des Gesellschaftszwecks gemeint – dazu führt, dass eine Zuständigkeit nach § 3 Abs. 1 Satz 2 InsO entfällt; das Verbringen oder Aufbewahren von Geschäftsunterlagen oder auch das ausschließliche Betreiben der Liquidation wird – recht häufig im Gegensatz zur erstinstanzlichen Rechtsprechung – als nicht maßgeblich beurteilt.[272]

d) Stellungnahme

Wenn die Fälle, in denen eine langfristiger angelegte, frühzeitig beschlossene Auflösung der Gesellschaft, die auf eine möglichst umfassende Befriedigung der Gläubiger ausgerichtet ist, außen vor gelassen werden, stellt sich die Frage, ob die Tätigkeiten des Geschäftsführers in den anderen Fällen der unmittelbar drohenden Insolvenzreife die Anforderungen an eine selbständige wirtschaftliche Tätigkeit erfüllen können.

Das Abwickeln der Gesellschaft müsste nach der obigen Definition also zunächst eine nachhaltig auf Erwerb gerichtete Teilnahme am Markt sein.

Dies ist für den Fall, dass sich die Abwicklung darauf beschränkt, das Unternehmen nicht am Leben zu erhalten, sondern vollständig stillzulegen und das Gesellschaftsvermögen aufzulösen und zu verteilen, sehr fraglich. Die Abwicklungsmaßnahmen sind zwar auf Erwerb gerichtet soweit sie tatsächlich durchge-

272 BayObLG ZInsO 2001, 669, NZI 2004, 89; OLG Celle ZIP 2004, 1023.

führt werden und nicht nur als bloße Absichtserklärung auf dem Papier bestehen. Ziel ist es schließlich, mit dem Vermögen der Gesellschaft eine möglichst große Geldsumme zu erlösen, um die Verbindlichkeiten der Gesellschaft bereinigen zu können und einen eventuell verbleibenden Überschuss an die Gesellschafter ausschütten zu können. Wenn die Insolvenzreife schon greifbar ist, kann dabei auch nicht vor dem Verkauf z. B. der Einrichtung halt gemacht werden. Diese Erwerbsvorgänge, die darin bestehen, das Gesellschaftsvermögen zu veräußern, können aber naturgemäß keine nachhaltige Erwerbsquelle sein, da sie sich in der einmaligen Veräußerung erschöpfen und die Grundlage für einen zukünftigen Erwerb ja gerade beseitigt wird, indem die Gesellschaftsmittel aus dem Unternehmen entfernt werden.

Die Zerschlagung der Gesellschaft nachdem die Geschäftstätigkeit bereits aufgegeben worden ist und somit nicht mehr zum Zwecke der Veräußerung aufrecht erhalten werden kann oder muss, kann nach der Definition also schon keine nachhaltig auf Erwerb gerichtete Tätigkeit und somit keine wirtschaftliche Tätigkeit darstellen.[273] Sie kann daher auch nicht den Mittelpunkt einer selbständigen wirtschaftlichen Tätigkeit im Sinne des § 3 Abs. 1 Satz 2 InsO begründen. Es bleibt daher dabei, dass gemäß § 3 Abs. 1 Satz 1 InsO weiterhin der Sitz der Gesellschaft maßgeblich ist. Eine abweichende eingetragene Geschäftsanschrift ist dann nicht entscheidungserheblich.

Auf der Grenze liegen jedoch die Fälle, in denen vorgetragen wird, es werde geprüft, ob das Unternehmen verkauft werden kann oder ob sonstige Sanierungsmöglichkeiten bestehen. Dies impliziert, dass unter Umständen die Geschäftstätigkeit aufrecht erhalten werden soll. Erfahrungsgemäß ist dies gelegentlich äußerst fragwürdig, da die neuen Geschäftsführer in geschäftlichen Dingen sehr oft unerfahren sind oder Teil des Betriebs eines Unternehmensbestatters sind.[274] Das Gericht kann sich im Hinblick darauf nicht damit begnügen, eine Liste abzunicken, die der Schuldner vorlegt. Trägt der Schuldner vor, dass er auch unter den herrschenden drückenden Umständen an einer Geschäftstätigkeit festhalte, weil er Sanierungs- oder Verkaufschancen für sein Unternehmen sehe, ist es ihm auch zumutbar, diese vor Gericht zu substantiieren. Angesichts der Lage des Schuldners, die schnelles Handeln erfordert und auch den Kontrollverlust über das Unternehmen durch die Berufung eines (vorläufigen) Insolvenzverwalters beinhaltet, können abstrakt gehaltene Absichten oder Vorstellungen nicht hinreichen. Vielmehr wird dem Schuldner abzuverlangen sein, dass er im Einzelfall nachweist, dass konkrete Verhandlungen stattfinden und Maßnahmen angelaufen sind, die nicht völlig hoffnungslos erscheinen.

Dies ergibt sich aus den Vorschriften über die Pflichten des Schuldners im Eröffnungsverfahren. Der Schuldner ist in diesen Fällen nach § 20 Abs. 1 Satz 1

---

273 OLG Celle, ZIP 2004, S. 1022, 1023; ähnlich OLG Stuttgart, ZInsO 2004, S. 750.

274 Vgl. die Rechtsprechungsübersicht o. II).

InsO zur Mitwirkung verpflichtet. Er muss dem Gericht alle notwendigen Unterlagen vorlegen, die es in die Lage versetzen, zu beurteilen, ob die Eröffnungsvoraussetzungen tatsächlich und nicht nur nach den Einlassungen des Schuldners bestehen.[275] Zur Verwirklichung der Mitwirkungspflicht kann das Gericht den Schuldner anweisen, geordnete schriftliche Aufzeichnungen über die laufenden Geschäfte zu erstellen.[276] Da das Vorbringen des Schuldners, Möglichkeiten der Sanierung auszuloten, impliziert, dass der Betrieb zunächst auch im laufenden Insolvenzverfahren fortgeführt werden soll, muss er auch eine Liquiditätsrechnung vorlegen.[277]

Da in diesen Fällen die Notwendigkeit eines Insolvenzverfahrens außer Frage steht, bedarf der Schuldner auch keines Schutzes hinsichtlich der Wahrung seiner Geschäftsgeheimnisse. Soweit er den Antrag selbst gestellt hat oder lediglich die örtliche Zuständigkeit streitig ist, ist die Zulässigkeitsschwelle des § 20 Abs. 1 Satz 1 InsO überschritten.[278] Das Insolvenzgericht sollte daher wie durch § 5 Abs. 1 InsO vorgesehen durch einen gerichtlichen Hinweis darauf hinwirken, dass der Schuldner seine Behauptungen glaubhaft macht. Tut er dies nicht, weist das Gericht den Antrag ab.

Entspricht der Schuldner diesen Forderungen oder stellt sich die Lage der Gesellschaft beispielsweise im Falle eines Schuldnerantrags wegen (nur) drohender Zahlungsunfähigkeit gemäß § 18 Abs. 1 InsO noch nicht ganz so dramatisch dar, so dass ein weiterer Zeitrahmen und damit mehr Bewegungsspielraum besteht, ist fraglich, ob der Wohnort des Liquidators tatsächlich der Mittelpunkt der selbständigen wirtschaftlichen Tätigkeit ist. Dieser könnte vielmehr an dem Ort liegen, an dem die Gesellschaft um ihre Existenz kämpft. Der Mittelpunkt liegt jedoch dort, wo die Leitungsentscheidungen getroffen werden und sich organisatorisch manifestieren.[279] Soweit der liquidierende Geschäftsführer also von seinem Wohnort aus die Geschicke der Gesellschaft tatsächlich lenkt, liegt dort auch der Mittelpunkt der werbenden Tätigkeit. Soweit der Geschäftsführer den oben aufgestellten Anforderungen nachkommt, wird sich daher im Einzelfall auch unproblematisch ergeben, von welchem Ort aus die Sanierungsbemühungen stattfinden.

---

275 *Uhlenbruck,* in: Uhlenbruck, InsO, § 20, Rn. 11.

276 Uhlenbruck, a.a.O.

277 Uhlenbruck, a.a.O.

278 Vgl. *Uhlenbruck* in Uhlenbruck, InsO, § 20, Rn. 3.

279 *Ganter*, in: MK-InsO, § 3 Rn. 10; *Kirchhof,* in: HK-InsO, § 3 Rn. 9; *Schmerbach*, in: FK-InsO, § 3 Rn. 5; *Uhlenbruck*, in: Uhlenbruck, InsO, § 3 Rn. 4; stärker auf die Außenwirkung gerichtet: *Wienberg*, in: Hess/Weis/Wienberg, § 3 Rn. 24.

(2) Auslegung: Willkürlichkeit des Verweisungsbeschlusses

Auch im Insolvenzverfahren ist über § 4 InsO der § 281 ZPO anwendbar.[280] Voraussetzung für die Verweisung ist der Antrag des Schuldners. In den hier relevanten Gruppen wird das Gericht regelmäßig fälschlicherweise von seiner eigenen Unzuständigkeit ausgehen und das Verfahren an ein eigentlich unzuständiges Gericht verweisen. Es muss daher geklärt werden, welche Rechtsfolgen eine derartige fehlerhafte Verweisung hat und unter welchen Umständen und mit welchen Mitteln dagegen vorgegangen werden kann.

a) Grundsatz der Unanfechtbarkeit und Bindung

Ein Beschluss nach § 281 Abs. 1 Satz 1 ZPO ist gemäß § 281 Abs. 2 Satz 2 unanfechtbar und gemäß Satz 4 für das Gericht bindend; nur offensichtliche Unrichtigkeiten können gemäß § 319 ZPO korrigiert werden.[281] Das Verfahren soll nicht durch Zuständigkeitsstreitigkeiten verzögert und verteuert werden.[282] Wenn dem verweisenden Gericht Rechtsfehler unterlaufen, sind keine Rechtsmittel zu ihrer Korrektur vorgesehen. Dies schließt eine Einflussnahme von Außen, gegen den Willen des Gerichts, aus. Die Bindungswirkung betrifft jedoch nicht nur Verfahrensbeteiligte im weitesten Sinne, d. h. Schuldner und Gläubiger. Auch das Gericht, an das verwiesen wurde, ist gemäß § 281 Abs. 2 Satz 4 ZPO an den Verweisungsbeschluss gebunden. Folglich kann das Gericht trotz einer eigenen Überzeugung, dass der Gerichtsstand erschlichen wurde, an den Verweisungsbeschluss gebunden sein.

Dies ist ein Ergebnis, das der Schnelligkeit des Verfahrens und der Rechtssicherheit absoluten Vorrang einräumt. Dies ist auch so gewollt. Kommt es zu gelegentlichen kleineren Ungerechtigkeiten, muss das von den Beteiligten hingenommen werden. Es ist aber zweifelhaft, ob dies schrankenlos gelten kann. Es droht die Gefahr, dass diese Absolutheit des Gesetzes sich in eine Gesetzeslücke verkehrt, die als Einfallstor für die Pervertierung des Systems und des zugrunde liegenden Gedankens der schnellen, unkomplizierten Abwicklung dient, indem die Sache „erledigt" werden kann.[283] Es ist daher zu prüfen, ob und wenn ja, unter welchen bestimmten Umständen es trotz der Formulierung des § 281 Abs. 2 Satz 2 und 4 ZPO möglich ist, den Verweisungsbeschluss aus der Welt zu schaffen. Ausnahmen von diesen im Wortlaut strikt formulierten Vorschriften sind in der Literatur jedoch umstritten,[284] in der Rechtsprechung zumindest für die Fra-

280 Vgl. *Kirchhof* in HK-InsO, § 3 Rn. 23.

281 *Greger* in Zöller, ZPO, § 14 f, 16.

282 OLG Frankfurt a. M., NZI 2000, S. 601, 602; *Foerste* in Musielak, ZPO, § 281, Rn. 11.

283 Vgl. *Foerste* in Musielak, ZPO, § 281 Rn. 14.

284 *Reichold*, in: Thomas/Putzo, ZPO, § 281 Rn. 12; kritisch zu § 281 generell *Foerste* in Musielak, ZPO, § 281 Rn. 14; *Womelsdorf*, MDR 2001, S. 1161 f.

ge der Bindungswirkung aber praktisch anerkannt.[285] Eine solche Korrektur stellt eine Wertung dar und muss dementsprechend überprüft werden.[286]

b) Gesetzesumgehung / -ergehung

Für die Herausarbeitung der maßgeblichen Wertungsgesichtspunkte und der sachgerechten Rechtsfolgen ist wiederum zwischen der Gesetzesumgehung und der Gesetzesergehung zu unterscheiden.[287] Wie bei der Sitzverlegung[288] bilden Vorschriften die Grundlage des schuldnerischen Vorgehens, die einen weit formulierten Tatbestand ohne Ausnahmeregelungen beinhalten. Deshalb gibt es auch im Rahmen dieser Konstellation keine geschriebene Verbotsnorm oder Alternativvorschrift, deren Anwendungsbereich von den Beteiligten umgangen würde. Stattdessen gestalten sie den Sachverhalt so, dass sie in den Anwendungsbereich des § 281 ZPO fallen, indem die Geschäftsführer bewusst und gewollt zwar bei einem zuständigen Gericht das Verfahren in Gang bringen, jedoch dieses veranlassen an ein unzuständiges Gericht zu verweisen. Es geht also auch in dieser Fallgestaltung um eine Gesetzesergehung, der in der Rechtsfolge mit der teleologischen Reduktion begegnet werden kann.[289]

(3) Wertung: Ausnahmsweise Anfechtbarkeit von Verweisungsbeschlüssen

Eine wertende Korrektur kann im Rahmen einer Gesetzesergehung nur dort in Betracht kommen, wo das Fehlen einer Ausnahme oder eines Verbots eine planwidrige Regelungslücke darstellt.[290] Der Verweisungsbeschluss ergeht im Insolvenzverfahren über § 4 InsO in Verbindung mit § 281 Abs. 1 Satz 1 ZPO. Dabei schreibt § 281 Abs. 2 Satz 2 ZPO fest, dass der Beschluss unanfechtbar ist. In der Literatur wird dies jedoch teilweise bestritten. Besonders grobe Rechtsfehler sollen die Unanfechtbarkeit des Beschlusses beseitigen.[291] Die Gegenmeinung belässt es bei der fehlenden Anfechtbarkeit, will das Gericht, an das die Sache überwiesen wurde, jedoch nicht an den Beschluss gemäß § 281 Abs. 2 Satz 4 ZPO binden.[292] Die Regelungslücke könnte deshalb darin bestehen, dass § 281 Abs. 2 ZPO keine ausnahmsweise Anfechtungsmöglichkeit für den Fall enthält, dass der Verweisungsbeschluss in besonderem Maße fehlerhaft ist. Ob

---

285 Vgl. nur BGHZ 102, S. 338, 341; BAG NZA 1992, S. 1049 f.; OLG Frankfurt a. M., NZI 2000, S. 601, 602; OLG Celle, ZIP 2007, S. 1922; dazu *Schmerbach*, EWiR 2008, S. 143 f.

286 S. u. anschließend (3) und (4).

287 Vgl. ausführlich o. B.

288 Vgl. o. IV) 1).

289 Vgl. dazu schon o. B.

290 *Larenz*, Methodenlehre, S. 377.

291 *Prütting* in MK-ZPO, § 281, Rn. 41; *Reichold*, in: Thomas/Putzo, ZPO, § 281 Rn. 12.

292 *Greger* in Zöller, ZPO, § 281, Rn. 14.

sich eine derartige Regelungslücke tatsächlich auftut, erscheint bei näherer Betrachtung jedoch sehr zweifelhaft.

Bei der Betrachtung der Literatur fällt auf, dass erstere Meinung ganz überwiegend auf eine Begründung verzichtet. Dies ist insbesondere überraschend, weil der Wortlaut des Gesetzes für sich genommen vollkommen eindeutig ist. Die Vertreter der Gegenmeinung verweisen auf die Funktion des § 281 ZPO, Zuständigkeitsstreitigkeiten, die zumindest im Rahmen „normaler" Zivilprozesse meist für die Klageaussichten von geringer Bedeutung sind, zu vermeiden.[293] Das Argument ist nicht einfach von der Hand zu weisen. Es ist aber zu bemerken, dass gerade im Insolvenzverfahren – wie bereits gezeigt – die örtliche Zuständigkeit durchaus eine bedeutende Rolle spielt. In den hier betrachteten Grenzfällen kann in Anbetracht der Eilbedürftigkeit und der unter Umständen zunehmend dürftiger werdenden Beweissituation für die Gläubiger, die Frage, ob das Verfahren in Ortsnähe oder in der Fremde durchgeführt wird, für die Ansprüche der Gläubiger beinahe allein ausschlaggebend sein. Der Schutzzweck des § 281 ZPO greift daher zumindest insoweit nicht, als Gläubiger versuchen, durch die Anfechtung eines Verweisungsbeschlusses ihre Interessen zu schützen. Dies verkehrt sich freilich ins Gegenteil, wenn der Schuldner versucht, durch das Heraufbeschwören einer ausladenden Streitigkeit über die Zulässigkeit, Zeit zu gewinnen. Außerdem wird vorausgesetzt, dass die Gläubiger überhaupt beschwerdebefugt sind, was zweifelhaft erscheint, wenn das Verfahren nicht auf Grund eines Gläubigerantrags ins Rollen gekommen ist. Insofern spricht nichts für eine Ausnahme.

Als weiteres Argument wird angeführt, dass nach dem Wortlaut des Gesetzes keine Überprüfbarkeit vorliegt; deshalb müsse eine Ausnahme ihren Ausnahmecharakter behalten. Es soll also nicht zulässig sein, die Überprüfbarkeit der Entscheidung vollends umzukehren und sie voll überprüfbar zu machen[294]. Insoweit scheinen es Gründe der Prozessökonomie zu sein, den Streit über die Zuständigkeit den Gerichten zu überlassen und ihn den Parteien vorzuenthalten.

Während diese Überlegungen überwiegend auf Erwägungen zum praktischen Nutzen und zum Schutzzweck des § 281 ZPO fußen, führt *Scherer* darüber hinaus auch dogmatische Bedenken gegen eine Ausnahme von der Unanfechtbarkeit der Verweisungsbeschlüsse an[295]: Die Regelung bezwecke die Rechtssicherheit, die ihrerseits eine unverzichtbare Grundlage des Rechtsstaatsprinzips sei. Sie dürfe nicht aufgeweicht werden. Es sei unzulässig, dass Gerichte neue Rechtsbehelfe contra legem „erfänden" oder „verordnen" würden. Wenn man der Ansicht sei, das geltende Zivilprozessrecht sei verfassungsrechtlich bedenklich (Schutz des rechtlichen Gehörs, Anspruch auf den gesetzlichen Richter),

293 *Foerste*, in Musielak, ZPO, § 281 Rn. 14.

294 Vgl. bei *Müther*, MDR 1998, S. 618, 620.

295 *Scherer*, ZZP 110, S. 167, 173 ff. am Beispiel der Verletzung des Anspruchs auf rechtliches Gehör.

bestünde nur der Weg zum BVerfG oder zum Gesetzgeber. Alles andere, insbesondere eine vom BVerfG befürwortete „Selbstkorrektur“ durch die Fachgerichte anstelle seiner Befassung verstoße gegen die Gewaltenteilung. Vielmehr sei der Schutz der verfassungsrechtlichen Belange der Beteiligten nicht Selbstzweck sondern ein Mittel zur Durchsetzung der prozessualen Ziele des Grundrechtsträgers. Wenn der Gesetzgeber einem prozessualen Aspekt im Grundsatz wenig Gewicht beilege – wie hier der Zuständigkeitsfrage – könne das prozessuale Ziel nicht allein wegen der Verletzung des Grundrechts aufgewertet werden und eine Entscheidung contra legem rechtfertigen. Soweit das Gesetz die grundrechtlichen Belange der Bürger grundlegend diskriminiere, bleibe nur der Weg der Verfassungsbeschwerde[296].

In diesem Sinne stellt sich auch die neuere Rechtsprechung des BGH dar[297]. Dieser hat entschieden, dass seit der ZPO-Reform von 2001[298] das Institut der außerordentlichen Beschwerde zum BGH aufzugeben sei, da der Gesetzgeber mit der Rechtsbeschwerde gemäß § 574 Abs. 1 ZPO eine ausdrückliche Regelung geschaffen habe und somit für die außerordentliche Beschwerde als Analogie zur Nichtzulassungsbeschwerde gemäß § 544 ZPO eine Regelungslücke fehle. Es bestehe danach nur noch die Möglichkeit einer Gegenvorstellung. Der Gesetzgeber habe es bewusst unterlassen, eine Regelung zur Korrektur der Verletzung von Verfahrensgrundrechten zu schaffen. Die Ausführungen des BGH zu der Absicht des Gesetzgebers, die Geltendmachung einer Verletzung von Verfahrensgrundrechten im Zivilprozess zu regeln, strahlen auch auf die Anfechtbarkeit von Verweisungsbeschlüssen aus. Der Gesetzgeber hat sich eingehend mit dem Problem – auch bei erstinstanzlichen Entscheidungen, für die keine Rechtsmittel vorgesehen waren, vgl. § 321a ZPO für Urteile – beschäftigt und es dennoch bei der Regelung belassen. Er hat daher dem Streit über die Zuständigkeit der Gerichte bewusst eine geringe Bedeutung beigemessen und dem schnellen Verfahrensablauf den Vorrang eingeräumt. Daran besteht unstreitig gerade auch im Insolvenzverfahren ein gesteigertes Interesse.

Auch wenn diese strikte Regelung möglicherweise dazu führt, dass einzelne Gerichte die Regelung dazu nutzen, Verfahren (für sie) unkompliziert zu erledigen, kann das allein kein Grund sein, den ausdrücklichen Willen des Gesetzgebers und den ausdrücklichen Wortlaut des Gesetzes zu missachten und aus Gründen, die nur aus dem Bereich der Billigkeit stammen, Ausnahmen zuzulassen. Die herrschende Meinung ist demzufolge abzulehnen. Es gibt keine hinreichende planwidrige Regelungslücke, die eine teleologische Reduktion rechtfertigen könnte und die Einfügung eines gedanklichen Ausnahmetatbestands für

---

296 *Scherer*, ZZP 110, S. 167, 174 f.
297 BGHZ 150, 133 ff.
298 BGBl. I S. 1887, 1902 ff.

grobe Rechtsfehler ermöglichen würde. Die Verweisungsbeschlüsse der Insolvenzgerichte bleiben unanfechtbar.

(4) Wertung: Bindungswirkung des Verweisungsbeschlusses

Der Verweisungsbeschluss ist nicht nur unanfechtbar, sondern zusätzlich wird auch das Gericht, an das verwiesen wird, durch den Beschluss gebunden, § 4 InsO i.V.m. § 281 Abs. 2 Satz 4 ZPO. Eine teleologische Reduktion dieser Vorschrift könnte also im Falle eines Vorgehens der Beteiligten auf Schuldnerseite zum Nachteil der Gläubiger die sachgerechte Festlegung der örtlichen Zuständigkeit ermöglichen. Dem Zielgericht würde es ermöglicht, gegen seine Inanspruchnahme vorzugehen.

Nach ständiger Rechtsprechung des BGH und der Oberlandesgerichte[299] und nach ganz herrschender Meinung in der Literatur[300] entfällt die Bindungswirkung des Verweisungsbeschlusses in einer Reihe von Fallgruppen. Davon werden auch die Beschlüsse erfasst, in denen das Gericht davon absieht, eine Begründung zu geben, und sich diese auch nicht aus den Akten ergibt und dadurch nicht feststellbar ist, auf welcher gesetzlichen Grundlage die Entscheidung beruht.[301] Ebenso sind Fälle erfasst, in denen der Beschluss gegenüber einer veröffentlichten, einhelligen obergerichtlichen Rechtsprechung auch nicht ansatzweise eine vertretbar erscheinende Gegenmeinung erkennen lässt. Ein einfaches Gesetzeszitat wie „§§ 3, 4 InsO, § 281 ZPO" reicht jedenfalls nicht aus.[302] Das Gericht muss vielmehr deutlich machen, inwiefern es Zweifel an seiner eigenen Zuständigkeit hat. Auch darf es nicht diejenigen Tatsachen völlig außer acht lassen, die einer Verweisung entgegenstehen.[303] Begründet wird dies mit grundlegenden rechtsstaatlichen Prinzipien. Ein Verweisungsbeschluss, der die oben dargestellten inhaltlichen Mindestanforderungen nicht erfüllt, stellt Willkür dar, weil er auf der Verletzung rechtlichen Gehörs beruht bzw. weil er jeder gesetzlichen Grundlage entbehrt.[304]

Angesichts des Wortlauts bestehen wie im Rahmen der ausnahmsweisen Anfechtbarkeit von Verweisungsbeschlüssen[305] Bedenken gegen eine Einschränkung. Auch birgt der Rückgriff auf verfassungsrechtliche Kriterien immer die Gefahr der Beliebigkeit, die sich aus der allgemeinen, grundlegenden Natur dieser Grundsätze ergibt. Auch schreibt das Rechtsstaatsprinzip keinen Instanzen-

---

299 Vgl. nur BayObLG ZInsO 2003, 1142, 1143; BayObLG ZInsO 2001, 669; OLG Köln ZInsO 2000, 222; OLG Hamm NZI 2000, 220, 221.

300 S. nur *Prütting* in MK-ZPO, § 281, 55, 56; *Greger* in Zöller, ZPO, § 281, Rn. 17; *Hartmann* in Baumbach, ZPO, § 281, Rn. 39 ff.

301 *Hartmann* in Baumbach, ZPO, § 281, Rn. 43.

302 BayObLG ZInsO 2001, 669.

303 *Hartmann* in Baumbach, ZPO, § 281, Rn. 43.

304 BGH, ZIP 2006, S. 442 f.; BGH, NJW-RR 2002, S. 1498 f.

305 S.o. (3).

zug vor.[306] Dies kann natürlich nur bis an die Grenze der Willkür gelten. Jenseits dieser Linie entspricht der Entscheidungsträger – in diesem Fall die Judikative in der Person des Insolvenzrichters – nicht mehr seiner Bindung an Recht und Gesetz, wie er in Art. 20 Abs. 3, 97 Abs. 1 GG festgeschrieben ist. Es liegt auch in der Natur der Sache, dass die Gesetze keine ausdrücklichen Vorkehrungen dafür treffen, dass die Judikative sich nicht rechtsstaatlich angemessen verhält und willkürliche Beschlüsse fasst. Die Unzulässigkeit dieses Ergebnisses ist impliziter Teil jeder Rechtsnorm. Daher muss eine Reduktion des Tatbestands für die Fälle von Willkür möglich sein. Dem Gesetzgeber fehlt die Kompetenz, Gesetze zu erlassen, die derartiges Verhalten von Insolvenzrichtern legitimieren, denn auch er ist gemäß Art. 1 Abs. 3, 20 Abs. 3 GG an Recht und Gesetz gebunden und unterliegt in seiner Gesetzgebung fraglos den Schranken der Rechtsstaatlichkeit. Insoweit besteht kein Anlass für Streit in irgendeiner Form.

Problematischer ist jedoch die Konkretisierung dessen, was Willkür ausmacht. Es kann nicht angehen, dass jeder Beschluss, der im Ergebnis unerwünscht ist oder sich aus der Rückschau als falsch erweist, unter Verweis auf die nicht ausreichende Ermittlung des Sachverhalts oder sonstige Flüchtigkeitsfehler des Gerichts mit dem Urteil der Willkür und dem Vorwurf der fehlenden Rechtsstaatlichkeit aufgehoben wird. Es kann den Insolvenzrichtern nicht zugemutet werden, sich diesem Vorwurf regelmäßig auszusetzen. Daher darf auf dieses Mittel nur als *ultima ratio* zurückgegriffen werden. Dementsprechend sind die engen Kriterien, die die Rechtsprechung aufgestellt hat, zutreffend.

Eine weitergehende Einschränkung – auf der Grundlage anderer, weniger fundamentaler Wertungen – ist nicht erforderlich. Wie das OLG Stuttgart treffend ausführt, muss sich bereits der Insolvenzrichter alarmiert fühlen, der einen Insolvenzantrag bearbeitet, der mit einem Verweisungsantrag gekoppelt ist.[307] Gleiches gilt, wenn der Antrag in einem engen zeitlichen Zusammenhang nachfolgt und der Schuldner nicht plausibel erklären kann, warum der Insolvenzantrag zunächst bei dem unzuständigen Gericht gestellt wurde. Das Gericht kann dann wie im Falle der Beurteilung einer späten Sitzverlegung den Schuldner auffordern, die Dokumentation vorzulegen, die seine These stützt, d.h. entweder eine echte Geschäftstätigkeit nachzuweisen oder einen in Angriff genommenen Sanierungsversuch glaubwürdig darzulegen. Hierdurch wird der Umstand berücksichtigt, dass das Bedürfnis zur teleologischen Reduktion des § 281 Abs. 2 Satz 4 ZPO schließlich doch gerade daher stammt, dass sich das verweisende Gericht falsch verhalten hat. Deshalb darf nicht über die Figur der Gesetzesergehung oder –umgehung diese Zuweisung der Verantwortlichkeiten umgekehrt werden.

306 St.Rspr. d. BVerfG, s. BVerfGE 28, S. 21, 36; BVerfGE 54, S. 277 ff. Rn. 46 f.;

307 OLG Stuttgart, ZInsO 2004, S. 750 Rn. 19 f.

(5) Rechtsfolge / Ergebnis

Kommt das Zielgericht zu dem Schluss, dass die Verweisung derart mangelbehaftet ist, dass sie die Voraussetzungen der Willkür erfüllt, muss es die Zuständigkeit gemäß § 36 ZPO klären lassen. Zuständig dafür ist gemäß § 36 Abs. 2 ZPO das OLG zu dessen Bezirk das verweisende Gericht gehört. Die obergerichtliche Rechtsprechung ist in jüngerer Zeit in den Fällen von Unternehmensbestattungen sehr einheitlich. Dieser Linie hat sich schließlich auch der BGH angeschlossen und der Ansicht, eine Verweisung ohne irgendeine Sachverhaltserforschung und Begründung sei zumindest nicht willkürlich, eine Absage erteilt. Damit haben die Zielgerichte ein effektives, sicheres Mittel gegen derartige Verweisungen. Es ist dennoch festzuhalten, dass diese Möglichkeit nur besteht, wenn sich das verweisende Gericht allzu leichtfertig auf die Einlassungen des Schuldners einlässt. Spricht in einem Fall zwar alles für eine Unternehmensbestattung, begründet das verweisende Gericht seinen Beschluss jedoch hinreichend, wenn auch unzutreffend, bleibt die Bindungswirkung bestehen. In diesem Fall hat der Schuldner oder der Unternehmensbestatter „Glück gehabt“. Dies kann auf Dauer nur verhindert werden, wenn die Insolvenzgerichte für die hier behandelten Fallgestaltungen sensibilisiert sind und es ihnen dadurch gelingt, den redlichen von dem unredlichen Schuldner zu unterscheiden und dementsprechend zu verfahren.

3) Die causa PIN

Eine gesonderte Betrachtung verdient ein Beschluss des AG Köln in dem Eröffnungsverfahren über eine zur PIN-Gruppe gehörende Unternehmung.[308] Diese war ein Projekt aus dem Hause Springer, das nach der Liberalisierung des Post-Markts als Konkurrent zur „herkömmlichen“ „gelben Post“ etabliert werden sollte. Nachdem diese Unternehmung aus unterschiedlichen Gründen gescheitert war, gingen beim AG Köln die Anträge auf Verfahrenseröffnung der einzelnen Zustellgesellschaften ein. Das Gericht sah Anlass, in einem Musterbeschluss die Eröffnung des Verfahrens in Köln zu rechtfertigen.

(1) Sachverhalt und Begründung

Die Schuldnerin war eine von ungefähr 100 Gesellschaften der PIN Gruppe, die unter der luxemburgerischen PIN Group AG (mittelbar) zusammengefasst wurde und im Wesentlichen im Raum Bremen tätig war. Anders als viele der übrigen Gesellschaften, nahm sie die Leistungen einer PIN Shared Services GmbH, z.B. Buchhaltungsarbeiten etc., nicht in Anspruch. Vor Stellung des Insolvenzantrages hatte die Schuldnerin ihren Geschäftsbetrieb eingestellt und sämtlichen Mitarbeitern gekündigt.

308 AG Köln, ZInsO 2008, S. 215 ff.

Das AG Köln hat seine Zuständigkeit bejaht. Es geht davon aus, dass die Schuldnerin ihr operatives Geschäft tatsächlich von Köln aus durchgeführt hatte. Einen Fall der missbräuchlichen Gerichtsstandserschleichung könne das Gericht „sofort ausschließen“, da sie auf die Firmenbestattung ausgerichtet sei. In diesem Fall sei jedoch der Öffentlichkeit im Rahmen der Sanierungsbemühungen mitgeteilt worden, dass die Anstrengungen von Köln aus unternommen würden. Die örtliche Zuständigkeit des Gerichts in Köln soll daraus folgen, dass das wesentliche Tagesgeschäft zentral von Köln aus gesteuert worden sei. Dort im Büro eines Unternehmensberaters würden mit einem „zentralen Lenkungsausschuss“ durch die „zweite Führungsebene“, die sogenannten „Regionalvorstände“, die lenkenden Entscheidungen vorbereitet, vorgegeben und von der Schuldnerin mitgetragen. Die PIN-Gruppe würde sich aus ursprünglich eigenständigen, regionalen Gesellschaften forciert zu einer einheitlich ausgerichteten Gruppe entwickeln. An dieser Entwicklung nehme die Schuldnerin durch ihre Geschäftsführer willentlich teil. Daher könne das Büro des Unternehmensberaters in Köln in Hinblick auf die örtlich wie personell handelnden Personen als faktischer Hauptverwaltungssitz der Schuldnerin angesehen werden. Es dürfe nicht übersehen werden, dass sich die Schuldnerin einerseits zunehmend mehr willentlich zu einem faktisch unselbständigen Glied der in Vereinheitlichung befindlichen PIN-Gruppe entwickeln würde und andererseits Teil des Netzwerks aller operativen PIN-Gesellschaften gewesen sei. Sie habe ihre Leistungen ihren Kunden gegenüber nicht alleine erbringen können, hätte sie ihr Tätigkeitsfeld nicht drastisch auf den Briefverkehr in der Region beschränken wollen. Dieses organisatorische Grundprinzip verbiete eine isolierte Betrachtung einer einzelnen Gesellschaft für sich. Die Einzelgesellschaften seien zunehmend mehr als unselbständige Teile eines großen Ganzen, der Marke „PIN Mail“ wahrgenommen worden.

(2) Stellungnahme

Die Entscheidung kann aus Rechtsgründen nicht überzeugen.[309] Wirtschaftlich betrachtet spricht Vieles dafür, dass zum Entscheidungszeitpunkt das gefundene Ergebnis im Sinne der Beteiligten war. Rechtlich ist der Beschluss ein Grenzgänger. Den herangezogenen Erwägungen kann dabei nicht immer gefolgt werden. Die Entscheidung bricht eine Lanze für Bestrebungen, die auf die Durchführung einer (faktischen) Konzerninsolvenz hinauswollen, obwohl diese nach der derzeitigen Rechtslage nicht möglich und ihr Sinn stark umstritten ist. Auf das Für und Wider einer Konzerninsolvenz kann im Rahmen dieser Arbeit nicht vertieft eingegangen werden. Darüber hinaus hat die Argumentation des Amtsgerichts aber Strukturen, wie sie auch in der Frage der internationalen Zuständigkeit in Insolvenzsachen zu finden sind, auch wenn diese Fragen in der in Re-

309 Ebenso *Frind*, ZInsO 2008, S. 261 ff.; a.A. *Knof/Mock*, ZInsO 2008, S. 253 ff.

de stehenden Entscheidung von keiner großen Bedeutung waren.[310] Die Probleme entstehen in diesem Fall dadurch, dass im Rahmen der Sanierungs- oder Liquidationsbemühungen die stark zersplitterte Natur der PIN-Gruppe zum Tragen kam. Zu deren Bewältigung wurde offenbar ein zentrales Gremium eingerichtet – das „zentrale Leitungskommitee“ – , von dem aus für alle operativen Gesellschaften verbindliche Vorgaben gemacht wurden. Das AG Köln hat mit einigem Begründungsaufwand die selbständige wirtschaftliche Tätigkeit dort als begründet angesehen.

Kritik hat dies insofern hervorgerufen, als diese Struktur als Kunstfigur angesehen wurde, mit Hilfe derer die örtliche Zuständigkeit eines beliebigen Gerichts herbeigeführt werden könne.[311] Das entsprechende Gremium soll den Gläubigern auch unbekannt gewesen sein, so dass es sich um eine Orientierung ausschließlich an internen Vorgängen ohne Außenwirkung und damit ohne Erkennbarkeit für die Gläubiger gehandelt habe.[312] Der vom AG Köln gewählte Begründungsansatz ist in der Tat fragwürdig. Es entscheidet sich ausdrücklich für seine eigene Zuständigkeit, obwohl „mit dem Beweisergebnis der Schwerpunkt der Vertragsbeziehungen in Bremen liegen dürfte“.[313] Die aufgezählten Tätigkeiten, die in Köln vorgenommen werden, zielen beinahe ausschließlich auf die interne Strategiebildung, interne Handlungsanweisungen und interne Finanzierungsmechanismen.[314] Dabei setzt sich das Gericht mit sich selbst in Widerspruch: es soll für die Zuständigkeitsbestimmung nicht die Konzernfrage maßgeblich sein und bloße Praktikabilität der Gesamtabwicklung aller insolventen Gesellschaften müsse als Kriterium ausscheiden.[315] Außerdem soll es auch in dem Fall, in dem auf die für das operative Geschäft wesentlichen Entscheidungen abgestellt wird, darauf ankommen, wo sie getroffen werden und ihren Niederschlag finden.[316] Dennoch hat das Gericht die sich entwickelnde Identität der PIN Mail Gruppe als Beweggrund seiner Entscheidung zugrunde gelegt.

Es kann gestritten werden, ob die besondere Betonung der Rolle der Schuldnerin in der sich entwickelnden Gruppe, wie sie das Gericht seiner Entscheidung zugrunde legt, eine reine Praktikabilitätserwägung ist. Das Abstellen auf die Entwicklung der Marke selber dürfte wenig hilfreich sein. Wenn das Gericht besonders hervorhebt, „[d]ie Einzelgesellschaften werden [...] zunehmend mehr als unselbständige Teile eines großen Ganzen, der Marke „PIN Mail“, wahrgenommen. Deren Mittelpunkt ist nicht in Bremen gelegen.“ ist es schon ungenau.

310 Vgl. AG Köln, ZInsO 2008, S. 215, 216 unter II.
311 *Frind*, ZInsO 2008, S. 261, 263.
312 *Frind*, a.a.O.
313 AG Köln ZInsO 2008, S. 215, 218.
314 *Frind*, a.a.O.
315 AG Köln ZInsO 2008, S. 215, 217.
316 AG Köln a.a.O.

Die Marke ist als Zeichen nirgendwo gelegen; weder in Köln noch in Bremen.[317] Diese vermeintliche Wortklauberei führt aber zu einer Überlegung, die dem heutigen Marktsystem innewohnt: Der Vertrieb der Produkte vieler großer Marken bedient sich heute des Franchisings. Dabei ist es gerade ein Teil der Strategie, dem Kunden in kleinen eigenständigen Gesellschaften gegenüberzutreten und gerade nicht als großes Ganzes. Die Annahme, jeder Gläubiger gehe davon aus, dass im Falle eines (Insolvenz- oder sonstigen Stör-) Falles alles zentral geregelt werde und er nicht darauf verwiesen werde, sich an die örtliche Vertretung zu halten, entspricht daher nicht unbedingt der wirtschaftlichen Realität. Darüber hinaus stellt sich in diesem speziellen Fall die Frage, welche Praktikabilität genau von einer konzerneinheitlichen Abwicklung ausgehen sollte; nach den Feststellungen des Sachverständigen war der Geschäftsbetrieb zum Entscheidungszeitpunkt bereits aufgegeben und allen Mitarbeitern gekündigt worden.

Das Gericht vernachlässigt aber jedenfalls den Maßstab, den es sich gesetzt hat, indem es die Frage übergeht, wo die für das operative Geschäft wesentlichen Entscheidungen ihren Niederschlag finden. Nach den Feststellungen des Gerichts liegt der Schwerpunkt der Vertragsbeziehungen in Bremen. Es soll aber ausschlaggebend sein, dass „dessen Steuerung, die Frage des „ob?“ eines Vertragsschlusses, [...] ebenfalls zentral von Köln aus und im Benehmen mit der „Regionalleitung“ grundgelegt und geregelt [wird]“.[318] Dabei handelt es sich aber gerade um Vorgänge, die nach außen keinen Niederschlag finden. Es sind nur interne Abstimmungen. Die Stimmen, die wie das Gericht davon ausgehen, die Gruppenstruktur mache es erforderlich, von vornherein eine Gesamtbetrachtung anzustellen und die Rolle der Gesellschaft innerhalb dieser Struktur zu würdigen[319], gehen von einem irreführenden Punkt aus. Die Prüfung hat nach geltendem Recht nicht den Konzern in den Mittelpunkt zu stellen und dann nach Anhaltspunkten zu suchen, warum die Schuldnerin möglicherweise doch ihren wirtschaftlichen Mittelpunkt an einem anderen Ort hat. Denn nur darum geht es bei einer solchen Gesamtbetrachtung. Die Untersuchung hat vielmehr an der in Rede stehenden Schuldnerin anzusetzen. Erst wenn die Analyse der Schuldnerin ergibt, dass in nach Außen erkennbarer Weise die wirtschaftliche Tätigkeit von einem anderen Ort geführt wird, beispielsweise wegen eines intensiven Gruppencharakters mehrerer Gesellschaften, kann es zu einer solchen Entscheidung kommen. Der Konzernzusammenhang schlägt sich dann aber auch im Sinne der Definition nieder und ist erkennbar und folgt nicht lediglich aus internen Faktoren. Er hat kein eigenes Gewicht sondern kann nur als Erklärung der Feststel-

317 Darüber hinaus dürfte PIN Mail in der öffentlichen Wahrnehmung eher mit Berlin verbunden gewesen sein, da sie aus dem Springer Verlag hervorgegangen war und in der politischen Auseinandersetzung ein besonderes Anliegen des damaligen Vorstandsvorsitzenden der Springer AG war.

318 AG Köln ZInsO 2008, S. 215, 218.

319 So *Knof/Mock*, ZInsO 2008, S. 253, 259.

lungen über die Lage des Mittelpunkts der wirtschaftlichen Tätigkeit der Schuldnerin dienen. Gerade dieser Zustand war im beschiedenen Fall jedenfalls noch nicht erreicht. Eine solche manifeste Konzernstruktur lässt sich nicht kurzfristig schaffen. Darin findet sich die Bestätigung der weit verbreiteten Ansicht, die deutsche Formel des § 3 Abs. 1 Satz 2 InsO sei grundsätzlich weitgehend „manipulationssicher".[320] Nicht gefolgt werden kann daher der zu weit gehenden Ansicht von *Knof* und *Mock*, nach der die ökonomische Effizienz eines Sanierungsverfahrens als Kriterium für die Verortung des Mittelpunkts der selbständigen wirtschaftlichen Tätigkeit herangezogen werden können soll.[321] Damit wird die Zuständigkeitsfeststellung zum Ergebnis einer Prognose gemacht, die unüberschaubaren Unwägbarkeiten rechtlicher und wirtschaftlicher Art ausgesetzt ist und grundsätzlich auch Gefahr läuft, zu Lasten der Gläubiger den versagenden Unternehmen verzweifelte Maßnahmen zu gestatten. Es ist völlig unklar, nach welchen Gesichtspunkten der ökonomische Wert einer Sanierungsmaßnahme bestimmt werden soll. Ausreichend kann nicht sein, dass sie nicht nur vorgespiegelt werden, auf einer realistischen Grundlage stehen und dass sie auch auf den im konkreten Einzelfall in den Blick genommenen Schuldner gerichtet sind.[322] Es ist nämlich zweifelhaft, ob es einem Amtsrichter zugemutet werden kann, einen professionell aufbereiteten Katalog als wirtschaftliches Himmelfahrtskommando, Wunschdenken und/oder Bevorzugung einzelner Gesellschafter oder Gläubiger zu erkennen.[323]

Die Entscheidung hakt aber noch an einem weiteren Punkt. Das Gericht setzt die Gerichtsstandserschleichung mit der Firmenbestattung gleich und verneint damit eine Missbräuchlichkeit seiner Inanspruchnahme zu leicht.[324] Da die PIN-Group nicht unbemerkt aus dem Verkehr gezogen werden sollte, liegt eine Bestattung tatsächlich unproblematisch nicht vor. Der Blick des Gerichts greift dennoch zu kurz. Eine missbilligenswürdige Benachteilung der Gläubiger aufgrund der Wahl eines unerwarteten Gerichtsstands muss sich nicht ausschließlich aus der Heimlichkeit des Vorgangs ergeben. In Betracht kommen auch die bewusst unpraktische räumliche Entfernung, die geminderte Verfügbarkeit von Ansprechpartnern, eine generell geringere Transparenz der Vorgänge, die Ausschaltung bestimmter potentieller Insolvenzverwalter etc.[325] Insofern drängt sich tatsächlich die Frage auf, warum eine Verfahrenseröffnung in England in Folge der dort teilweise herrschenden Interpretation der EuInsVO gegen den deutschen *ordre public* verstoßen soll oder mit anderen Mitteln bekämpft werden muss,

320 *Frind*, ZInsO 2008, S. 261, 262.

321 *Knof/Mock*, ZInsO 2008, S. 499, 500 f.; a.A. *Frind*, ZInsO 2008, S. 363, 366 f.; *ders.*, ZInsO 2008, S. 614 f.

322 So aber *Knof/Mock*, ZInsO 2008, S. 499, 501.

323 Ähnlich *Frind*, ZInsO 2008, S. 614 f.

324 Ähnlich *Frind*, ZInsO 2008, S. 261, 263 f.; a.A. *Knof/Mock*, ZInsO 2008, S. 253, 255.

325 Vgl. *Frind*, ZInsO 2008, S. 261, 262 f.

wenn es die fraglichen Gesellschaften wegen der (vermeintlich) vorteilhafteren Restrukturierungsmittel dorthin gezogen hat und nicht, um die Gesellschaft klammheimlich zu bestatten.[326] Im Zusammenhang mit diesem Beschluss wurde von *Knof* und *Mock* die Frage nach dem „real law“, d.h. der am Gerichtsstand üblichen Gesetzesauslegung und –anwendung aufgeworfen.[327] Es ist zweifelhaft, ob eine vorausgehende Manipulation der Zuständigkeitsmerkmale unterstützungswürdig ist, wenn der oder die Geschäftsführer möglicherweise eine stark herabgesetzte Risikoaversion aufweisen und daher ein Gericht bevorzugen, das hochriskanten Rettungsversuchen in der Vergangenheit sehr aufgeschlossen gegenüberstand bzw. gestanden haben wird. Die Bildung solcher „innerdeutschen Insolvenz-Delawares“ in der Zukunft ist nicht erstrebenswert. Die Rechtsprechung des AG Köln könnte jedoch genau solch einer Entwicklung Vorschub leisten und liefert interessierten Personenkreisen reichlich Munition.

(3) Ergebnis

Im Ergebnis zeigt der Beschluss des AG Köln, dass nach der derzeitigen Rechtslage und der sich auf dieser Grundlage entwickelten kaum umstrittenen Gesetzesauslegung, die Durchführung einer konzernweiten Insolvenz nicht überzeugend gerechtfertigt werden kann. Der Versuch, von der Individualität der Schuldnerin auf den Gruppencharakter des Gesamtgebildes überzuschwenken, ist gescheitert. Die Widersprüche und Ungenauigkeiten in dem Beschluss sind diesen Bemühungen geschuldet. Insbesondere ist die Berufung auf eine ungreifbare, im Entstehen begriffene neue Marke als Anknüpfungspunkt untauglich.

Dies bedeutet auch, dass Versuchen, in derart gelagerten Fällen den Gerichtsstand im Vorfeld zu manipulieren, konsequent begegnet werden muss. Gerade in diesem Fall verwundert es, dass das Gericht keine Konsequenzen daraus zieht, dass die Antragsbegründung der Schuldnerin schlicht falsch war. War dies vorsätzlich so, hätte sich die Frage nach der Erschleichung dringend gestellt; war es eine Nachlässigkeit, hätte die Zweckmäßigkeit eines konzerneinheitlichen Verfahrens deutlich in Frage gestellt werden müssen. Darüber hinaus ist mit *Frind* die Gefahr gegeben, sich international im Kampf gegen die *Head-Office-Functions*-Theorie Inkonsequenz vorwerfen lassen zu müssen.[328] Nichts anderes als eine nationale *Head-Office-Functions*-Theorie ist es nämlich, auf die interne Leitung im Hintergrund der Gesellschaften abzustellen.[329] Nach alldem hätte das AG Köln seine Zuständigkeit ablehnen müssen.

326 So auch *Frind*, ZInsO 2008, S. 261, 263.
327 *Knof/Mock*, ZInsO 2008, S. 253, S. 256 f.
328 *Frind*, ZInsO 2008, S. 261, 263.
329 Zu dieser Theorie ausführlich s.u. D II) 3) (1).

V) Zusammenfassung des ersten Teils

Trotz der Vereinheitlichung des Insolvenzrechts im gesamten Bundesgebiet besteht der Hang zu Fluchtbewegungen im Zusammenhang mit der drohenden Gesellschaftsinsolvenz weiter. Die Inaugenscheinnahme der einschlägigen Rechtsprechung hat gezeigt, dass dafür zumeist die Dienstleistungen gewerblich handelnder Dritter in Anspruch genommen werden, um das Unternehmen zu „bestatten".

Dogmatisch ist zwischen dem eigentlichen *forum shopping* und anderen Umgehungsvarianten zu unterscheiden. Die untersuchte Form der Unternehmensbestattung stellt regelmäßig kein *forum shopping* dar, weil dieses nur die regelgerechte Auswahl unter mehreren zur Verfügung stehenden Gerichtsständen beschreibt.

Es ist daher zu unterschieden zwischen der Simulation, der Auslegung der einschlägigen Vorschriften und der Umgehung bzw. der Ergehung dieser Vorschriften. Für die weitere Analyse wurden die Fallgestaltungen aufgeteilt: Einerseits wurde die Frage erörtert, ob eine Sitzverlegung an den gewünschten Zielort eine örtliche Zuständigkeit des gewünschten Gerichts unangreifbar machen kann. Dies wurde im Ergebnis abgelehnt, da aus den Wertungsgesichtspunkten des Gläubigerschutzes und der subjektiven Zielrichtung der Insolvenzschuldner eine teleologische Reduktion der Zuständigkeitsvorschrift des § 3 Abs. 1 Satz 1 InsO erforderlich ist. Diese Wertungskriterien wurden dahingehend präzisiert, dass für den Fall, dass eine Insolvenzantragsstellung später als drei Wochen nach der Sitzverlegung erfolgt und die Gesellschaft weder eine Geschäftstätigkeit am Zielort noch einen ansatzweise ernsthaft in Angriff genommenen Sanierungsversuch durch Dokumentation substantiieren kann, der Gerichtsstand am ursprünglichen Sitz der Gesellschaft verbleibt. Das angegangene Gericht am Zielort verweist die Sache dann – mit ausführlicher Begründung – an das Insolvenzgericht des ursprünglichen Satzungssitzes.

Daneben wurde die in der Praxis häufig anzutreffende Variante untersucht, bei der von den Schuldnern versucht wird, mit Hilfe der Unanfechtbarkeit und der Bindungswirkung der Verweisung gemäß § 281 ZPO die Zuständigkeit des gewünschten Insolvenzgerichts herbeizuführen. Dafür wurde zunächst erörtert, welche Maßnahmen der Gesellschaft am Zielort für sich eine Zuständigkeit nach § 3 Abs. 1 Satz 2 InsO begründen können, weil sie eine selbständige wirtschaftliche Tätigkeit darstellen. Das Ergebnis war, dass eine Tätigkeit, die ausschließlich auf die Beendigung der Gesellschaft gerichtet ist, diese Voraussetzungen nicht erfüllen kann, weil sie nicht auf eine dauerhafte Gewinnerzielung gerichtet ist. Anschließend wurden zwei Möglichkeiten der wertenden Korrektur des unangreifbaren Charakters des Verweisungsbeschlusses untersucht. Dem Gedanken, eine Ausnahme von der Unanfechtbarkeit zuzulassen, wurde eine Absage erteilt. Die ganz herrschende Meinung in der Literatur und im Schrifttum, die eine Bindungswirkung unter engen Voraussetzungen verneint, wenn sich der Beschluss als willkürlich darstellt, verdient jedoch Unterstützung.

Es lässt sich demzufolge festhalten, dass eine Sitzverlegung eine Unternehmensbestattung nicht zum Erfolg verhelfen kann. Dagegen kann es nach derzeitiger Rechtslage erfolgversprechend sein, zu versuchen, ein Insolvenzgericht zu einem Verweisungsbeschluss zu bewegen. Darüber hinaus bleibt festzuhalten, dass die Möglichkeiten des Gläubigers zur Einflussnahme praktisch nicht bestehen, insbesondere weil eine Ausnahme von der Unanfechtbarkeit des Verweisungsbeschlusses nicht zugelassen werden kann. Die Verhinderung der nationalen Unternehmensbestattung fällt daher ausschließlich in den Verantwortungsbereich der Insolvenzgerichte. Diese müssen aufgrund dieser Stellung besonders für problematische, gläubigerschädigende Fallgestaltungen sensibilisiert werden.

D) Beeinflussung der internationalen Zuständigkeit in der EU

Innerhalb der europäischen Union ist in den Mitgliedstaaten der Europäischen Union und in den EWIR-Staaten – mit Ausnahme von Dänemark[330] – (im Folgenden „Mitgliedstaaten“) für die Eröffnung eines Insolvenzverfahrens seit dem 31. Mai 2005 die EU-Insolvenzverordnung[331] (EuInsVO) ausschlaggebend. Sie enthält eine Reihe von Vorschriften über die Verfahrenseröffnung. Art. 3 EuInsVO legt die internationale Zuständigkeit fest, Art. 16 Abs. 1 EuInsVO bestimmt, dass die Eröffnung eines Verfahrens in einem Mitgliedstaat im Geltungsbereich der Verordnung anzuerkennen ist. Damit verfolgt die Verordnung ein Ziel, das Ausdruck in ihrem vierten Erwägungsgrund gefunden hat:

> "Im Interesse des ordnungsgemäßen Funktionierens des Binnenmarktes muß verhindert werden, daß es für die Parteien vorteilhafter ist, Vermögensgegenstände oder Rechtsstreitigkeiten von einem Mitgliedstaat in einen anderen zu verlagern, um auf diese Weise eine verbesserte Rechtsstellung anzustreben (sog. „forum shopping“)."

In der Praxis ist dieses Ziel zugleich erreicht als auch verfehlt worden. Wird die strenge Definition des *forum shoppings*[332] zu Grunde gelegt, nach der es sich dabei um die grundsätzlich zulässige Auswahl unter mehreren zur Verfügung stehenden Gerichtsständen handelt, hat die Verordnung Erfolg: Art. 3 EuInsVO setzt das Grundprinzip der Verordnung um, dass die internationale Zuständigkeit zur Eröffnung eines Hauptinsolvenzverfahrens nur bei einem einzigen Mitgliedstaat liegt.[333] Insoweit greifen Vorschriften des internationalen Privatrechts der Mitgliedstaaten nicht.[334] Dadurch ist es einzelnen Mitgliedstaaten verwehrt, Sonderanknüpfungen in ihrem jeweiligen internationalen Insolvenzrecht vorzusehen. Für diese Fälle werden die Beteiligten unter weiteren Voraussetzungen auf das Sekundärinsolvenzverfahren oder das Partikularinsolvenzverfahren nach Art. 3 Abs. 2 bis 4 EuInsVO verwiesen. Wird der Begriff jedoch etwas weiter gefasst und unter *forum shopping* auch die Fälle begriffen, in denen nicht einer von mehreren Gerichtsständen gewählt wird, sondern der eine gegen den anderen ausgetauscht oder zum ersten Mal zugänglich gemacht wird, hat die EuInsVO nicht verhindert, dass es zu Problemen und Streitigkeiten gekommen ist und wohl auch in der Zukunft noch kommen wird.[335]

---

330 Vgl. den 33. Erwägungsgrund EuInsVO.

331 Verordnung (EG) Nr. 1346/2000 des Rates vom 29. Mai 2000 über Insolvenzverfahren, ABlEG L 160/1.

332 Vgl. o. B.

333 *Virgós/Schmit*, Rn. 15; *Haubold*, in: Gebauer/Wiedmann, Kap. 30 Rn. 8; *Pannen*, in: Pannen, EuInsVO, Art. 3 Rn. 7; *Stephan*, in: HK-InsO, EuInsVO, Art. 3 Rn. 1; aus rechtspolitischen Gründen prinzipiell kritisch zu einem solchen Ansatz *Schack*, IZPR, Rn. 218, 229.

334 *Kebekus/Sabel*, in: Kebekus/Sabel/Schlegel, vor §§ 335-358 Rn. 2.

335 Insofern erscheint der Begriff des *forum building* treffender. Zur Klarheit der Darstellung wird im Verlauf der Arbeit jedoch auf den üblicheren Begriff des *forum shopping* zurückgegriffen.

1) Abgrenzung

Für die Frage nach dem „Missbrauch"[336] der Vorschriften über die internationale Zuständigkeit ergeben sich für die Prüfung wesentliche Unterschiede zu den rein nationalen Konstellationen. Die Vorschriften der EuInsVO können dem Internationalen Zivilverfahrensrecht (IZVR), d.h. vor allem dem Europäischen Zivilverfahrensrecht (EuZVR) zugeordnet werden.[337] Das IZVR ist ein Sammelbegriff, unter dem prozessuale Fragen zusammengefasst werden, die sich aus einem Auslandsbezug von Streitgegenstand oder Parteien ergeben. Ferner fallen darunter Fragen der Freiwilligen Gerichtsbarkeit, des Internationalen Schiedsgerichtsverfahrens und der Internationalen Auswirkungen des Konkurs- bzw. Insolvenzrechts.[338] Das IZVR ist insoweit im Gegensatz zum IPR kein Kollisionsrecht.[339] Auch die Anwendbarkeit der EuInsVO setzt einen Auslandsbezug voraus.[340] Sie regelt stellenweise materielles Verfahrensrecht, greift als „convention double" unmittelbar in das Verfahren ein und beinhaltet die Regelung kollisionsrechtlicher und prozessualer Fragen.[341] Dies drängt das Internationale Privatrecht (IPR) in den Hintergrund.[342] Das nationale Recht kann daher nur so weit gelten, wie es nicht von dem europäischen Sekundärrecht überlagert ist;[343] die EuInsVO ist autonom – d.h. losgelöst von nationalen Begrifflichkeiten – auszulegen.[344]

Den deutschen Gerichten stehen nicht sämtliche Werkzeuge zur Verfügung, die sie gegen die Unternehmensbestattung im Inland einsetzen können. Die erzwungene Anerkennung der Verfahrenseröffnung in einem anderen Mitgliedstaat gemäß Art. 16 f. EuInsVO in Verbindung mit der deutschen Ausgestaltung in Art. 102 §§ 1, 3, 4 EGInsO beschneidet die Möglichkeiten des inländischen Insolvenzgerichts deutlich, wenn es der Ansicht ist, die ausländische Zuständigkeit sei nicht gegeben. Es ist zweifelhaft, ob die einschlägigen supranationalen Vorschriften Regelungslücken aufweisen, die durch korrigierende Wertungen

---

336 Hier im untechnischen Sinne verwendet; vgl. ausführlich die Differenzierungen o. B).

337 Vgl. *Kropholler*, IPR, S. 587, 590, 593; *Rauscher*, IPR, S. 25, 27, 326; *Schütze*, DIZPR, S. 9; differenzierend *Kebekus/Sabel*, in: Kebekus/Sabel/Schlegel, Kommentierung der §§ 335-358 InsO Rn. 6; *Schack*, IZPR, Rn. 1086 versteht das Internationale Insolvenzrecht aber wohl wiederum als etwas vom IZVR Unterschiedliches, auch wenn dies ohne erkennbare inhaltliche Folgen bleibt; ebenfalls für eine selbständige Bedeutung des Internationalen Insolvenzrechts *Carstens*, Internationale Zuständigkeit, S. 5.

338 *Rauscher*, IPR, S. 318 f, der zwischen IZPR (Internationales Zivilprozessrecht) und IZVR unterscheidet.

339 *Rauscher*, IPR, S. 318.

340 Dazu ausführlich u. I).

341 *Schack*, IZPR, Rn. 1052 mit Rn. 79; *Koch*, JuS 2003, S. 105, 106 zum EuGVÜ.

342 *Kropholler*, IPR, S. 588; *Schütze*, DIZPR, S. 2.

343 Unstr. Vgl. nur *Schack*, IZPR, Rn. 1050.

344 *Kebekus/Sabel*, in: Kebekus/Sabel/Schlegel, EuInsVO, Vorbemerkung Rn. 3; vgl. *Kropholler*, IPR, S. 593.

geschlossen werden können oder müssen.[345] Das Hauptaugenmerk muss daher auf der Auslegung der Vorschriften der EuInsVO liegen, die eine sachgerechte Verortung des Verfahrens sicherstellen sollen.[346]

2) Gestaltungsziele und -folgen

Die jüngeren Fälle, in denen deutsche Unternehmen den Weg insbesondere nach England angetreten haben und wohl unterstellt werden kann, dass sie dabei bereits eine Restrukturierung oder Sanierung zumindest im Hinterkopf hatten, waren von der Motivation getragen, im englischen Rechtssystem etwas zu finden, was in der Heimat – vermeintlich – nicht zu haben war. Die Vorteile, die sich Unternehmer von der Anwendung des englischen Insolvenzrechts versprechen, sind durchaus vielfältig. Exemplarisch kann hier angeführt werden:[347] die Sanierungsverfahren – vor allem in der Form der *administration* und der *company voluntary agreements* – gelten als besonders flexibel; der Schuldner oder ausgewählte Gläubiger haben einen stärkeren Einfluss auf die Auswahl des Insolvenzverwalters; ein *debt-to-equity-swap*, also die Umwandlung von Fremdkapital in Eigenkapital, soll bessere Realisierungschancen haben; die Insolvenzantragspflichten sind weniger streng. Eine tiefergehende Erläuterung der Eigenarten des englischen Rechts und eine Beantwortung der Frage, ob diese vermeintlichen Vorteile tatsächlich – ohne ungewollte Nebenwirkungen – existieren, kann an dieser Stelle nicht erfolgen.

I) Anwendbarkeit der EuInsVO

Ist die EuInsVO anwendbar, bringt dies für alle Beteiligten weitreichende Rechtsfolgen mit sich. Dies folgt aus der Bindungswirkung der Eröffnungsentscheidung nach Art. 16 EuInsVO, der Festlegung des grundsätzlich anwendbaren Insolvenzstatuts nach Art. 4 EuInsVO und durch die Regelungen über die Stellung des Hauptinsolvenzverfahrens sowie die Befugnisse des Hauptinsolvenzverwalters. Einer Diskussion über ausgewählte technische Feinheiten der Verordnung und ihrer Auswirkungen auf die Schaffung von gewünschten Gerichtsständen muss daher eine Erörterung ihrer Anwendbarkeit vorausgehen.

Die EuInsVO gilt räumlich zwischen den Mitgliedstaaten der Europäischen Union, mit Ausnahme Dänemarks, das die Verordnung nicht angenommen hat.[348] Den sachlichen Anwendungsbereich der Verordnung regelt Art. 1 Abs. 1

345 Dazu ausführlich u. III).

346 Dazu ausführlich u. II); vgl. auch *Schack*, IZPR, Rn. 491.

347 Vgl. die Auflistung bei *Knof/Mock*, ZInsO 2008, S. 253, 255; ebenfalls zur Motivation der schuldnerischen Unternehmen: *Andres/Grund*, NZI 2007, S. 137, 138; *Vallender*, NZI 2007, S. 129, 131; *Knof*, ZInsO 2007, S. 629 f.

348 Vgl. Erwägungsgrund 33 EuInsVO.

EuInsVO in einer weiten, rein deskriptiven Definition.[349] Tatbestandsmerkmal ist das Vorliegen eines Gesamtverfahrens. Dieses muss gemäß Art. 1 Abs. 1 EuInsVO einige Charakteristika aufweisen:[350] Es muss sich um ein Gesamtverfahren handeln, das die Insolvenz des Schuldners voraussetzt, zu einem teilweisen oder vollständigen Vermögensbeschlag führt und die Bestellung eines Verwalters zur Folge hat. Von der Anwendung der EuInsVO ausgenommen sind nach Art. 1 Abs. 2 EuInsVO Versicherungsunternehmen, Kreditinstitute, bestimmte Wertpapierfirmen und Organismen für gemeinsame Anlagen. Welche Verfahren die genannten Anforderungen erfüllen, ist aus Gründen der Rechtssicherheit abschließend geregelt.[351] Aus Art. 2 lit. a) und c) ergibt sich, dass das Verfahren in Anhang A oder B der EuInsVO aufgeführt sein muss.[352] Das angegangene Gericht kann und darf im Einzelfall nicht prüfen, ob die Definition des Art. 1 Abs. 1 EuInsVO erfüllt ist.[353] Die Vorschrift kommt daher im Wesentlichen nur zum Tragen, wenn der Rat gemäß Art. 45 EuInsVO eine Änderung des Anhangs beschließt; die aufzunehmenden Verfahren müssen die Voraussetzungen des Art. 1 Abs. 1 EuInsVO erfüllen.[354] Daneben soll es einen weiteren Bereich geben, in dem die Definition Bedeutung erlangen kann. Hat ein Mitgliedstaat die Aufnahme von Verfahren in den Anhang erwirkt, die sowohl innerhalb als auch außerhalb der Insolvenz Anwendung finden, sollen die daraufhin begonnenen Verfahren nur in den Anwendungsbereich der Verordnung fallen, wenn sie auf der Insolvenz des Schuldners beruhen.[355] Den Mitgliedstaaten ist für diese Fälle aufgegeben, den Gerichten und sonstigen zuständigen Stellen aufzuerlegen, ihre Entscheidungen immer derart zu begründen und kenntlich zu machen, dass jederzeit offensichtlich ist, um welche Art von Verfahren es sich handelt.[356]

---

349 *Pannen*, in: Pannen, EuInsVO, Art. 1 Rn. 7; *Mäsch*, in: Rauscher, EG-InsVO, Art. 1 Rn. 2; *Duursma-Kepplinger*, in: Duursma-Kepplinger/Duursma/Chalupsky, EuInsVO, Art. 1 Rn. 12; *Virgós/Schmit*, Rn. 48.

350 Vgl. dazu auch *Virgós/Schmit*, Rn. 49.

351 *Mäsch*, in: Rauscher, EG-InsVO, Art. 1 Rn. 2; *Virgós/Schmit*, Rn. 48.

352 *Kompat*, EuInsVO, S. 69; *Duursma-Kepplinger* in Duursma-Kepplinger/Duursma/Chalupsky, EuInsVO, Art. 1 Rn. 12 f; *Eidenmüller*, IPRax 2001, S. 2, 4; zum EuInsÜ: *Lüke*, ZZP 111 (1998), S. 275, 285.

353 *Duursma-Kepplinger* in Duursma-Kepplinger/Duursma/Chalupsky, EuInsVO, Art. 1 Rn. 16; *Rossbach*, Europäische Insolvenzverwalter, S. 16 f; *Stephan*, in: HK-InsO, Art. 1 EuInsVO Rn. 2.

354 *Eidenmüller*, IPRax 2001, S. 2, 4; *Mäsch*, in: Rauscher, EG-InsVO, Art. 1 Rn. 2; *Duursma-Kepplinger*, in: Duursma-Kepplinger/Duursma/Chalupsky, EuInsVO, Art. 1 Rn. 13;

355 *Eidenmüller*, IPRax 2001, S. 2, 4 für den Fall der freien Unternehmenssanierung; *Virgós/Schmit*, Rn. 49 für das englische und irische *compulsory winding up;* ebenso *Huber*, in: Haß/Huber/Gruber/Heiderhoff, EuInsVO, Art. 1 Rn. 4; und auch *Pannen*, in: Pannen, EuInsVO, Art. 1 Rn. 11; *Reinhart*, in: MK-InsO, IntInsR, Art. 1 EuInsVO, Rn. 2.

356 *Virgós/Schmit*, Rn. 49; *Pannen*, in: Pannen, EuInsVO, Art. 1 Rn. 11; so anschaulich umgesetzt beispielsweise in AG Köln, ZInsO 2008, S. 388 f.

Art. 1 EuInsVO setzt nicht ausdrücklich voraus, dass die Gesellschaft grenzüberschreitend tätig ist oder war. Der Wortlaut der Verordnung könnte daher dahingehend verstanden werden, dass sie grundsätzlich auch auf Gesellschaften anwendbar ist, die ausschließlich innerhalb eines einzelnen Mitgliedstaats agieren, soweit das nationale Insolvenzverfahren in Anhang A oder B der EuInsVO aufgeführt ist. Es ist jedoch unstrittig, dass als ungeschriebenes Tatbestandsmerkmal für die Anwendbarkeit der EuInsVO ein grenzüberschreitendes Moment erforderlich ist.[357] Die Erwägungsgründe 2 und 3 der Verordnung nennen ausdrücklich als Ziel des Rechtsaktes effektive und wirksame grenzüberschreitende Insolvenzverfahren.

Es ist jedoch teilweise umstritten, welche Anforderungen an diesen Auslandsbezug zu stellen sind. Es ist jedenfalls nicht erforderlich, dass die schuldnerische Gesellschaft eine Niederlassung im Ausland unterhält. Eine solche muss lediglich samt COMI im Eröffnungsstaat existieren, der ein Mitgliedstaat – ausgenommen Dänemark –sein muss.[358] Vielmehr soll zwecks einer möglichst weitreichenden Anwendbarkeit der EuInsVO jeder transnationale Bezug zwischen zwei oder mehreren Mitgliedstaaten ausreichen, wenn die EuInsVO eine Regelung enthält, die ihn betrifft.[359] Darunter ist beispielsweise zu verstehen[360]:

- Belegenheit von Vermögenswerten in einem anderen Mitgliedstaat
- Niederlassung in einem anderen Mitgliedstaat
- Schuldverhältnisse mit Vertragspartnern, die ihr COMI in einem anderen Mitgliedstaat haben
- Sparguthaben, Wertpapiere oder Konto in einem anderen Mitgliedstaat
- Anteile an einer Gesellschaft mit Sitz in einem anderen Mitgliedstaat

Es besteht aber Streit, ob es sich tatsächlich um einen Auslandsbezug zu einem Mitgliedstaat handeln muss. Davon zu unterscheiden ist die Frage, ob die Anwendung der EuInsVO ausscheidet, wenn der Schuldner eine Niederlassung in einem Drittstaat unterhält. Nach ganz herrschender Meinung ist dies nicht der

---

357 Exemplarisch: *Adam*, Unternehmensverbindungen, S. 25; *Carstens*, Internationale Zuständigkeit, S. 28; *Duursma-Kepplinger* in Duursma-Kepplinger/Duursma/Chalupsky, EuInsVO, Art. 1 Rn. 2; *Huber*, ZZP 114 (2001), S. 133, 136; *Keggenhoff*, Internationale Zuständigkeit, S. 31; *Lach*, EuInsVO, S. 149; *Mäsch*, in: Rauscher, Art. 1 EG-InsVO Rn. 14; *Mock/Schildt*, ZInsO 2003, S. 396, 397; *Pannen*, in: BK-InsO, EuInsVO, Art. 1 Rn. 4; *Paulus*, EuInsVO, Einl. Rn. 33; *Rossbach*, Europäische Insolvenzverwalter, S. 17 f.

358 *Duursma-Kepplinger* in Duursma-Kepplinger/Duursma/Chalupsky, EuInsVO, Art. 1 Rn. 4.

359 *Duursma-Kepplinger* in Duursma-Kepplinger/Duursma/Chalupsky, EuInsVO, Art. 1 Rn. 5; *Herchen*, ZInsO 2003, S. 742, 744; *Huber*, ZZP 114 (2001), S. 133, 136; *Mäsch*, in: Rauscher, Art. 1 EGInsVO Rn. 14.

360 Vgl. auch die ausführliche Aufzählung bei *Duursma-Kepplinger* in Duursma-Kepplinger/Duursma/Chalupsky, EuInsVO, Art. 1 Rn. 5; *Kemper*, in: Kübler/Prütting, InsO, EuInsVO, Art. 1 Rn. 13.

Fall.[361] Strittig ist vielmehr, ob ein Auslandsbezug ausreicht, der sich auf einen Drittstaat beschränkt, wenn es also keine weitere Verbindung zu einem Staat im Anwendungsbereich der Verordnung gibt.

1) Einfacher Auslandsbezug

Die wohl herrschende Meinung in der Literatur vertritt die Auffassung, es reiche aus, wenn die Schuldnerin ihr COMI in einem Mitgliedstaat als Eröffnungsstaat unterhalte und Rechtsbeziehungen in einen Drittstaat zielen würden.[362] Dafür spreche der Wortlaut des Art. 3 EuInsVO: Während Art. 3 Abs. 2 EuInsVO für Sekundärinsolvenzverfahren ausdrücklich fordere, dass sowohl Haupt- als auch Sekundärverfahren in einem Mitgliedstaat durchgeführt würden und dementsprechend ein Mitgliedstaatenbezug gefordert werde, sei dies in Art. 3 Abs. 1 EuInsVO gerade nicht der Fall.[363] Auch würden die Kollisionsnormen der Art. 5, 7 bis 11, 13 und 15 EuInsVO eine ausdrückliche Beschränkung auf Rechtsbeziehungen zu Mitgliedstaaten oder Rechtsordnungen von Mitgliedstaaten beinhalten, soweit dies für erforderlich gehalten worden sei.[364] Die Problematik des Bezugs zu Nicht-Mitgliedstaaten sei vom Verordnungsgeber demnach erkannt worden.[365] Aus dem Fehlen einer derartigen Beschränkung in Art. 3 Abs. 1 EuInsVO und den Art. 6, 12 und 14 EuInsVO wird der Umkehrschluss gezogen, dass dort, wo nicht ausdrücklich auf einen anderen Mitgliedstaat Bezug genommen werde, eine rechtliche Verbindung zu einem Drittstaat ausreiche.[366] Es sei zwischen Anwendungs- und Wirkungsbereich zu unterscheiden: Auch wenn direkte Wirkungen gegenüber Drittstaaten nicht bezweckt seien,[367]

361 *Leible/Staudinger*, KTS 2000, S. 533, 538 f.; *Pannen/Riedemann*, NZI 2004, S. 646, 651; *Pannen*, in: BK-InsO, Art. 1 EuInsVO Rn. 6; *ders*, in: Pannen, EuInsVO, Art. 1 Rn. 129

362 *Huber*, ZZP 114 (2001), S. 133, 138 f; *ders*, in: Haß/Huber/Gruber/Heiderhoff, EuIns-VO, Art. 1 Rn. 19 ff.; *Adam*, Unternehmensverbindungen, S. 28 f.; *Haubold*, IPRax 2003, S. 34, 35; *ders*, in: Gebauer/Wiedmann, Kap. 30 Rn. 30; *Herchen*, ZInsO 2003, S. 742, 746 f.; das Ergebnis implizierend auch *Mankowski*, NZI 2003, S. 546, 547; ausdrücklich *ders.*, EWiR 2001, S. 967, 968; *Reinhart* in MK-InsO, Art. 102 EGInsO Rn. 9; *Sabel/Schlegel*, EWiR 2003, S. 367, 368; *Mäsch*, in: Rauscher, Art. 1 EG-InsVO Rn. 15 f.; vgl. auch High Court of Justice Chancery Division Companies Court (England; The Honourable Mr. Justice Lloyd), Urteil v. 7.2.2003 – 0042/2003, In re BRAC Rent-A-Car International Inc (2003) EWHC (Ch) 128, abgedruckt in ZIP 2003, S. 813-816.

363 *Huber*, ZZP 114 (2001), S. 133, 139; *Sabel/Schlegel*, EWiR 2003, S. 367, 368.

364 *Haubold*, IPRax 2003, S. 34, 35; *Huber*, ZZP 114 (2001), S. 133, 138.

365 *Huber*, ZZP 114 (2001), S. 133, 138 f.

366 *Haubold*, IPRax 2003, S. 34, 35; *Huber*, ZZP 114 (2001), S. 133, 139; *ders.*, in: Haß/Huber/Gruber/Heiderhoff, EuInsVO, Art. 1 Rn. 21.

367 *Pannen*, in: Pannen, EuInsVO, Art. 1 Rn. 121; *Kebekus/Sabel*, in: Kebekus/Sabel/Schlegel, EuInsVO, Art. 1 Rn. 7; *Paulus*, EuInsVO, Einl. Rn. 34.

könne sich für die Anwendbarkeit der Verordnung dennoch auf das Fehlen der Einschränkungen im Wortlaut berufen werden.[368]

Des Weiteren ordne der Wortlaut des Art. 44 Abs. 3 lit. a EuInsVO eine Selbstbeschränkung des Anwendungsbereichs der Verordnung für den Fall an, dass ein Mitgliedstaat vor In-Kraft-Treten der Verordnung mit einem oder mehreren Drittstaaten Übereinkommen in Insolvenzsachen geschlossen hat und die Verordnung den Verpflichtungen daraus entgegenstünde. Diese Regelung ergebe nur Sinn, wenn zumindest einzelne Vorschriften der Verordnung auf Drittstaaten Anwendung fänden.[369] Da die Gläubigergleichbehandlung ein zentrales Anliegen der Verordnung sei, spreche auch Art. 32 Abs. 1 EuInsVO für die Einbeziehung von Drittstaatenbeziehungen in den Anwendungsbereich der Verordnung, da sie Gläubiger aus Drittstaaten in das Verfahren integriere.[370] Dieses Verständnis entspreche auch mehr dem Zweck der EuInsVO, der nicht ausschließlich aus der Bereitstellung von Kollisionsnormen bestehen soll, sondern auch den Schutz der Gemeinschaftsbürger im Allgemeinen und der mitgliedstaatlichen Gläubiger im Besonderen umfasse.[371] Es sei möglich, dass ein mitgliedstaatliches autonomes Insolvenzrecht ohne Anwendbarkeit der EuInsVO die Eröffnung eines Insolvenzverfahrens in dem Mitgliedstaat nicht zulasse,[372] obwohl dort der Mittelpunkt der wirtschaftlichen Interessen des Schuldners läge. Dann könne die EuInsVO ihrem Zweck, die mitgliedstaatlichen Gläubiger zu schützen, nicht nachkommen.[373] Es bestehe außerdem die Gefahr, dass zur Ausnutzung dieser Rechtslage per Satzung ein Scheinsitz in einem Drittstaat eingerichtet werde, um die Anwendung der EuInsVO zu vermeiden.[374] Dieser Umge-

368 Ausdrücklich *Adam*, Unternehmensverbindungen, S. 28; *Sabel/Schlegel*, EWiR 2003, S. 367, 368 scheinen davon auszugehen, dass die EuInsVO auch Wirkungen gegenüber Drittstaaten entfalten kann führen sie doch an, dass „jedoch nicht automatisch sämtliche Vorschriften" der Verordnung Anwendung fänden; nicht geregelt sollen zumindest die Wirkung eines europäischen Insolvenzverfahrens in Drittstaaten und die Anerkennung eines in einem Drittstaat eröffneten Verfahrens sein; *Herchen*, ZInsO 2003, S. 742, 746 wiederum geht davon aus, dass durch Art. 4 EuInsVO eine gemeinschaftsweit einheitliche Grundkollisionsnorm geschaffen worden ist.

369 *Herchen*, ZInsO 2003, S. 742, 746.

370 *Herchen*, ZInsO 2003, S. 742, 746.

371 *Adam*, Unternehmensverbindungen, S. 29.

372 Z.B. eine *Administration Order* im englischen Recht, die vor der Einführung der EuInsVO in das englische Recht nur für registrierte, d.h. inländische, Gesellschaften angeordnet werden konnte, im Rahmen der EuInsVO aber für alle Gesellschaften im Anwendungsbereich. Vgl. die Ausführungen in High Court of Justice Chancery Division Companies Court (England; The Honourable Mr. Justice Lloyd), Urteil v. 7.2.2003 – 0042/2003, In re BRAC Rent-A-Car International Inc (2003) EWHC (Ch) 128, ZIP 2003, S. 813, 814.

373 *Adam*, Unternehmensverbindungen, S. 29.

374 *Adam*, Unternehmensverbindungen, S. 28; *Sabel/Schlegel*, EWiR 2003, S. 367, 368.

hungsfall kann entsprechend der Entscheidung des High Court of Justice Chancery Division Company Court gebildet werden:[375]

> Ein englischer Unternehmer gründet eine Gesellschaft außerhalb der Gemeinschaft, beispielsweise in Delaware, USA. Seine gesamte unternehmerische Tätigkeit entfaltet er jedoch in England, so dass bei Anwendbarkeit der EuInsVO sein COMI dort läge. Der Unternehmer achtet jedoch genau darauf, keine Rechtsbeziehungen zu weiteren Mitgliedstaaten der EU zu unterhalten.[376] Für seine ausländische Gesellschaft sind manche Arten von Insolvenzverfahren nach englischem Recht nämlich nicht zugänglich. Obwohl das Unternehmen ausschließlich in England operierte, können die örtlichen Gläubiger kein sachdienliches Insolvenzverfahren einleiten.

In der Praxis bestehe auch das Bedürfnis, nicht gezwungen zu sein, zum Zeitpunkt der Entscheidung über die Verfahrenseröffnung eine spekulative Prognose darüber treffen zu müssen, wie die Rechtsbeziehungen der Gesellschaft wohl ausgestaltet sein könnten.[377] Berührungspunkte zu anderen Mitgliedstaaten ergäben sich meist erst im Laufe der Insolvenzabwicklung.[378] Dies sei insbesondere im Zusammenspiel mit dem Problem bedeutsam, dass die nationale Rechtsordnung – wie in dem Beispiel oben – die Eröffnung eines Verfahrens verbieten könnte: kämen dann im Nachhinein innergemeinschaftliche Verflechtungen ans Licht, ginge die automatische Anerkennung der Eröffnungswirkungen gemäß Art. 16 ff. EuInsVO und damit insbesondere deren masseschützende Wirkung verloren.[379] Außerdem werde durch die Gleichbehandlung von außer- und innergemeinschaftlichen Sachverhalten eine Rechtsspaltung vermieden und somit die Rechtsanwendung erleichtert und die Rechtssicherheit erhöht.[380] Gerade Unternehmen aus Drittstaaten erleichtere eine einheitliche insolvenzrechtliche Behandlung von Rechtsverhältnissen zwischen Mitgliedstaaten und Drittstaaten den Rechts- und Geschäftsverkehr mit Binnenmarkt-Unternehmen erheblich. Da der zweite Erwägungsgrund der EuInsVO anführe, Ziel der Verordnung sei das reibungslose Funktionieren des Binnenmarktes und hierfür sei wiederum die Existenz effizienter und wirksamer grenzüberschreitender Insolvenzverfahren

375 Vgl. High Court of Justice Chancery Division Companies Court (England; The Honourable Mr. Justice Lloyd), Urteil v. 7.2.2003 – 0042/2003, In re BRAC Rent-A-Car International Inc (2003) EWHC (Ch) 128, ZIP 2003, S. 813, 814.

376 Die Gesellschaft im zugrunde liegenden Fall hatte beispielsweise einen Gläubiger in Italien und Franchisenehmer in weiteren Mitgliedstaaten, was für eine Anwendung der EuInsVO schon ausgereicht hätte, *Herchen*, ZInsO 2003, S. 742, 745; *Keggenhoff*, Internationale Zuständigkeit, S. 56 Fn. 128; darauf aber nicht abstellen wollen *Sabel/Schlegel*, EWiR 2003, S. 367, 368.

377 *Haubold*, IPRax 2003, S. 34, 35; *ders.*, in: Gebauer/Wiedmann, Kap. 30 Rn. 31; vgl. *Huber*, ZZP 114 (2001), S. 133, 139: „praktisch nur äußerst schwierig vorzunehmende Prüfung".

378 *Reinhart* in MK-InsO, Art. 102 EGInsO Rn. 9.

379 *Herchen*, ZInsO 2003, S. 742, 746.

380 *Adam*, Unternehmensverbindungen, S. 29; *Herchen*, ZInsO 2003, S. 742, 745 stimmt im Grundsatz zu, hält diese Wirkung aber nicht für alleine ausschlaggebend.

erforderlich, soll eine Vereinheitlichung des Insolvenzkollisionsrechts der Mitgliedstaaten diesem Ansinnen Rechnung tragen.[381] Dementsprechend finde sich in Erwägungsgrund 23 der Verordnung und in der Grundkollisionsnorm des Art. 4 EuInsVO keine Beschränkung auf Mitgliedstaaten und deshalb auch kein Hinweis auf eine Kollisionsrechtsspaltung.[382]

Der Anwendung der EuInsVO auf die Fälle des reinen Drittstaatenbezugs soll auch kein Kompetenzmangel der Gemeinschaft entgegen stehen. Da sowohl das Europäische Parlament als auch die Kommission die Ermächtigung zur Verordnung in Art. 65 lit. a) 3. Spiegelstrich EG-Vertrag erblicken würden, sei auf Art. 65 lit. b) EG-Vertrag zu verweisen, der eine Kompetenz zur Kollisionsrechtsintegration begründe, ohne darauf abzustellen, ob die als zu vermeiden angesprochenen Kompetenzkonflikte lediglich zwischen Mitgliedstaaten oder auch im Verhältnis zu Drittstaaten bestünden.[383] Erwägungsgrund 23 der EuInsVO sei deshalb derart zu verstehen, dass das gesamte Kollisionsrecht der Mitgliedstaaten durch die Vorschriften der Verordnung ersetzt sei, sobald das COMI der Schuldnerin innerhalb der Gemeinschaft liege.[384] Die Berechtigung zum Erlass der EuInsVO werde deutlich, wenn man die Intensivierung der grenzüberschreitenden Aspekte unternehmerischer Tätigkeit berücksichtige, die im dritten Erwägungsgrund ausdrücklich der EuInsVO zugrunde gelegt wurden und sich ohne Rücksicht auf Binnenmarktgrenzen entwickeln würden.[385]

2) Qualifizierter Auslandsbezug

Diese Sichtweise wird in der Literatur nicht durchweg geteilt.[386] Es wird vorgebracht, dass sich aus den Materialien der Verordnung eindeutig ergebe, dass die EuInsVO nur innerhalb der Gemeinschaft Wirkung entfalten solle und daher nur ein gemeinschaftsinternes transnationales Moment in Frage komme.[387] Die Regelung derjenigen Sachverhalte, die ausschließlich Rechtsbe-

---

381 *Herchen*, ZInsO 2003, S. 742, 746.

382 *Herchen*, a.a.O.

383 *Herchen*, a.a.O.

384 *Herchen*, a.a.O.

385 *Herchen*, a.a.O.; vgl. auch *Eidenmüller*, IPRax 2001, S. 2, 3 f.

386 *Duursma-Kepplinger*, NZI 2003, S. 87 f.; *dies./Duursma*, IPRax 2003, S. 505, 506; *Eidenmüller*, IPRax 2001, S. 2, 5; *Keggenhoff*, Internationale Zuständigkeit, S. 61; *Kemper*, in: Kübler/Prütting, InsO, EuInsVO, Art. 1 Rnk 13; *Pannen*, in: Pannen, EuInsVO, Art. 1 Rn. 120 f.; *ders./Riedemann*, *Pannen/Riedemann*, NZI 2004, S. 646, 651; *Paulus*, NZI 2001, S. 505, 507; *ders.*, ZIP 2002, S. 729; *Rossbach*, Europäische Insolvenzverwalter, S. 18; *Stephan* in HK-InsO, Art. 1 EuInsVO Rn. 12; wohl auch *Mock/Schildt*, ZInsO 2003, S. 396, 398; zum EUINSÜ: *v. Wilmowsky*, EWS 1997, S. 295 und *Balz*, ZIP 1996, S. 948; im Ergebnis unklar: *Leible/Staudinger*, KTS 2000, S. 533, 538 f.

387 *Duursma-Kepplinger* in Duursma-Kepplinger/Duursma/Chalupsky, EuInsVO, Art. 1 Rn. 8; *Kompat*, EuInsVO, S. 71 f; zum insoweit unverändert übernommenen EuInsÜ: *Herchen*, EuInsÜ, S. 35.

ziehungen zwischen einem Mitgliedstaat und einem Drittstaat beträfen, seien den nationalen Gesetzgebern überlassen[388] oder zum Gegenstand eines völkerrechtlichen Vertrages der EU zu machen.[389] Daraus wird teilweise auch der Schluss gezogen, dass die EuInsVO in keiner Weise regele, wie mit Rechtsbeziehungen, die über die Gemeinschaftsgrenzen hinausreichen, umzugehen sei.[390] Sobald es sich um die Würdigung einer rechtlichen Beziehung zu einem Drittstaat handele, sei ausschließlich autonomes nationales Kollisionsrecht ausschlaggebend.[391] Selbst soweit der Wortlaut einzelner Kollisionsnormen keine Beschränkungen auf das Recht eines Mitgliedstaates vorsehe, würden diese nur insoweit Wirkung entfalten, wie es sich bei der berufenen Rechtsordnung um das Recht eines Mitgliedstaats handele.[392] Außerdem könne die Verordnung ihren Zweck nur entfalten, wenn irgendeine Verbindung des Schuldners zu anderen Mitgliedstaaten vorhanden sei. Sei dies nicht der Fall, gebe es auch keine innergemeinschaftlichen Sachverhalte, auf welche die Regelungen der EuInsVO anwendbar seien. Die Verordnung sei dann praktisch ohne Anwendungsbereich.[393]

Der Bezugnahme auf den Wortlaut des Art. 3 Abs. 1 EuInsVO wird entgegengesetzt, dass die Belegenheit des COMI in einem Mitgliedstaat dem Wortlaut nach zwar eine notwendige Bedingung für die Anwendbarkeit der EuInsVO sei; daraus ließe sich aber nicht schließen, dass dies auch für sich hinreichend sei und kein weiteres Erfordernis hinzukommen müsse.[394] Darüber hinaus wird dem Wortlautargument ein systematisches Argument entgegengehalten: Die Bedeutung des fehlenden Drittstaatenbezugs in den Art. 6, 12, 14 EuInsVO sei bereits problematisch. Nach *Herchen* ist es ein nicht zu erklärender systematischer

---

388 *Pannen*, in: Pannen, EuInsVO, Art. 1 Rn. 121; *ders./Riedemann*, NZI 2004, S. 646, 651; für eine ergänzende Anwendung der nationalen Vorschriften *Kebekus/Sabel*, in: Kebekus/Sabel/Schlegel, EuInsVO, Art. 1 Rn. 7; *Stephan*, in: HK-InsO, EuInsVO, Art. 1 Rn. 12.

389 *Kompat*, EuInsVO, S. 72.

390 *Duursma-Kepplinger/Duursma*, IPRax 2003, S. 505, 508; *Paulus*, EuInsVO, Einl. Rn. 34.

391 *Duursma-Kepplinger/Duursma*, IPRax 2003, S. 505, 508, die ausdrücklich eine Anwendung drittstaatlichen Rechts jedoch nur soweit ausschließt, wie die Kollisionsnormen die Anwendung anderen mitgliedstaatlichen Rechts vorsehen. Eine Ausweitung des Geltungsbereichs dieser vom Wortlaut her beschränkten Normen wird aber von keiner Seite vertreten.

392 Für Art. 6 EuInsVO: *Duursma-Kepplinger* in Duursma-Kepplinger/Duursma/Chalupsky, EuInsVO, Art. 6 Rn 22; für Art. 14 EuInsVO *dies.* in Duursma-Kepplinger/Duursma/Chalupsky, EuInsVO, Art. 14 Rn. 5.

393 *Duursma-Kepplinger* in Duursma-Kepplinger/Duursma/Chalupsky, EuInsVO, Art. 1 Rn. 8.

394 *Carstens*, Internationale Zuständigkeit, S. 29.

Bruch, dass einerseits Art. 6 EuInsVO im Rahmen der Kumulationslösung[395] für Aufrechnungen auf Drittstaaten anwendbar sei, andererseits jedoch die ebenfalls im Wege einer Kumulationslösung behandelte Insolvenzanfechtung[396] gemäß Art. 13 EuInsVO auf den innergemeinschaftlichen Fall zu beschränken sei. Deshalb soll aus dem Wortlaut der Verordnung allein kein überzeugendes Argument gegen einen „qualifizierten" Auslandsbezug abgeleitet werden können.[397]

Laut *Keggenhoff* spricht die Systematik der Verordnung vielmehr für die stillschweigende Voraussetzung eines „qualifizierten" Auslandsbezugs. Die automatische Anerkennung des Hauptverfahrens in der gesamten Gemeinschaft gemäß Art. 16, 17 EuInsVO stelle eine zentrale Regelung der Verordnung dar. Da die Anerkennung nach dem eindeutigen Wortlaut auf Mitgliedstaaten beschränkt sei, hätten die Normen keinen Sinn, wenn der Schuldner den Mittelpunkt seiner hauptsächlichen Interessen zwar in einem Mitgliedstaat habe, er jedoch ausschließlich Verbindungen zu Drittstaaten unterhalte.[398] *Keggenhoff* führt weiter an, dass die Einfügung der EuInsVO in das deutsche internationale Insolvenzrecht in Art. 102 § 2 EGInsO deutlich mache, dass der deutsche Gesetzgeber davon ausgegangen sei, dass für die Anwendbarkeit der Verordnung transnationale Bezüge zu einem Mitgliedstaat erforderlich seien: Der Beschluss, ein Verfahren nach der EuInsVO zu eröffnen, soll in seiner Begründung nämlich darlegen, dass sich Vermögen des Schuldners in einem anderen Mitgliedstaat befindet.[399] Auch soweit der Art. 44 III a) EuInsVO herangezogen werde, sei das systematische Argument nicht tragfähig. Der Artikel sei nämlich auch dann sinnvoll, wenn die EuInsVO Drittstaatenverhältnisse nicht regele, da auch vorstellbar sei, dass Übereinkünfte mit Drittstaaten geschlossen würden oder bereits geschlossen worden seien, die jedenfalls zum Teil auch Verpflichtungen eines Mitgliedstaats im Verhältnis zu anderen Mitgliedstaaten begründen könnten. Dies sei beispielsweise dann der Fall, wenn auch Mitgliedstaaten an entsprechenden Übereinkünften beteiligt seien. Die Vorschrift hätte danach auch dann noch einen Anwendungsbereich, wenn man einen Mitgliedstaatenbezug fordern würde.[400]

---

395 Die Aufrechnung muss sowohl nach dem lex concursus als auch nach dem für die Forderung des insolventen Schuldners maßgeblichen Recht (kumulativ) unzulässig sein. Vgl. dazu *Paulus*, EuInsVO, Art. 6 Rn. 1; Erwägungsgrund 26 der EuInsVO.

396 Vgl. *Paulus*, EuInsVO, Art. 13 Rn. 1.

397 So *Herchen*, ZInsO 2003, S. 742, 745, der im Ergebnis aber einen einfachen Auslandsbezug für ausreichend hält.

398 *Keggenhoff*, Internationale Zuständigkeit, S. 62 f.

399 *Keggenhoff*, Internationale Zuständigkeit, S. 63 f.

400 *Eidenmüller*, IPRax 2001, S. 2, 5, der offenbar aber jede Form von Regelung von Drittstaatenverhältnissen verneint; zustimmend *Duursma-Kepplinger*, in: Duursma-Kepplinger/Duursma/Chalupsky, EuInsVO, Art. 1 Rn. 53.

Auch sei schon die Ermächtigungsgrundlage für eine Verordnung für Fallkonstellationen problematisch, die keinen grenzüberschreitenden Bezug zu einem anderen Mitgliedstaat aufweisen. Art. 65 EGV ermächtige den Rat der Europäischen Union nur insoweit zum Erlass von Maßnahmen im Bereich der justitiellen Zusammenarbeit, wie diese für das reibungslose Funktionieren des Binnenmarkts erforderlich seien. Ob die Regelung von Konstellationen mit ausschließlichem Drittstaatenbezug diesem Ziel dienen könne, sei fraglich.[401]

3) Stellungnahme

Die angeführten Streitpunkte bedürfen einer jeweiligen Analyse auf deren Grundlage eine Entscheidung herbeigeführt werden kann.

(1) Unterscheidung zwischen Anwendungs- und Wirkbereich

Die Aufspaltung der Verordnung in einen Anwendungs- und einen Wirkbereich kann nur sinnvoll sein, wenn ein Fall denkbar ist, der ohne die Anwendung von Normen der EuInsVO auf die Rechtsbeziehungen zu dem Drittstaat im eigentlichen Insolvenzverfahren auskommt. Anderenfalls käme man zu dem Ergebnis, dass der Anwendungsbereich zwar eröffnet wäre, von der Verordnung für den konkreten Fall aber keinerlei Rechtswirkungen ausgehen würden.[402] Das Bestreben, die Anwendbarkeit der EuInsVO von ihrer Wirkung zu trennen, weist auf eine Zweckentfremdung der Verordnung hin. Um die Richtigkeit und Notwendigkeit ihrer Ansicht zu belegen, führen die Vertreter des „einfachen" Auslandsbezugs den Umgehungsfall ins Feld. Dieser Fall krankt aber an zwei Stellen. Zum einen ist er erheblich konstruiert. Im Rahmen der Globalisierung und der Fortentwicklung des europäischen Binnenmarkts ist es schwierig, eine derart begrenzte unternehmerische Tätigkeit zu erdenken, die verhindert, dass innereuropäische Rechtsbeziehungen entstehen. Dies gilt insbesondere auch deshalb, weil nach allgemeiner Meinung als Anknüpfungspunkt für die Anwendung der EuInsVO jede Art von Rechtsbeziehung ausreicht.[403] Insbesondere durch die Verbreitung von Franchise-Systemen, Konzernkonstruktionen, Syndizierung von Krediten etc. ist es unwahrscheinlich, dass ein Unternehmer es schaffen kann, zwar international tätig zu sein, aber im Geltungsbereich der Verordnung ausschließlich inländische Gläubiger zu haben und in völliger Isolation von der restlichen EU zu operieren.[404]

---

401 *Carstens*, Internationale Zuständigkeit, S. 32.

402 *Duursma-Kepplinger*, in: Duursma-Kepplinger/Duursma/Chalupsky, EuInsVO, Art. 1 Rn. 8; *Herchen*, EUIÜ, S. 35.

403 Vgl. oben I).

404 Denkbar wäre bspw. ein Gewerbe ohne größeren Bedarf an Betriebsmitteln bei dem die Klientel aus Verbrauchern besteht, die bar zahlen; in so einem Fall ist es sehr fraglich, ob dort zu dieser Konstruktion gegriffen würde.

Auch wenn das Ergebnis unter Gesichtspunkten der Gerechtigkeit zu begrüßen ist, stellt es doch ausschließlich einen Kunstgriff englischer Gerichte dar, um eine unangenehme Lücke im eigenen nationalen Recht zu schließen.[405] Dies kann aber nicht zu einer verallgemeinerungsfähigen Auslegung der EuInsVO führen. Dieser Fall – und damit auch das gesamte Umgehungsargument – ist daher nicht geeignet, zu begründen, dass ein einfacher Auslandsbezug unabhängig von der Frage, ob die EuInsVO auf Beziehungen zu Drittstaaten anwendbar ist, ausreicht, um die Verordnung anzuwenden.

Für eine isolierte Betrachtung der Anwendbarkeit der Verordnung spricht zum anderen im Grunde nur noch das praxisorientierte Argument. Wie sich aus dem geschilderten Fall ergibt, kann es im Einzelfall problematisch sein, einen mitgliedstaatlichen Auslandsbezug festzustellen. Wenn dieser beispielsweise nur darin besteht, dass ausstehende Kaufpreisforderungen gegen die Schuldnerin im Rahmen einer Globalzession abgetreten wurden oder im Rahmen eines Franchising verkauft wurden, drängen sich diese Ansprüche oft nicht auf. Da es ohnehin in den meisten Fällen auf einen hinreichenden Auslandsbezug hinauslaufen wird, ist es praktikabel, die EuInsVO für anwendbar zu erklären. Diese Praktikabilität kann aber allein keine trittfeste Grundlage für eine Anwendung der EuInsVO bilden. Bei einer weiten Auslegung wäre die Verordnung in Fällen anwendbar, die von ihrer Struktur dem autonomen Recht sehr nahe stehen. Hier ist eine klare Abgrenzung nötig. Die Befürworter des „einfachen“ Auslandsbezugs verwischen die Grenze zwischen gemeinschaftlichem Sekundärrecht und autonomen nationalem Kollisionsrecht.[406] Dies kann mit Blick auf die beschränkten Rechtsetzungskompetenzen des Verordnungsgebers[407] und den Subsidiaritätsgrundsatz nicht richtig sein.

(2) Wortlaut

Das Wortlautargument zur Begründung des „einfachen“ Auslandsbezugs, welches sich auf die unterschiedlichen Formulierungen in den Kollisionsnormen der Art. 5 bis 15 EuInsVO bezieht, scheint zunächst beachtlich. Ein Vergleich des Wortlauts der Kollisionsnormen deutet auf den ersten Blick in der Tat darauf hin, dass eine Unterscheidung zwischen solchen Vorschriften, die allgemeine Geltung beanspruchen und solchen, die nur gegenüber Mitgliedstaaten wirken, gewollt war. Denn wäre eine Anwendung auf Rechtsbeziehungen zu Drittstaaten vollständig ausgeschlossen, wären die ausdrücklichen Beschränkungen in den Normen nicht erforderlich gewesen. Dem Wortlaut der „unbeschränkten“ Vor-

405 Vgl. den Fall High Court of Justice Chancery Division Companies Court (England; The Honourable Mr. Justice Lloyd), Urteil v. 7.2.2003 – 0042/2003, In re BRAC Rent-A-Car International Inc (2003) EWHC (Ch) 128, ZIP 2003, S. 813 ff.

406 Vgl. exemplarisch *Haubold*, in: Gebauer/Wiedmann, Kap. 30 Rn. 19.

407 Vgl. dazu die Gegenmeinung o. 2).

schriften lässt sich zugleich nicht entnehmen, dass sowohl ein Mitgliedstaatenbezug als auch ein Drittstaatenbezug kumulativ vorliegen muss. Es ist daher zunächst von Alternativität auszugehen. Auch dies spricht dafür, dass im Rahmen des § 3 Abs. 1 EuInsVO alternativ ein Mitgliedstaaten- oder Drittstaatenbezug bestehen muss. Es ist jedoch darauf hinzuweisen, dass dieses Wortlautargument das Verhältnis von Regel und Ausnahme nur verzerrt wiedergibt. Von den insgesamt 11 Paragraphen mit Sonderregelungen enthalten nur drei Vorschriften keine Beschränkung auf Mitgliedstaaten. Die vermeintliche grundsätzliche Alternativität stellt sich von diesem Blickwinkel aus betrachtet als Ausnahme dar.

Das Wortlautargument, das sich auf die Unterscheidung zwischen Art. 3 Abs. 1 und Abs. 2 EuInsVO stützt, ist auch nicht tragfähig. Art. 3 Abs. 2 Satz 1 EuInsVO greift lediglich die Wendung des Art. 3 Abs. 1 Satz 1 EuInsVO auf. Damit wird zum Ausdruck gebracht, dass das Gericht nicht zur Eröffnung eines Hauptinsolvenzverfahrens berufen sein darf – d.h., dass das COMI sich nicht dort befinden darf –, da es sonst eben ein solches Hauptverfahren statt eines Nebenverfahrens eröffnen müsste.[408] Art. 3 Abs. 2 Satz 1 EuInsVO ist daher zu lesen *„Ist ein Gericht eines Mitgliedstaates für die Eröffnung des Hauptverfahrens zuständig*, so sind die Gerichte eines anderen Mitgliedstaates...“[409] Das Sekundär- und das Partikularverfahren stellen eine Möglichkeit dar, das Universalitätsprinzip zu durchbrechen (sogenannte „kontrollierte Universalität“).[410] Das Sekundärverfahren ist untrennbar mit dem Hauptverfahren verknüpft,[411] welches seinerseits gemäß Art 3 Abs. 1 Satz 1 EuInsVO zwingend in einem Mitgliedstaat durchgeführt wird.[412] Für ein Sekundärinsolvenzverfahren ergibt sich durch diese Verknüpfung daher automatisch ein innergemeinschaftlicher Auslandsbezug. Auch ist es unumstritten und nach dem Wortlaut des Art. 3 Abs. 2 EuInsVO eindeutig, dass die EuInsVO nicht die Eröffnung von Sekundärverfahren in Drittstaaten regelt, die ihrer Wirkung nicht unterworfen sind.[413] Dies wird in Art. 3 Abs. 2 EuInsVO wiederholt. Für die Fragen im Rahmen der Eröffnung des Hauptverfahrens selbst ergibt sich daraus jedoch nichts. Das Argument verfängt im Ergebnis also nicht.

---

408 *Duursma-Kepplinger* in Duursma-Kepplinger/Duursma/Chalupsky, EuInsVO, Art. 3 Rn. 71.

409 Ähnlich *Carstens*, Internationale Zuständigkeit, S. 31 f.

410 Vgl. Erwägungsgrund 11 der EuInsVO; *Duursma-Kepplinger* in Duursma-Kepplinger/Duursma/Chalupsky, EuInsVO, Vorbemerkung zur EuInsVO Rn. 47, 50; *Haubold*, in: Gebauer/Wiedmann, Kap. 30 Rn. 7; *Keggenhoff*, Internationale Zuständigkeit, S. 34; *Paulus*, EuInsVO, Einl. Rn. 29 ff.

411 Vgl. *Duursma-Kepplinger* in Duursma-Kepplinger/Duursma/Chalupsky, EuInsVO, Vorbemerkung zur EuInsVO Rn. 50, Art. 27 Rn. 2; zum EuInsÜ *Balz*, ZIP 1996, S. 948, 954.

412 Vgl. auch Erwägungsgrund 14 der EuInsVO.

413 Vgl. nur *Haubold*, in: Gebauer/Wiedmann, Kap. 30 Rn. 30; *Virgós/Schmit*, Rn. 11.

Das Argument *Keggenhoffs*, aus Art. 102 § 2 EGInsO ließe sich auf das Erfordernis eines „qualifizierten" Auslandsbezug schließen, kann jedoch nicht verfangen. Die EuInsVO ist autonom auszulegen.[414] Es kann deshalb nicht auf das Verständnis des deutschen Gesetzgebers ankommen. Jedoch bleibt anzumerken, dass die Verordnung unter maßgeblicher Mitarbeit deutscher Juristen entstanden ist und das deutsche internationale Insolvenzrecht in der Regelungstechnik eng mit der Verordnung verknüpft ist. Mehr als ein schwaches Indiz kann dies jedoch nicht sein.

(3) Masseschutz

Nicht zwingend stichhaltig ist auch das Argument *Herchens*, dass der Masseschutz gemäß Art. 16 ff. EuInsVO verloren gehe, wenn erst in der weiteren Entwicklung innergemeinschaftliche Rechtsbeziehungen, wie z.B. Vermögen im mitgliedstaatlichen Ausland, erkennbar würden.[415] Da auch dieser Fall auf der Entscheidung *BRAC Rent-A-Car International Inc.* basiert,[416] ist eine Verallgemeinerung ebenso zu kritisieren wie bereits im Rahmen des Umgehungsarguments. Die Konstellation ist stark konstruiert und ergibt sich aus der oben beschriebenen Schwäche des englischen Insolvenzrechts.[417] Es ist dementsprechend auch hier darauf hinzuweisen, dass im ursprünglichen Fall italienische Gläubiger und Franchisenehmer in anderen Mitgliedstaaten existierten. Daher wäre auch in diesem Fall diese Konstruktion gar nicht notwendig gewesen.[418] Sie gewinnt an Relevanz nur in den Fällen, in denen das mitgliedstaatliche Gericht die transnationalen Bezüge zu anderen Mitgliedstaaten übersieht, die internationale Kompetenz nicht umsetzt und das drittstaatliche Gericht trotz des COMI im Mitgliedstaat gewähren lässt. Die Praktikabilität, die Möglichkeit zu haben, ein Verfahren „vorsichtshalber" eröffnen zu können, ist auch in diesem Rahmen nicht tragfähig.

(4) Keine vollständige Regelung

Ein weiteres Argument geht dahin, dass sich in der EuInsVO nur ein Teil der erforderlichen Regelungen befindet. Es ist ausdrücklich normiert und auch unumstritten,[419] dass das COMI der schuldnerischen Gesellschaft innerhalb der Gemeinschaft liegen muss. Vollständig ausgeklammert sind die Fälle, in denen

414 *Duursma-Kepplinger* in Duursma-Kepplinger/Duursma/Chalupsky, EuInsVO, Vorbemerkung zur EuInsVO Rn. 20; *Paulus*, EuInsVO, Einl. Rn 16 ff.; *Stephan* in HK-InsO, EuInsVO, Vorbemerkung Rn. 3.

415 *Herchen*, ZInsO 2003, S. 742, 746.

416 Vgl. *Herchen*, ZInsO 2003, S. 742, 746.

417 Vgl. auch die Darstellung bei *Pannen*, in: Pannen, EuInsVO, Art. 1 Rn. 122 ff.

418 *Carstens*, Internationale Zuständigkeit, S. 35; *Herchen*, ZInsO 2003, S. 742, 745.

419 Vgl. o. die vorangegangenen Abschnitte.

das COMI außerhalb der Gemeinschaft liegt. Es würde insoweit auch nicht weiterhelfen, Art. 3, 4 EuInsVO als einseitige Kollisionsnormen zu charakterisieren und damit zu erklären, dass ausdrückliche Regelungen über die Anwendung gemeinschaftsfremden Rechts fehlen. Sie müssten dennoch den räumlichen Anwendungsbereich des eigenen, d. h. des durch die EuInsVO für anwendbar erklärten mitgliedstaatlichen Insolvenzrechts, festlegen.[420] Die Verordnung trifft aber gerade keinerlei Regelungen darüber, inwieweit mitgliedstaatliches Recht im Falle eines laufenden drittstaatlichen Verfahrens anwendbar ist. In diesen Fällen käme vor allen Dingen ein Parallelverfahren in Form eines Sekundärverfahrens in Betracht. Die Vorschriften darüber sind aber ausdrücklich nicht anwendbar, wenn das COMI in einem Drittstaat liegt. Es würde dementsprechend ein wesentlicher Teil des Kollisionsrechts fehlen und selbst die vorhandenen Regelungen wären nur in Folge einer Gesetzesauslegung auf Drittstaaten anwendbar. Einen ausdrücklichen Hinweis des Gesetzgebers sucht man vergeblich. Die Literatur merkt deshalb insoweit an, dass die nationalen Vorschriften ergänzend hinzuzuziehen seien.[421] Damit wird die Bedeutung des „einfachen" Auslandsbezug – zumindest in Deutschland[422] – auf Praktikabilitätserwägungen reduziert.

(5) Ergebnis

In der Gesamtschau sind die Argumente für den „einfachen" Auslandsbezug insgesamt nicht überzeugend. Angesichts der gebotenen autonomen Auslegung der Verordnung kann nicht mit der insolvenzrechtlichen Regelungsdichte in Deutschland argumentiert werden. Genauso wenig kann aber eine Ausweitung der Verordnung auf fragwürdiger dogmatischer Grundlage hingenommen werden, weil in einer oder verschiedenen anderen Rechtsordnungen die Ergebnisse, die mit Hilfe der nationalen Regelungen erreicht werden, als unbefriedigend empfunden werden. Es ist daher ein „qualifizierter" Auslandsbezug zu fordern.

II) Ausgangspunkt: COMI

Die internationale Zuständigkeit der Insolvenzgerichte wird durch Art. 3 EuIns-VO bestimmt. Die Vorschrift legt jedoch lediglich fest, in welchem Mitgliedstaat welche Art von Verfahren – Haupt- oder Nebeninsolvenzverfahren – eröffnet werden kann.[423] Damit wird aber gleichzeitig die Entscheidung über das anwendbare Recht getroffen, Art. 4 EuInsVO. Welches Gericht innerhalb des

---

420 Vgl. *Stephan* in HK-InsO, Vor §§ 335 ff. Rn. 4.

421 *Kebekus/Sabel*, in: Kebekus/Sabel/Schlegel, EuInsVO, Art. 1 Rn. 7.

422 Vgl. *Haubold*, in: Gebauer/Wiedmann, Kap. 30 Rn. 32.

423 *Stephan*, in: HK-InsO, Art. 3, Rn. 1; *Kebekus/Sabel*, in: Kebekus/Sabel/Schlegel, Art. 3 Rn. 1.

Mitgliedstaats örtlich zuständig ist, regelt in Deutschland ergänzend der Art. 102 § 1 EGInsO.[424]

Wenn eine Gesellschaft den Entschluss gefasst hat, für den Insolvenzfall vorzusorgen und ein Verfahren im europäischen Ausland anzustreben oder wenn ein Gläubiger sich unerwartet mit der Situation konfrontiert sieht, dass sein Schuldner im Ausland in die Insolvenz geht, ist es sowohl für die Gestaltung durch die Gesellschaft als auch für die Reaktion des Gläubigers von entscheidender Bedeutung, absehen zu können, in welchem Mitgliedstaat die internationale Zuständigkeit schließlich angenommen werden wird oder zumindest richtigerweise anzunehmen wäre.[425]

Um bei einer Gesellschaftsinsolvenz die internationale Zuständigkeit zu bestimmen, wird neben dem Gesellschaftssitz[426] das sogenannte COMI[427] herangezogen. Dies ist in Art. 3 Abs. 1 Satz 1 EuInsVO in der deutschen Fassung als Mittelpunkt der hauptsächlichen Interessen des Schuldners definiert. Das Merkmal unterscheidet sich daher schon in seiner Legaldefinition von dem „Mittelpunkt der selbständigen wirtschaftlichen Tätigkeit“, wie er gemäß § 3 Abs. 1 Satz 2 InsO für die Zuständigkeitsbestimmung im Inland ausschlaggebend ist. Die Bestimmung des COMI verläuft daher nicht zwingend deckungsgleich mit der inländischen Zuständigkeitsbestimmung. Daher können die zum inländischen Recht etablierten Grundsätze nicht direkt, sondern möglicherweise nur stark eingeschränkt übertragen werden. Die Auslegung der Wendung „Mittelpunkt der hauptsächlichen Interessen des Schuldners“ und ihrer jeweiligen Entsprechungen in den Fassungen der übrigen Mitgliedstaaten ist im Einzelfall streitanfällig, da der Begriff der Verordnung eigen ist und somit einheitlich und unabhängig von nationalen Rechtsvorschriften, d.h. also rechtssystemübergreifend, ausgelegt werden muss.[428] Eine europaweite Vereinheitlichung der Feststellung des COMI schreitet nur langsam voran.[429] Die Frage nach der Lage des COMI geht dabei Hand in Hand mit der Frage, wann die Vermutung des Art. 3 Abs. 1 Satz 2 EuInsVO widerlegt ist. Die Kriterien, die zu diesem Zweck herangezogen werden, stellen nichts anderes dar, als die Tatbestandsmerkmale des COMI, deren Nachweis es erlaubt, die Vermutung zu widerlegen.

---

424 *Kebekus/Sabel*, in: Kebekus/Sabel/Schlegel, Art. 3 Rn. 1.

425 Für den Fall, dass ein Insolvenzverfahren fälschlicherweise eröffnet wird, s.u. III) 3) und 4).

426 Vgl. zu der Vermutung u. II) 1).

427 Die Abkürzung steht für „centre of main interests“, was der englischen Fassung der EuInsVO entnommen wurde.

428 EuGH, Urteil v. 2. 5. 2006 - Rs. C-341/04 (*Eurofood IFSC Ltd.*) = BB 2006, S. 1762 ff. = NZI 2006, S. 360 ff. Rn. 31; vgl. zur Entwicklung dieses Merkmals auch ausführlich *Carstens*, Internationale Zuständigkeit, S. 44 ff.

429 Vgl. dazu die Ausführungen zur *Eurofood*-Entscheidung des EuGH u. 3) (3).

1) Vermutung nach Abs. 1 Satz 2

Art. 3 Abs. 1 Satz 2 EuInsVO enthält eine widerlegliche Vermutung, nach der das COMI einer juristischen Person oder Gesellschaft am Ort ihres satzungsmäßigen Sitzes liegt. Nach dem Wortlaut der Vorschrift geschieht die Widerlegung durch den Beweis des Gegenteils. Die Vorschrift führt zu einigen Problemen. Im Folgenden wird untersucht, in welchem Verhältnis die Vermutung zum Amtsermittlungsgrundsatz im deutschen Insolvenzverfahren steht und welche Rolle sie spielt, wenn der Geschäftsbetrieb einer Gesellschaft bereits eingestellt wurde.

(1) Das Verhältnis zur Amtsermittlung

Im Gesamtgefüge des deutschen Insolvenzrechts steht diese Vermutung in einem Spannungsverhältnis zum Amtsermittlungsgrundsatz nach § 5 Abs. 1 Satz 1 InsO.[430] Das Verhältnis zwischen der Pflicht des Gerichts, das COMI in Eigeninitiative zu erforschen und der Wirkung der Vermutungsregel ist deshalb zweifelhaft und umstritten.[431] Nach einer Mindermeinung genießt die Vermutung insofern Vorrang, als eine Untersuchung durch das Gericht unterlassen werden darf, wenn keine Anhaltspunkte für ein Auseinanderfallen von satzungsmäßigen Sitz und COMI vorliegen, bzw. dass nur ermittelt werden muss, wenn sich aus dem Vorbringen der Beteiligten, den Medien oder sonstigen aktenkundigen Umständen Anhaltspunkte ergeben, die gegen die Anwendung der Vermutung sprechen.[432] Anderenfalls verlöre Art. 3 Abs. 1 Satz 2 EuInsVO seine praktische Bedeutung.[433] Die herrschende Meinung hält an dem Amtsermittlungsgrundsatz jedoch in der Form fest, dass das Gericht das COMI von Amts wegen erforschen muss.[434] Dabei soll auf die Vermutung nur zurückgegriffen werden, wenn die gerichtliche Untersuchung ergebnislos verläuft; für eine Ausnahme von der Of-

430 *Carstens*, Internationale Zuständigkeit, S. 65.

431 Dazu ausführlich *Carstens*, Internationale Zuständigkeit, S. 60 ff.

432 *Duursma-Kepplinger* in Duursma-Kepplinger/Duursma/Chalupsky, EuInsVO, Art. 3 Rn. 25, die aber „leiseste Zweifel“ für eine Ermittlungspflicht ausreichen lässt; *Vallender/Fuchs* ZIP 2004, S. 829, 831; strenger *Kemper*, in: Kübler/Prütting, InsO, EuInsVO, Art. 3 Rn. 7; *Mäsch*, in: Rauscher, EG-InsVO, Art. 3 Rn. 15, der einen begründeten Zweifel annimmt, wenn das Verfahren nicht im Sitzstaat beantragt wird; im Ergebnis ähnlich: *Carstens*, Internationale Zuständigkeit, 65 f.

433 *Duursma-Kepplinger* in Duursma-Kepplinger/Duursma/Chalupsky, EuInsVO, Art. 3 Rn. 25; *Vallender/Fuchs*, ZIP 2004, S. 829, 831.

434 *Huber*, ZZP 114 (2001), S. 133, 141; *Herchen*, ZInsO 2004, S. 825, 826, 827; *Borges*, ZIP 2004, 733, 737; *Smid*, Internationales InsR, Art. 3 EuInsVO Rn. 13; *Pannen* in Pannen, EuInsVO, Art. 3 Rn. 33; *Stephan*, in: HK-InsO, EuInsVO, Art. 3 Rn. 6; im Ergebnis ebenfalls mit niedriger Schranke *Vallender/Fuchs*, ZIP 2004, S. 829, 831.

fizialmaxime sei kein Grund ersichtlich.[435] Diese herrschende Meinung drängt die Vermutung sehr weit in den Hintergrund.[436] Angesichts des Wortlauts des Art. 3 Abs. 1 Satz 2 EuInsVO und dem Bedürfnis, schnelle und vorhersehbare Entscheidungen zu treffen, ist sie zu weitgehend und kann so nicht überzeugen.

Die Verordnung spricht in Art. 3 Abs. 1 Satz 2 wörtlich von einer Vermutung „bis zum Beweis des Gegenteils". Auf den ersten Blick liegt die Auslegung nahe, dass es nach der Verordnung den Beteiligten aufgetragen ist, Beweis zu erbringen, dass die tatsächliche Lage nicht der Vermutung entspricht. Ein derartiges Verständnis der Norm wird aber der Struktur des Eröffnungsverfahrens nicht gerecht, das nur in Teilen kontradiktorisch ausgestaltet ist.[437] Eine Einflussnahme durch die Gläubiger auf die Entscheidung des Gerichts ist hier nicht unbedingt zu erwarten, da ihnen die Antragsstellung durch den Schuldner oder einen anderen Gläubiger oft zunächst unbekannt bleibt.[438] Nach der Rechtsprechung des EuGH können auch Maßnahmen des Gerichts im Eröffnungsstadium als Verfahrenseröffnung angesehen werden, wenn diese den Vermögensbeschlag des Schuldners und eine Verwalterbestellung beinhalten.[439] Dann würde die internationale Zuständigkeit bereits deutlich früher verbindlich festgelegt und die Gläubiger würden außen vor bleiben.

Der Wortlaut des Art. 3 Abs. 1 Satz 2 EuInsVO zwingt nicht zu der Annahme, der Beweis sei nur durch die Beteiligten zu erbringen. Ohne die Formulierung der Vorschrift zu überdehnen, kann auch durch ein von Amts wegen eingeholtes Sachverständigengutachten die Vermutung widerlegt werden. Die Vermutung ist daher nicht Teil eines strikten Beibringungsgrundsatzes. Das Gericht hat daher aufgrund der Amtsermittlung gemäß Art. 5 Abs. 1 Satz 1 InsO an der Aufklärung der Umstände mitzuwirken. Es darf seiner Entscheidung also nicht nur das Vorbringen des Antragstellers zugrunde legen. Insoweit ist der herrschenden Meinung zuzustimmen. Jedoch wird Art. 3 Abs. 1 Satz 2 EuInsVO von ihr darüber hinausgehend zu einer schlichten Zweifelsregel degradiert.[440] Die Norm ist aber nicht in diesem Sinne formuliert. Es heißt gerade nicht, dass bei Gesellschaften und juristischen Personen im Zweifel der Mittelpunkt ihrer hauptsächlichen Interessen der Ort des satzungsmäßigen Sitzes ist. Stellt die Gesellschaft einen Antrag auf Insolvenzverfahrenseröffnung an ihrem effektiven

---

435 *Pannen* in Pannen, EuInsVO, Art. 3 Rn. 33; nach *Stephan*, in: HK-InsO, EuInsVO, Art. 3 Rn. 6 kann sich das Gericht auf eine Übereinstimmung von Sitz und Mittelpunkt nicht verlassen.

436 *Pannen*, in: BK-InsO, EuInsVO, Art. 3 Rn. 20.

437 *Jacoby*, GPR 2006, S. 200, 203; vgl. auch *Carstens*, Internationale Zuständigkeit, S. 18.

438 *Carstens*, Internationale Zuständigkeit, S. 67.

439 EuGH, Urteil v. 2. 5. 2006 - Rs. C-341/04 (*Eurofood IFSC Ltd.*) = BB 2006, S. 1762 ff. = NZI 2006, S. 360, 362 Rn. 45 ff.

440 Vgl. *Duursma-Kepplinger* in Duursma-Kepplinger/Duursma/Chalupsky, EuInsVO, Art. 3 Rn. 25.

Sitz, der nicht dem eingetragenen Sitz entspricht, und widerlegt sie deshalb die Vermutung selbst, indem sie entsprechende Nachweise erbringt, stellt das keinen Verstoß gegen das Verbot widersprüchlichen Verhaltens dar.[441] Das Gegenteil ist der Fall: die Gesellschaft entspricht in diesen Fällen vollständig ihrem vorhergegangenen Verhalten. Widersprüchlich wäre es, den Antrag bei dem Gericht am Gesellschaftssitz zu stellen, wenn das COMI zwischenzeitlich dort nicht mehr liegt.

Der Struktur des Art. 3 Abs. 1 Satz 2 EuInsVO ist stattdessen zu entnehmen, dass der Ausgangspunkt der gerichtlichen Überlegungen der Satzungssitz sein muss. Anders als nach Ansicht der Mindermeinung muss das Gericht auf dieser Grundlage aber stets von Amts wegen untersuchen, ob diese Vermutung erschüttert wird. Dabei hat es zwar keine umfassende Untersuchung des COMI durchzuführen, insbesondere nicht regelmäßig kostenintensive Gutachten einzuholen, aber doch aktiv nach Anhaltspunkten Ausschau zu halten, die für eine Erschütterung der Vermutung sprechen könnten und (erst) daraufhin gegebenenfalls eigene Nachforschungen anzustellen und darf sich nicht auf das Vorbringen des Antragsstellers oder sonstiger Beteiligter beschränken. Die Vermutung ist aber nicht bereits bei leisesten Zweifeln erschüttert.[442] Anlass für das Gericht, die tatsächliche Lage durch Einholung von Beweismitteln zu erforschen, besteht erst, wenn das Gericht es für überwiegend wahrscheinlich hält, dass die tatsächliche Situation nicht der vermuteten Lage entspricht.

Davon zu unterscheiden sind die Anforderungen an den Beweis. Es ist kein Grund ersichtlich, weshalb insofern nicht gemäß § 4 InsO i.V.m. § 286 ZPO die allgemeinen Grundsätze anzuwenden sein sollen. Das deutsche Gericht muss also nach den allgemeinen Grundsätzen der freien Beweiswürdigung davon überzeugt sein, dass sich der Mittelpunkt der hauptsächlichen Interessen nicht am Gesellschaftssitz befindet. Die Feststellung des COMI kann sich daher nicht als Ergebnis einer Interessenabwägung ergeben; vor allem Effizienzüberlegungen, wie sie in jüngerer Zeit teilweise in den Angelegenheiten von „Konzernen"[443] angeklungen sind,[444] spielen keine Rolle.

Dadurch wird eine Schwelle geschaffen, die überschritten werden muss, um das COMI an einem anderen Ort anzunehmen. Diese Herangehensweise stärkt die Vermutung des Art. 3 Abs. 1 Satz 2 EuInsVO. Dadurch werden die Ent-

---

441 *Carstens*, Internationale Zuständigkeit, S. 67; a.A. *Großfeld*, ZIP 1981, S. 925, 928; Staudinger/*Großfeld*, IntGesR Rn. 243.

442 A. A. *Duursma-Kepplinger* in Duursma-Kepplinger/Duursma/Chalupsky, EuInsVO, Art. 3 Rn. 25.

443 In den angeführten Beschlüssen über die PIN Group handelte es sich zum fraglichen Zeitpunkt noch um einen eher losen Verbund unabhängiger Gesellschaften.

444 Vgl. die Beschlüsse des AG Köln in der Sache PIN Mail: ZInsO 2008, S. 215 ff.; ZInsO 2008, S. 388 ff.; zustimmend *Knof/Mock*, ZInsO 2008, S. 253 ff.; ablehnend *Frind*, ZInsO 2008, S. 261 ff.; *ders.*, ZInsO 2008, S. 363 ff.; *ders. Frind*, ZInsO 2008, S. 614 f.

scheidungen der Gerichte schneller und vorhersehbarer und für die Gläubiger die Risiken kalkulierbarer. Im ganz überwiegenden Teil der Fälle wird sich im Ergebnis kein Unterschied feststellen lassen. In den problematischen Grenzfällen jedoch ist sichergestellt, dass sich das Gericht tatsächlich im Zweifel auf die Vermutung zurückziehen wird und sich somit für eine kalkulierbare Lösung entscheidet, anstatt bei dem Versuch, keine Amtspflichtverletzung zu begehen,[445] zu überraschenden Lösungen zu kommen. Die verstärkte Inanspruchnahme der Vermutung ist für die Gläubiger auch nicht unbillig. Haben sie exklusive Kenntnisse über die Strukturen der Gesellschaft, können sie nicht darauf hoffen, dass sie später durch deren Aufdeckung vor Gericht eine vom Rechtsverkehr nicht erwartete internationale Zuständigkeit erwirken können. Da sie riskieren, nicht rechtzeitig vom Verfahren zu erfahren, können sie erst recht nicht darauf vertrauen, das Gericht werde dies in eigener Initiative ermitteln. Der Satzungssitz ist den Gläubigern gemeinhin bekannt. Es ist für sie zumutbar davon auszugehen, dass grundsätzlich dort auch das Insolvenzverfahren eröffnet werden wird.

(2) Eingestellter Geschäftsbetrieb

Ist der Geschäftsbetrieb der Gesellschaft eingestellt, tritt das Problem auf, dass keine wirtschaftliche Tätigkeit mehr vorhanden ist, deren Mittelpunkt festgestellt werden könnte. Nach *Paulus* soll die Vermutung des Art. 3 Abs. 1 Satz 2 EuInsVO dann praktisch bedeutungslos werden.[446] Da das Grundanliegen des Art. 3 Abs. 1 EuInsVO die Bestimmung der sachnächsten Rechtsordnung sei, könne es im Einzelfall erforderlich sein, dass zur Feststellung des COMI auf den Mittelpunkt der hauptsächlichen Interessen der Gesellschafter etc. als die „eigentlich agierenden natürlichen Personen“ abgestellt werde.[447] Dies wird rechtstechnisch damit begründet, dass der Fortbestand der Gesellschaft als inländische Teilliquidationsgesellschaft im Wege der kollisions- und sachrechtlichen Anpassung fingiert werde.[448]

Dies überzeugt nicht. Unklar bleibt schon, von welchen Aktivitäten der involvierten Beteiligten nach der Betriebseinstellung die Rede ist, insbesondere ob es sich noch um Auftritte gegenüber Dritten im Namen der Gesellschaft handeln soll. Geht es nur um interne Abwicklungsmaßnahmen oder Manipulationen an der Masse, fehlt schon die objektive Feststellbarkeit durch Dritte um ein COMI der Gesellschaft dort anzunehmen.[449] Die Begründung, die *Paulus* angibt, ist

445 Vgl. *Andres* in Andres/Leithaus, InsO, § 5 Rn. 5.

446 *Paulus*, EuInsVO, Art. 3 Rn. 28.

447 *Paulus*, EuInsVO, Art. 3 Rn. 28; ähnlich *Klöhn*, NZI 2006, S. 383, 385 f.; a.A. AG Bad Segeberg, NZI 2005, S. 411 m. Anm. *Pannen/Riedemann*.

448 *Paulus*, EuInsVO, Art. 3 Rn. 28; *Weller*, IPRax 2004, S. 412, 414.

449 Zu diesem Kriterium ausführlich u. 2).

aber auch in sich widersprüchlich. Mit der Fiktion einer fortbestehenden Gesellschaft verträgt es sich nicht, wie von ihm gewollt auf den Mittelpunkt der hauptsächlichen Interessen der Gesellschafter abzustellen. Die Fiktion müsste stattdessen zur Folge haben, dass weiterhin darauf abgestellt wird, wo die weiterbestehende Gesellschaft ihr COMI hat. Dann käme es auf die hauptsächlichen Interessen der „eigentlich agierenden natürlichen Personen“[450] nicht mehr an.

Zweckmäßiger, als auf die Gesellschafter abzustellen, welche sich im Zweifel in alle Winde zerstreuen oder ihre Anteile an neue Gesellschafter abgegeben haben, die nicht mehr auffindbar sind, ist es, auf den Zeitpunkt der Betriebseinstellung, bzw. auf die juristische Sekunde vor der Aufgabe abzustellen.[451] Diese Lösung wird den Interessen der Gläubiger gerecht, die sich auf den letztbekannten Status der Gesellschaft verlassen können und sich nicht um den Verbleib natürlicher Personen sorgen müssen, was bei mehrstufig organisierten Gesellschaften, bei denen die natürlichen Personen ihrerseits nur mittelbar durch Zweckgesellschaften beteiligt sind, regelmäßig auch praktisch stark erschwert sein wird.

Dagegen spricht jedoch zu einem gewissen Maße der Wortlaut des Art. 3 Abs. 1 EuInsVO, der im Präsens formuliert ist („hat“, „ist“). Daraus könnte zu schließen sein, dass nicht auf einen vorangegangenen Zustand abgestellt werden darf. Diese Bedenken schlagen jedoch nicht durch. Die Vorschrift ist mit dem Kriterium der hauptsächlichen Interessen weit formuliert. Das Vorhandensein von Interessen beschränkt sich nicht auf die Aufrechterhaltung eines Geschäftsbetriebs. Auch die vorhandenen Vermögenswerte können dann die hauptsächlichen Interessen der Gesellschaft ausmachen. Somit setzt sich das Bild von der Gesellschaft im Wesentlichen konsequent fort. Die Zuständigkeit verbleibt am selben Ort und fällt also auch nicht an den Sitz der Gesellschaft zurück.[452]

2) Das Merkmal der Erkennbarkeit für Dritte

Art. 3 Abs. 1 Satz 1 EuInsVO definiert das COMI nicht; ein Hinweis darauf, was die wesentlichen Interessen des Schuldners sind oder was deren Mittelpunkt ausmacht, ist der Vorschrift nicht zu entnehmen. Die Tatbestandsmerkmale werden gemeinhin aus dem 13. Erwägungsgrund der Richtlinie abgeleitet. Danach soll es der Ort sein, an dem der Schuldner gewöhnlich der Verwaltung seiner Interessen nachgeht und damit für Dritte feststellbar ist. Aus der englischen Textfassung der Verordnung kann geschlossen werden, dass „damit“ im Sinne einer logischen kausalen Verknüpfung zu verstehen ist („therefore“).[453] Über diese Verknüpfung und damit einhergehend über die Natur und das Verhältnis

450 *Paulus*, EuInsVO, Art. 3 Rn. 28.

451 *Mäsch*, in: Rauscher, EG-InsVO, Art. 3 Rn. 12.

452 Im Ergebnis ebenso *Mäsch*, in: Rauscher, EG-InsVO, Art. 3 Rn. 12.

453 Vgl. *Bachner*, ECFR 2006, S. 310, 314.

der Tatbestandsmerkmale herrscht Streit. In der Sache *Eurofood* hat sich der Generalanwalt *Jacobs* grundsätzlich der Meinung des italienischen Insolvenzverwalters angeschlossen, nachdem der Erkennbarkeit für Dritte keine eigenständige Bedeutung zukomme, da sich diese nach der Formulierung des Erwägungsgrundes lediglich als logische Folge aus der Tätigkeit ergebe.[454] Der EuGH selbst ist dieser Auslegung nicht gefolgt und hat in seinem Urteil festgestellt, dass „objektive und für Dritte feststellbare Elemente" für die Widerlegung der Vermutung des Art. 3 Abs. 1 Satz 2 EuInsVO nachgewiesen werden müssen.[455]

Der Ansatz des EuGH ist richtig, wenn auch nicht weitgehend genug; die Gegenmeinung ist abzulehnen. Die dort aufgestellte „logische"[456] Konstruktion ist nicht tragfähig. Die Ansicht unterstellt der Verordnung einen Gedankengang, der keinen zwingenden Sinn ergibt. Eine Verwaltung wird nicht durch ihre Gewöhnlichkeit – d.h. Regelmäßigkeit und Stetigkeit – für Dritte erkennbar. Ersteres bedingt letzteres nicht zwingend. Ist der fragliche Verwaltungsvorgang zwar von zentraler Bedeutung für die Gesellschaft und somit auch „hauptsächlich" im Sinne des Art. 3 Abs. 1 Satz 1 EuInsVO, bzw. „gewöhnlich" im Sinne des 13. Erwägungsgrunds, aber dennoch so ausgestaltet, dass er sich rein intern abspielt, wird er nicht durch die Schwere seiner internen Bedeutung für Dritte erkennbar. Diese Elemente stehen in keinem zwingenden Kausalzusammenhang, der es erlauben würde, ausschließlich auf die Tätigkeit abzustellen und die Erkennbarkeit unbeachtet zu lassen, weil sie immer als gegeben angesehen werden kann.

In der Formulierung des 13. Erwägungsgrundes wird vielmehr ein entgegengesetzter Gedankengang deutlich. Zunächst ist zu beachten, dass Art. 3 Abs. 1 Satz 1 EuInsVO von den „hauptsächlichen" Interessen ausgeht. Diese Formulierung wird in dem Erwägungsgrund nicht wieder aufgegriffen. Stattdessen ist dort nur noch von „seinen Interessen" die Rede. Abgestellt wird nur noch auf deren gewöhnliche Verwaltung. Bei der Analyse des Erwägungsgrundes ist die Hauptsächlichkeit aber dennoch zu berücksichtigen. Es ist also der Ort zu ermitteln, von dem aus gewöhnlich die hauptsächlichen Interessen des Schuldners verwaltet werden. Der Dritte, der sich z.B. für eine konzernangehörige Gesellschaft interessiert, wird erkennen können, ob diese wie ein Anhängsel in eine größere Struktur eingebunden ist oder ob sie weitgehend selbständig am Markt

454 Schlussanträge des Generalanwalts Francis G. Jacobs vom 27. September 2005, Sammlung der Rechtsprechung des Gerichtshofes und des Gerichts erster Instanz 2006, S. I-3817, 3842 Rn. 113 f.

455 EuGH, Urteil v. 2. 5. 2006 - Rs. C-341/04 (*Eurofood IFSC Ltd.*) = BB 2006, S. 1762 ff. = NZI 2006, S. 360, 361 Rn. 34.

456 Logik ist hier nicht im streng mathematischen Sinne zu verstehen, da in den Verordnungstext subjektive Vorstellungen des Verordnungsgebers eingeflossen sind, die nicht zweifelsfrei ergründet werden können oder im Rahmen der logischen Überlegungen nicht objektiv dargestellt werden können.

auftritt. Bei einer in Deutschland tätigen englischen Limited wird der gleiche Dritte erkennen können, ob die Gesellschaft von England oder von Deutschland aus wirtschaftet. Dieser Vorstellung liegt der Gedanke zugrunde, dass eine Interessenverwaltung, die nur im verborgenen arbeitet, ohne dass Wirtschaftspartner jemals damit in Berührung kommen, nicht die gewöhnliche Verwaltung der hauptsächlichen Interessen sein kann. Dennoch wird dadurch die Erkennbarkeit nicht bedeutungslos. Eine Tätigkeit wird allein durch ihre wesentliche Rolle zwar nicht für Dritte erkennbar und eine für Dritte erkennbare Tätigkeit wird allein dadurch nicht wesentlich. Eine Tätigkeit aber, die für Dritte nicht erkennbar ist, kann nicht wesentlich sein. Die Erkennbarkeit kann also nicht dahinstehen.

Zwar kann in der Logik der Verordnung nur aus dem Fehlen von Erkennbarkeit ein gültiger Schluss gezogen werden. In der Praxis kommt dem Auftritt der Gesellschaft aber eine starke indizielle Bedeutung zu. Um bei dem Beispiel der konzernierten Gesellschaft zu bleiben, ist es schwer vorstellbar, dass eine Gesellschaft für Dritte sowohl maßgeblich in die Konzernverwaltung eingebunden erscheint, als auch überaus selbständig wirtschaftend. Vielmehr wird es regelmäßig der Fall sein, dass eine von zwei Alternativen ausgeschlossen werden kann, weil sich objektiv kein Hinweis darauf findet. Dieses Ergebnis entspricht auch den Bedürfnissen der Praxis, da in der Kürze der Zeit für die Informationsgewinnung ohnehin auf öffentlich zugängliche Quellen zurückgegriffen wird, wie z.B. der Internetauftritt, Werbeunterlagen, Briefköpfe etc.,[457] wenn das Gericht für ein Sachverständigengutachten auch aus Kostenfragen keinen Raum sieht.

Ein weiteres Auslegungsproblem stellt die Frage dar, wer als Dritter im Sinne des 13. Erwägungsgrundes maßgeblich ist. Der erläuternde Bericht bezieht seine Aussage auf die potentiellen Gläubiger der insolventen Gesellschaft, für die deren Insolvenz ein konkretes Risiko darstellt, welches sie kalkulieren können müssen.[458] Das Merkmal ist dennoch nicht unbestritten. Der EuGH stellt in seiner *Eurofood*-Entscheidung nicht auf die Gläubiger und ihre Erkenntnismöglichkeiten ab, sondern spricht abstrakt von der Erkennbarkeit durch Dritte.[459] Damit wird der Maßstab eines objektiven Dritten angelegt.[460] Das überträgt dem

457 Vgl. das Vorgehen des Insolvenzgerichts im Fall Brochier geschildert bei *Ballmann*, BB 2007, S. 1121 f.

458 Virgós/Schmit, Rn. 75.

459 EuGH, Urt. v. 2.5.2006 – C-341/04 (*Eurofood IFSC Ltd*), NZI 2006, S. 360 f. Rn. 26-37.; mit gutem Grund kritisch zu dieser unkonkreten Formulierung *Paulus*, NZG 2006, S. 609, 612.

460 Ebenso *Pannen*, in: Pannen, EuInsVO, Art. 3 Rn. 45; *Kindler*, in: MK-BGB, IntInsR Rn. 144; *Moss/Smith*, in: Moss/Fletcher/Issacs, Regulation, Rn. 8.38; *Undritz*, in: Hamburger Kommentar, Art. 3 EuInsVO Rn. 34; *Pannen/Riedemann*, EWiR 2005, S. 791,

entscheidenden Richter die Verantwortung, über dieses Merkmal allgemein zu befinden, bzw. räumt dem Gericht die ausschlaggebende Kompetenz eines Dritten ein und stellt auf die Erkennbarkeit gerade durch den Richter ab.[461] In der Folge wurde beispielsweise entschieden, dass Gläubiger, die mit dem Schuldner in einem Konzern verbunden sind, die Eigenschaft als Dritte nicht zustehen könne.[462] Nach anderer Ansicht soll nur auf solche Gläubiger abgestellt werden, deren Geschäftsverkehr und damit einhergehend die Verbindlichkeiten des Schuldners einen gewissen Umfang erreicht.[463] Gegen die vorstehenden Meinungen wird vorgebracht, ein Insolvenzverfahren sei für die konkret im Einzelfall betroffenen Gläubiger bestimmt und deshalb komme es auf deren (pauschalierte) Sichtweise an.[464] Darüber hinaus soll jeder als Dritter fungieren, der nicht beim Schuldner angestellt ist.[465]

Der rein objektiven Sicht ist der Vorzug zu geben. Es ist nicht überzeugend, auf die im konkreten Einzelfall betroffenen Gläubiger abzustellen. Muss das Gericht auf der Grundlage eines Schuldnerantrags entscheiden, sind die Gläubiger zu diesem Zeitpunkt[466] noch nicht in dem Verfahren involviert; dem Gericht stünde dann keine Entscheidungsgrundlage zur Verfügung. Darüber hinaus stehen häufig gerade Großgläubiger hinter den Bemühungen um die Verfahrenseröffnung im Ausland. Deren Aussagen sind dementsprechend im Falle eines Falles wenig verlässlich. Außerdem kann es zu Ungleichbehandlungen unter den Gläubigern kommen. Ein Großgläubiger hat im Allgemeinen mehr und bessere Kenntnisse über seinen Vertragspartner als ein kleiner mittelständischer Zulieferer. Das Gericht wäre daher in jedem Fall gezwungen, eine Außenansicht für maßgeblich zu erklären und würde daher die jeweils andere diskriminieren. Schließlich führt die Funktion aller Personen, die nicht bei der Schuldnerin angestellt sind, als Dritte dazu, dass eine Pauschalisierung unmöglich gemacht wird und das Gericht im Ergebnis doch den Maßstab eines objektiven Dritten findet und anwendet. Die Ansicht, die nur bestimmte Gläubiger berücksichtigen will, ist ebenfalls abzulehnen; sie verletzt erheblich den Grundsatz der Gläubi-

792; *Virgós/Schmit*, Rn. 75; vgl. auch *Haß/Huber*, in: Haß/Huber/Gruber/Heiderhoff, EuInsVO, Art. 3 Rn. 15.

461 *Paulus*, EuInsVO, Art. 3 Rn. 22; *ders.*, NZG 2006, S. 609, 612; *ders.* EWiR 2008, S. 531, 532.

462 Arrondissementgericht Amsterdam, Beschl. v. 31.1.2007 – FT RK 07-93 u. FT RK 07-122, ZIP 2007, S. 492, 494.

463 High Court of Justice Leeds, NZI 2004, S. 219, 221 Rn. 16 betrachtet Kunden „eher als Schuldner und nicht als Gläubiger".

464 *Paulus*, EuInsVO, Art. 3 Rn. 22; ähnlich *Herchen*, ZInsO 2004, S. 825, 827; offen gelassen von *Haß/Herweg*, in: Haß/Huber/Gruber/Heiderhoff, EuInsVO, Art. 3 Rn. 15.

465 *Paulus*, EuInsVO, Art. 3 Rn. 22.

466 Nach *Eurofood* reicht auch die Bestellung eines vorläufigen „starken" Insolvenzverwalters aus, vgl. EuGH, Urt. v. 2.5.2006 – C-341/04 (*Eurofood IFSC Ltd*), NZI 2006, S. 360, 362 Rn. 45 ff.; dazu ablehnend *Paulus*, NZG 2006, S. 609, 613.

gergleichberechtigung und sorgt mit ihrer Bevorzugung von Großgläubigern mit ihren stärkeren Einflussnahme- und Druckmöglichkeiten für eine nicht hinnehmbare Intransparenz. Ebenfalls abzulehnen ist die Ansicht des Arrondissementsgerichts Amsterdam. Wird ein objektiver Maßstab angewandt, besteht kein Grund, diesen nicht auf alle Beteiligten gleichmäßig anzuwenden. Den Konzerngesellschaften erwächst dann kein Vorteil aus ihrer schuldnernahen Stellung.

3) Insbesondere: Konzernkonstruktionen

Ein Gegenstand reger Diskussion ist die Frage nach der Behandlung der Insolvenzen von Konzernverbünden aller Art.[467] Während die Bestimmung des COMI einer einzelnen, selbständig agierenden Gesellschaft in der Literatur und Rechtsprechung noch verhältnismäßig harmonisch verläuft, ist die Herangehensweise in grenzüberschreitenden Konzernen erheblich problematischer. Diese Schwierigkeiten entstammen dem Umstand, dass der Verordnungsgeber in der EuInsVO Konzerninsolvenzen nicht regeln wollte.[468] Daher soll nach der EuInsVO die Regel gelten, dass für jede einzelne schuldnerische Gesellschaft die internationale Zuständigkeit gesondert festgestellt werden muss.[469] Dies entspricht nicht den Bedürfnissen der Praxis. Dort besteht häufig ein Interesse, die Insolvenzen der Konzernunternehmen an einem Standort zu konzentrieren. Dies soll teils Sanierungsbemühungen dienen, teils eine bessere Liquidation des Unternehmens, z.B. durch Paketverkäufe, ermöglichen.[470]

In diesem Zusammenhang hat daher *Paulus* angedacht, Tochtergesellschaften als „Niederlassungen“ im Sinne des Art. 2 lit. h) EuInsVO zu subsumieren und über sie ein Sekundärinsolvenzverfahren zu eröffnen.[471] Die Selbständigkeit der Töchter erscheine in manchen Fällen „wie eine Flucht in die juristische Eigenständigkeit“.[472] Daher sollen die Anteile, die die Muttergesellschaft an der Toch-

467 Vgl. nur *Haubold*, in: Gebauer/Wiedmann, Kap. 30, Art. 3 EuInsVO Rn. 73; *Smid*, in: Internationales InsR, Art. 2 Rz 23 ff.; *Paulus*, NZG 2006, S. 609, 610 f; *ders.*, EuInsVO, Einl. Rn. 43 ff.

468 *Virgós/Schmit*, Rn. 76; *Ehricke*, EWS 2002, S. 101 f.; *Haubold*, in: Gebauer/Wiedmann, Kap. 30, Art. 3 EuInsVO, Rn. 68; *Mankowski*, RIW 2004, S. 587, 597; *Mäsch*, in: Rauscher, EG-InsVO, Einl Rn 6; *Paulus*, EuInsVO, Einl. Rn. 43; *Riedemann*, in: Pannen, EuInsVO, Art. 1 Rn. 132; *Stephan*, in: HK-InsO, Art. 1 EuInsVO Rn. 9; *Undritz*, in: Hamburger Kommentar, Art. 3 EuInsVO, Rn. 14; *Weller*, IPRax 2004, S. 412, 413.

469 *Virgós/Schmit*, Rn. 76; *Haubold*, in: Gebauer/Wiedmann, Kap. 30, Art. 3 EuInsVO Rn. 68, 71; *Paulus*, EuInsVO, Einl. Rn. 45; *Riedemann*, in: Pannen, EuInsVO, Art. 2 Rn. 63.

470 *Mankowski*, BB 2006, S. 1753, 1754.

471 *Paulus*, EWS 2002, S. 497, 500 f; *ders.*, EuInsVO, Art. 2 Rn. 34.

472 *Paulus*, EWS 2002, S. 497, 501.

ter hält, als Vermögenswerte gemäß Art. 2 lit. h) EuInsVO angesehen werden.[473] Für diese Ansicht spricht, dass Art. 2 lit. h) EuInsVO nur von einer Tätigkeit des Schuldners spricht, ohne an den Grad der Selbständigkeit besondere Voraussetzungen zu stellen.[474] Dennoch widerspricht diese Ansicht der ganz herrschenden Meinung in der Literatur[475] und auch der EuGH hat anders geurteilt.[476] Die EuInsVO soll kein Konzerninsolvenzrecht enthalten, sondern geht vom Grundsatz aus, dass für jeden Schuldner ein Verfahren eröffnet werden muss.[477] Der Normgeber hat sich selbst hierüber völlige Abstinenz verordnet.[478] Die Verordnung spricht auch durchgängig nur von einem einzelnen Schuldner und enthält keine Vorschriften über den Umgang mit einer Mehrzahl von verbundenen Gesellschaften. Der 19. Erwägungsgrund der EuInsVO zeigt auch, dass die geschaffenen Werkzeuge nicht für komplexe Strukturen gemacht wurden. So soll das Sekundärinsolvenzverfahren nur dazu dienen, einerseits den inländischen Gläubigern den Schutz der dort belegenen Masse zu sichern und dem Verwalter des Hauptverfahrens die Möglichkeit eröffnen, bei einer komplexen Vermögensstruktur des Schuldners, die Verwaltung auf mehrere Schultern zu verteilen und sich dadurch Unterstützung ins Boot zu holen. Auch aus Art. 27 Satz 1 EuInsVO ergibt sich, dass das Sekundärverfahren nicht als Mittel zur Bewältigung von Konzerninsolvenzen gedacht ist. Wären rechtlich selbständige Gesellschaften der Gegenstand eines Sekundärinsolvenzverfahrens innerhalb eines Hauptinsolvenzverfahrens über die Muttergesellschaft, wäre die konzernweite Geltung des Insolvenzgrundes unangemessen.[479] Vielmehr wird aus der Vorschrift ersichtlich, dass der Verordnungsgeber davon ausgegangen ist, dass es sich um einen einzelnen, insolventen Vermögensträger handelt, so dass sich eine erneute Prüfung der Insolvenz des Schuldners erübrigt.[480] Schließlich können gemäß Art. 3 Abs. 3 Satz 3, 27 Satz 2 EuInsVO nur Liquidationsverfahren über das Vermögen der Niederlassung durchgeführt werden. Wären diese Teil des Ver-

473 *Paulus*, EWS 2002, S. 497, 500 f; *ders.*, EuInsVO, Art. 2 Rn. 34.

474 *Klockenbrink*, Gläubigerstellung, S. 119; *Riedemann*, in: Pannen, EuInsVO, Art. 2 Rn. 62.

475 *Duursma-Kepplinger*, in: Duursma-Kepplinger/Duursma/Chalupsky, EuInsVO, Art. 3 Rn. 121; *Haß/Herweg*, in: Haß/Huber/Gruber/Heiderhoff, EuInsVO, Art. 3 Rn. 42; *Eidenmüller*, NJW 2004, S. 3455, 3458; *Ericke*, EWS 2002, S. 101, 105 ff.; *Huber*, ZZP 2001, S. 133, 142 f.; *Klockenbrink*, Gläubigerstellung, S. 118; *Mäsch*, in: Rauscher, EG-InsVO, Art. 2 Rn. 14; *Riedemann*, in: Pannen, EuInsVO, Art. 2 Rn. 60.

476 EuGH, Urteil v. 2. 5. 2006 - Rs. C-341/04 (*Eurofood IFSC Ltd.*), NZI 2006, S. 360, 361 Rn. 30.

477 *Virgós/Schmit*, Rn. 76; *Riedemann*, in: Pannen, EuInsVO, Art. 2 Rn. 63; *Haubold*, in: Gebauer/Wiedmann, Kap. 30, Art. 3 EuInsVO Rn. 68, 71; *Paulus*, EuInsVO, Einl. Rn. 45; *Stephan*, in: HK-InsO, Art. 1 EuInsVO Rn. 9.

478 So selbst *Paulus*, EWS 2002, S. 497, 500.

479 *Ehricke*, EWS 2002, S. 101, 105; *Klockenbrink*, Gläubigerstellung, S. 119.

480 *Ehricke*, EWS 2002, S. 101, 105; *Klockenbrink*, Gläubigerstellung, S. 119.

fahrens über den Gesamtkonzern, würde dadurch seine Sanierung praktisch unmöglich gemacht.[481] Schließlich würde durch das Sekundärinsolvenzverfahren über die Tochtergesellschaft eine einheitliche Insolvenzmasse geschaffen; die Einheitlichkeit der Masse zwischen Haupt- und Nebenverfahren ergibt sich aus Art. 20 Abs. 2 und Art. 35 EuInsVO.[482] Die Zusammenfassung der Massen zweier selbständiger Rechtsträger widerspricht der Systematik der Verordnung.[483] Der herrschenden Meinung ist daher zu folgen. Auch wenn es unter Gesichtspunkten der Praxis bedauerlich ist, kein Werkzeug für einheitliche Konzerninsolvenzen zur Verfügung zu haben, ist es nicht hilfreich, sie über gewagte[484] Konstruktionen zu ermöglichen, da in der EuInsVO anschließend die adäquaten Hilfsmittel zu ihrer Abwicklung fehlen.

Von diesen Konzernkonstellationen zu unterscheiden ist die Frage, ob ein Sekundärinsolvenzverfahren möglich ist, wenn die Gesellschaft eine Tochter eines Konzerns ist und im Rahmen der Insolvenz des gesamten Unternehmenszusammenschlusses über die Tochter ein (eigenes) Hauptinsolvenzverfahren im Sitzstaat der Konzernmutter eröffnet wurde.[485] In diesen Fällen sind die Verfahren über die Tochter – also Haupt- und Nebeninsolvenzverfahren – unabhängig von dem Verfahren über die Konzernmutter.[486] Dennoch kann die Tätigkeit der Tochter im Inland eine Niederlassung begründen und somit ein Sekundärverfahren über das inländische Gesellschaftsvermögen ermöglichen, auch wenn dies möglicherweise einen Großteil des Vermögens der Gesellschaft erfasst.[487]

Trotz der fehlenden Regelung wurde dennoch versucht, dieses Ziel mit den vorhandenen Vorschriften zu erreichen. Insbesondere die englische Insolvenzpraxis war sehr schnell darin, die Möglichkeiten auszureizen. Die deutsche Praxis stand dem zunächst etwas schockiert und ratlos gegenüber, was teilweise zu „rabiatem" Abwehrverhalten geführt hat. In der Literatur und Rechtsprechung haben sich in der Folge zwei Hauptströme über das Verständnis des COMI herausgebildet. Die Rechtsprechung des EuGH aus jüngerer Zeit zielt darauf ab,

---

481 *Ehricke*, EWS 2002, S. 101, 107.

482 *Riedemann*, in: Pannen, EuInsVO, Art. 2 Rn. 63.

483 EuGH, Urteil v. 2. 5. 2006 - Rs. C-341/04 (*Eurofood IFSC Ltd.*), NZI 2006, S. 360, 361 Rn. 30; *Riedemann*, in: Pannen, EuInsVO, Art. 2 Rn. 64.

484 So auch *Paulus*, EWS 2002, S. 497, 500 über seine eigene Konstruktion.

485 Zu diesen recht häufigen Fällen s. u. (1); vgl. dazu auch das Parmalat-Verfahren, gipfelnd in der *Eurofood*-Entscheidung des EuGH (EuGH, Urteil v. 2. 5. 2006 - Rs. C-341/04 (*Eurofood IFSC Ltd.*), NZI 2006, S. 360); vgl. auch das Verfahren *Collins/Aikman* (dazu z.B. *Meyer-Löwy/Plank*, NZI 2006, S. 622 ff.).

486 Vgl. *Haubold*, in: Gebauer/Wiedmann, Kap. 30, Art. 3 EuInsVO Rn. 70.

487 *Klockenbrink*, Gläubigerstellung, S. 119; *Eidenmüller*, NJW 2004, S. 3455, 3458; *Herchen*, ZInsO 2004, S. 825, 829; *Duursma/Duursma-Kepplinger*, DZWIR 2003, S. 447, 451; *Sabel*, NZI 2004, 126, 128; *Haß/Herweg*, in: Haß/Huber/Gruber/Heiderhoff, EuInsVO, Art. 3 Rn. 43, 62; LG Innsbruck, ZIP 2004, S. 1721; AG Köln NZI 2004, S. 151, 152; vgl. auch *Mankowski*, RIW 2004, S. 587, 597.

diese wieder zu vereinigen. Sie legt sich jedoch nicht eindeutig fest, welcher Ansatz vorzugswürdiger sein soll.[488] Daher besteht weiterhin Unklarheit über das richtige Verständnis des COMI.

(1) Mind of Management

Ein Ansatz, der insbesondere bei den Gerichten in England[489], vereinzelt aber auch in Deutschland[490], Frankreich[491] und Italien[492] verfolgt wurde, ist unter den Begriffen *Mind of Management*, *Head Office Functions*, *Back Office Functions* und Variationen davon bekannt. Bei diesem Verständnis steht der Ort im Vordergrund, an dem die unternehmensleitenden Entscheidungen getroffen werden.[493] Es soll darauf ankommen, wo der für Dritte erkennbare Verwaltungsort der hauptsächlichen Interessen angesiedelt sei, an dem die strategische und operative Ausrichtung der Gesellschaft festgelegt, organisiert und kontrolliert wird.[494] Dieser Ort liege gerade in zentral geführten Konzernstrukturen häufig bei der Konzernmutter. Diese fasse in der Regel organisatorische Einheiten wie Einkaufs-, Vertriebs-, und Personalleitung oder Rechnungswesen dort zusammen, um sich Synergieeffekte zu Nutze machen zu können. Wenn zusätzlich auch die Beziehungen zu den Hauptgläubigern, d.h. in den meisten Fällen Kreditgeber und Lieferanten, bei der Konzernmutter betreut würden, soll das COMI insbesondere dort liegen.[495] Worauf es dieser Ansicht nach praktisch nicht ankommt, ist das alltägliche Geschäft: Den Kleingläubigern, d.h. also insbesondere den Kunden des Unternehmens, kommt nur eine ganz untergeordnete Bedeutung zu. Dies soll auch gelten, wenn ihre Zahl überwiegt.[496] Bei dieser Ansicht steht also das Innenverhältnis des Konzerns im Vordergrund, aus dem sich die strate-

488 Vgl. *Freitag/Leible*, RIW 2006, S. 641, 646 f.; *Saenger/Klockenbrink*, EuZW 2006, S. 363, 364.

489 Vgl. exemplarisch High Court of Justice Leeds, ZIP 2004, S. 963, 965.

490 AG München, ZIP 2004, S. 962, 963 im Anschluss and High Court of Justice Leeds, ZIP 2004, S. 963..

491 Tribunal de Commerce de Nanterre, Urteil v. 15.2.2006 – PCL 2006J00174 m. Anm. *Penzlin*, EWiR 2006, S. 207.

492 Tribunale di Parma „Eurofood/Parmalat I", ZIP 2004, S. 1220.

493 Vgl. die Darstellung bei *Weller*, IPRax 2004, S. 412, 415 und die umfangreiche Rechtsprechungsauswertung bei *Pannen*, in: Pannen, EuInsVO, Art. 3 Rn. 39.

494 High Court of Justice Birmingham („Rover"), ZIP 2005, S. 1610.

495 Vgl. die Übersicht bei *Pannen/Riedemann*, NZI 2004, S. 646, 648; Verfahren *ISA/Daisytek*, abgedruckt in ZIP 2004, S. 963 ff; vgl. auch High Court of Justice Chancery Division Companies Court, Urteil v 7.2.2003 – 0042/2003, ZIP 2003, S. 813 f. in der Sache *BRAC Rent-A-Car*.

496 High Court of Justice Leeds, NZI 2004, S. 219, 221 Rn. 16; Arrondissementsrechtbank Amsterdam, ZIP 2007, S. 492, 494 scheidet Gläubiger, die mit der Schuldnerin verbunden sind, gänzlich aus.

gische Unternehmensleitung ergibt. Hinzu kommen die Beziehungen zu den Hauptgläubigern, deren Forderungen einen gewissen Umfang erreichen.[497]

Ziel und Zweck des *Mind of Management*-Ansatzes ist es, bei der Bestimmung der internationalen Zuständigkeit die Konzernstrukturen in den Vordergrund zu rücken, da der Konzern bei einer realitätsnahen wirtschaftlichen Betrachtung als ein einheitliches Ganzes anzusehen sei. Damit will man erreichen, dass die Insolvenzverfahren über die Tochtergesellschaften am Ort der Konzernmutter oder wenigstens einer einzelnen Niederlassung zusammengefasst werden können.[498] Da der „für Dritte erkennbare tatsächliche Verwaltungsort der hauptsächlichen Interessen" als Tatbestandsmerkmal genauso wenig fassbar ist, wie der ursprüngliche Wortlaut der Verordnung, wurde in der einschlägigen Rechtsprechung eine Reihe von Indizien herangezogen, die zwar nicht einzeln, aber in ihrer Zusammenfassung auf die Lage des COMI schließen können lassen sollen.[499] Grundlegendes Kriterium ist dabei die innere Zusammengehörigkeit.[500]

(2) Business Activity

Die andere bereits erwähnte Strömung und heute in Deutschland herrschende Meinung[501] legt den Schwerpunkt der Prüfung gerade auf den Aspekt, der bei ihrem Gegenüber nur eine untergeordnete Bedeutung hat.[502] Es soll vielmehr im Grundsatz auf den Hauptort der werbenden Tätigkeit der Gesellschaft abgestellt werden.[503] Dazu müsse dargelegt werden, wo die Mehrzahl bestehender und potentieller zukünftiger Kundenbeziehungen festzumachen seien. Daran würden auch Zustimmungsvorbehalte der Konzernmutter für Geschäfte ab einer bestimmten Größenordnung nichts ändern.[504]

Zur Bestimmung sind objektive Kriterien entscheidend: Zahl der am jeweiligen Ort getätigten Geschäfte und sonstigen Rechtshandlungen, Einsatz von Mitarbeitern, Kundenbeziehungen, Buchhaltung und Bankverbindungen, das Volumen der Vorgänge, die Zahl der mit ihnen verbundenen Gläubiger oder Drittschuldner, der Sitz der Drittschuldner.[505] Diese Ansicht stellt daher auf das

497 *Weller*, IPRax 2004, S. 412, 415.

498 *Paulus*, EuInsVO, Art. 3 Rn. 30; *Mankowski*, BB 2006, S. 1753, 1754.

499 Vgl. für eine ausführliche Auflistung: *Paulus*, EuInsVO, Art. 3 Rn. 37 ff m.w.N.

500 *Pannen*, in: Pannen, EuInsVO, Art. 3 Rn. 35; *Paulus*, EuInsVO, Art. 3 Rn. 31.

501 *Haubold*, in: Gebauer/Wiedmann, Kap. 30, Art. 3 EuInsVO Rn. 49; *Pannen*, in: Pannen, EuInsVO, Art. 3 Rn. 45; *Stephan*, in: HK-InsO, Art. 3 EuInsVO Rn. 4; *Mäsch*, in: Rauscher, EG-InsVO, Art. 3 Rn. 10; *Mankowski*, BB 2006, S. 1753, 1754.

502 Vgl. die Darstellung bei *Weller*, IPRax 2004, S. 412, 415.

503 *Bähr/Riedemann*, ZIP 2004, S. 1066, 1067; *Mankowski*, EwiR 2005, S. 637, 638; *Pannen*, in: Pannen, EuInsVO, Art. 3 Rn. 42; *Weller*, IPRax 2004, S. 412, 415 ff.

504 Vgl. die Darstellung bei *Weller*, IPRax 2004, S. 412, 415.

505 *Becker*, Insolvenzrecht, Rn. 446; *Pannen*, in: Pannen, EuInsVO, Art. 3 Rn. 43.

Außenverhältnis der schuldnerischen Gesellschaft ab und lässt das Innenverhältnis des Konzerns, in das sie eingebunden sein mag, unbeachtet.[506] Letztlich kommt es aber auf eine Gesamtbetrachtung aller Umstände des Einzelfalls an, wodurch dem Schuldner ein beträchtlicher Bewegungsspielraum verbleibt.[507] Die *Business Activity*-Theorie schafft deshalb ebenfalls keine klar abgrenzende Formel, sodass die Bestimmung des COMI weiterhin abzuwägen ist.

(3) Der EuGH und Reaktionen

Der *EuGH* hat in seiner vielbeachteten *Eurofood*-Entscheidung die Linie festgelegt, auf der sich die Kriterien für die Widerlegung der Vermutung des Art. 3 Abs. 1 Satz 2 EuInsVO bewegen müssen.[508] Nach dem Urteil muss es darauf ankommen, dass der Mittelpunkt der hauptsächlichen Interessen nach objektiven und zugleich für Dritte feststellbaren Kriterien zu bestimmen ist. Diese Objektivität und diese Möglichkeit der Feststellung durch Dritte sei erforderlich, um Rechtssicherheit und Vorhersehbarkeit bei der Bestimmung des für die Eröffnung eines Hauptinsolvenzverfahrens zuständigen Gerichts zu garantieren. Die Rechtssicherheit und Vorhersehbarkeit seien umso wichtiger, als die Bestimmung des zuständigen Gerichts nach Artikel 4 Absatz 1 EuInsVO die des anwendbaren Rechts nach sich ziehe. Folglich lasse sich bei der Bestimmung des Mittelpunkts der hauptsächlichen Interessen einer Schuldnergesellschaft die vom Gemeinschaftsgesetzgeber zugunsten ihres satzungsmäßigen Sitzes aufgestellte widerlegliche Vermutung nur entkräften, wenn objektive und für Dritte feststellbare Elemente belegen würden, dass in Wirklichkeit die Lage nicht derjenigen entspreche, die die Verortung am genannten satzungsmäßigen Sitz widerspiegeln soll. Dies könnte insbesondere bei einer Briefkastenfirma der Fall sein, die im Gebiet des Mitgliedstaats, in dem sich ihr satzungsmäßiger Sitz befindet, keiner Tätigkeit nachgehe. Wenn jedoch eine Gesellschaft ihrer Tätigkeit im Gebiet des Mitgliedstaats, in dem sie ihren satzungsmäßigen Sitz habe, nachgehe, so reiche die Tatsache allein, dass ihre wirtschaftlichen Entscheidungen von einer Muttergesellschaft mit Sitz in einem anderen Mitgliedstaat kontrolliert werden oder kontrolliert werden können, nicht aus, um die mit der Verordnung aufgestellte Vermutung zu entkräften.[509]

Das Urteil des EuGH wurde in der Literatur ganz überwiegend positiv angenommen.[510] Es wird als Absage an den Ansatz des *Mind of Management* ver-

506 *Weller*, IPRax 2004, S. 412, 415.

507 *Becker*, Insolvenzrecht, Rn. 447.

508 EuGH, Urteil v. 2. 5. 2006 - Rs. C-341/04 (*Eurofood IFSC Ltd.*) = BB 2006, S. 1762 ff. = NZI 2006, S. 360 ff.

509 EuGH, Urteil v. 2. 5. 2006 - Rs. C-341/04 (*Eurofood IFSC Ltd.*), NZI 2006, S. 360, 361 Rn. 33-36.

510 Vgl. nur *Fach/Tirado*, GPR 2007, S. 40, 44 ff.; *Freitag/Leible*, RIW 2006, S. 641, 643 f., 651; *Herchen*, NZI 2006, S. 435; *Hess/Laukemann/Seagon*, IPrax 2007, S. 89, 90 ff.;

standen und als Hinwendung zur *Business Activity*-Theorie.[511] Zwar gibt es teilweise Bedauern darüber, dass der Gerichtshof keine konkreten Kriterien formuliert hat, welche tatsächlichen Umstände für die Bestimmung des COMI heranzuziehen seien.[512] *Paulus* kritisiert die Entscheidung, weil der EuGH es unterlassen habe, mitzuteilen, wer als „Dritter" in Betracht komme und lehnt es ab, die Erkenntnismöglichkeiten des Richters zum Maßstab zu machen.[513] Außerdem warnt *Paulus* vor dem in seinen Augen voreiligen Schluss, dass mit der *Eurofood*-Entscheidung die *Mind of Management*-Theorie der Vergangenheit angehöre. Vielmehr habe der Gerichtshof sein Urteil so formuliert, dass dieses in modifizierter Form durchaus noch zur Begründung des COMI nutzbar gemacht werden könne.[514] Deswegen wird die Bedeutung und die Richtigkeit der Entscheidung jedoch nicht grundsätzlich in Frage gestellt.

Bachner kritisiert die Aussagen in der Entscheidung des EuGH über das COMI sehr stark.[515] Zum einen sei das Gericht in seinen Möglichkeiten, über die Voraussetzungen des COMI zu befinden, sehr stark eingeschränkt gewesen, da die entsprechende Frage des vorlegenden irischen Gerichts sehr suggestiv gestellt gewesen sei. Dieses habe seine vierte Frage[516] so formuliert, als seien die Voraussetzungen an das COMI, wie sie in Erwägungsgrund 13 der Richtlinie definiert werden, in jedem Falle gegeben. Damit sei die Antwort praktisch vorgegeben gewesen.[517] Das Gericht habe es über die Klarstellung zweier Extremfälle hinaus nicht geschafft, zu erhellen, in welchem Verhältnis die objektive Feststellung des Ortes der Interessenverwaltung und die Erkennbarkeit für Dritte

---

Kammel, NZI 2006, S. 334, 338; *Mankowski*, BB 2006, S. 1753, 1754 ff.; *Pannen*, in: Pannen, EuInsVO, Art. 3 Rn. 41 f., 45; *Schmidt*, ZIP 2007, S. 405 ff., 409 f.; *Smid*, DZWiR 2006, S. 325 f.

511 *Mankowski*, BB 2006, S. 1753, 1754; *Pannen*, in: Pannen, EuInsVO, Art. 3 Rn. 41 f.

512 *Duursma-Kepplinger*, ZIP 2007, 896, 898 ff.; *Saenger/Klockenbrink*, EuZW 2006, S. 363, 366 f.

513 *Paulus*, NZG 2006, S. 609, 612 f.

514 *Paulus*, NZG 2008, S. 1 f.

515 *Bachner*, ECFR 2006, S. 310, 314 f.

516 Vgl. EuGH, Urteil v. 2. 5. 2006 - Rs. C-341/04 (Eurofood IFSC Ltd.) Rn. 24. Diese lautet: „Sind, wenn a) der satzungsmäßige Sitz einer Muttergesellschaft und der ihrer Tochtergesellschaft in zwei verschiedenen Mitgliedstaaten liegen, b) die Tochtergesellschaft der Verwaltung ihrer Interessen in einer für Dritte erkennbaren Art und Weise gewöhnlich und unter vollständiger und stetiger Wahrung ihrer eigenen Corporate identity in dem Mitgliedstaat nachgeht, in dem ihr satzungsmäßiger Sitz liegt, und c) die Muttergesellschaft aufgrund ihrer Beteiligung und ihrer Befugnis zur Bestellung der Verwaltungsratsmitglieder in der Lage ist, die Geschäftspolitik der Tochtergesellschaft zu kontrollieren, und dies auch tut, bei der Bestimmung des Mittelpunkts der hauptsächlichen Interessen die vorstehend unter b oder die unter c genannten Faktoren ausschlaggebend?"

517 *Bachner*, ECFR 2006, S. 310, 314.

stünden.[518] Positiv soll nur sein, dass sich das Gericht nicht der Ansicht des Generalanwalts angeschlossen habe, wonach die Feststellung des COMI eine Frage der Umstände im Einzelfall sei, die nur von dem jeweiligen nationalen Gericht entschieden werden könne und deshalb keine allgemeinen Kriterien festgelegt werden könnten. Damit habe der EuGH vermieden, einen Freibrief auszustellen und sich die Möglichkeit offen gehalten, zu einem späteren Zeitpunkt intensiver über die Auslegung der Kriterien zur Ermittlung des COMI zu urteilen.[519]

(4) Stellungnahme

Der Zustand der Insolvenzreife der Gesellschaft kann nicht isoliert von ihrer wirtschaftlichen Tätigkeit gesehen werden. Es ist daher wichtig, die insolvenzrechtlichen Vorschriften so auszulegen und anzuwenden, dass die Gesellschaften, die generell insolvent werden können, in ihrem Wirtschaften nicht schon zuvor behindert werden. Dies lässt sich im Wesentlichen durch eine strikte und stringente Auslegung der Normen erreichen. Wird diese konsequent durchgeführt, wird auch dem missbräuchlichen *forum shopping* ein Riegel vorgeschoben, da die rechtliche und wirtschaftliche Lage im Fall der Fälle bereits frühzeitig absehbar ist.

Für diese Schwerpunktsetzung spricht die wirtschaftliche Vernunft. Eine unabsehbare Rechtslage bezüglich des anwendbaren Insolvenzrechts kostet die Konzerngesellschaften bares Geld und entzieht ihnen Liquidität. Ist es den Fremdkapitalgebern nicht möglich abzusehen, welches Schicksal ihren Forderungen zuteil werden wird und nach welchem Recht sie diese werden verfolgen können, wird die Risikoanalyse konservativer ausfallen und die Kosten für die Zurverfügungstellung der Mittel steigen.[520] Gerade in einem Konzern, der ein (reales) *cash pooling* einsetzt, leidet darunter der gesamte Verbund. Nicht nur sind die erhöhten Kreditkosten so von allen zu tragen und belasten somit die Liquidität jeder Konzerngesellschaft. Vielmehr werden auch die Fremdkapitalgeber der ausländischen Konzerngesellschaften, die selbst eigentlich von dem Problem des *forum shoppings* nicht betroffen sind, weil sie bereits in einem Zielland agieren, in Kenntnis der unsicheren insolvenzrechtlichen Lage das erhöhte Gesamtausfallrisiko des *cash pools* ebenfalls in ihre Überlegungen einfließen lassen. Die herrschende Rechtsunsicherheit führt daher zu realen wirtschaftlichen Nachteilen.[521]

Dreh- und Angelpunkt ist die sichere und berechenbare Feststellung des einschlägigen Insolvenzstatuts, das sich aus der internationalen Zuständigkeit er-

518 *Bachner*, ECFR 2006, S. 310, 314 f; ähnlich *Paulus*, NZG 2006, S. 609, 612 f.

519 *Bachner*, ECFR 2006, S. 310, 315.

520 Vgl. *Eidenmüller*, ZGR 2006, S. 467, 478.

521 Vgl. zu den Auswirkungen auf die Fremdkapitalquote international agierender Unternehmen *Eidenmüller*, ZGR 2006, S. 467, 478.

gibt. Insofern ist *Jacobs*[522] zuzugeben, dass es wenig hilfreich ist, verschiedene Entscheidungen der mitgliedstaatlichen Gerichte für die Bildung allgemein anwendbarer Regeln heranzuziehen. Diese können nur einen Beispielcharakter haben und in ihrer Summe auf regelmäßig auftretende Probleme aufmerksam machen. Der Rechtssicherheit dient es hingegen nicht, aus einem Fundus nationaler Rechtsprechung einen sich ständig erweiternden und ändernden Katalog von Fallgruppen durch immer wiederholtes Nachfragen beim EuGH zu schaffen. Das geeignete Werkzeug findet sich stattdessen bereits in Art. 3 Abs. 1 Satz 2 EuInsVO. Der dort festgelegten Vermutung ist ein höherer Stellenwert zuzuweisen. Wie bereits ausgeführt,[523] dient die Vermutung als Schwelle, deren Überschreiten es erlaubt, das COMI in einem anderen Mitgliedstaat als dem des Satzungssitzes festzustellen. Es ist deshalb erforderlich, diese Schwelle zu konkretisieren.

Der EuGH hat in seiner *Eurofood*-Entscheidung[524] zwei Fälle exemplarisch aufgeführt.[525] Zumindest einer war auch zuvor bereits praktisch unstrittig: Kann nachgewiesen werden, dass die Gesellschaft im Staat ihres Satzungssitzes nur einen „Briefkasten" unterhält, ist die Schwelle überschritten. Dies ist offensichtlich und bedarf keiner weiteren Diskussion. Der andere Fall liegt nicht so deutlich am Ende des Spektrums. Danach soll die Schwelle noch nicht erreicht sein, wenn die wirtschaftlichen Entscheidungen der Tochtergesellschaft von der Konzernmutter in einem anderen Mitgliedstaat kontrolliert werden oder werden können. Der reine *Mind of Management*-Ansatz scheidet damit aus. Zugleich ist es aber problematisch, dem Urteil des EuGH seine tatsächliche Bedeutung zu entnehmen. Dies ergibt sich daraus, dass das Gericht wegen der Formulierung der Vorlagefrage davon ausgehen musste, dass die Tätigkeit der Gesellschaft im Sitzstaat die Definition des COMI im Sinne des 13. Erwägungsgrundes erfüllt.[526] Der EuGH äußert sich gerade nicht dazu, welche Beschaffenheit das Engagement der Gesellschaft im Sitzstaat haben muss, um COMI zu sein. Das Urteil lässt daher lediglich darauf schließen, dass die Konzernleitungsmacht allein kein ausreichender Faktor ist. Mittelbar trifft es also die Aussage, dass es dar-

---

522 Schlussanträge des Generalanwalts *Francis G. Jacobs* vom 27. September 2005, in: Sammlung der Rechtsprechung des Gerichtshofes und des Gerichts erster Instanz 2006, S. I-3817, 3845 Rn. 125.

523 Vgl. dazu bereits o. 1).

524 EuGH, Urteil v. 2. 5. 2006 - Rs. C-341/04 Rn. 35, 37.

525 Vgl. zur Kritik bereits o. (3).

526 Vgl. bereits o. die Kritik *Bachners,* ECFR 2006, S. 310, 315.; vgl. auch die Darstellung in den Schlussanträgen des Generalanwalts *Francis G. Jacobs* vom 27. September 2005, in: Sammlung der Rechtsprechung des Gerichtshofes und des Gerichts erster Instanz 2006, S. I-3817, 3840 f. Rn. 108.

über hinaus Umstände gibt, die in ihrem Zusammenspiel mit der wirtschaftliche Lenkung durch die Konzernmutter schwer genug wiegen.[527]

Rechtssicherheit lässt sich nur durch Transparenz erreichen, die es ausschließt, dass das Unternehmen oder einzelne Gläubiger Sonderwissen bilden können, das den übrigen Gläubigern nicht zur Verfügung steht. Einerseits steht es den Gesellschaften frei, selber für Transparenz zu sorgen, indem – ähnlich einer Gerichtsstandvereinbarung – auf das Insolvenzrecht hingewiesen wird, das nach Ansicht der Gesellschaft maßgeblich ist. Stimmt ein Wirtschaftspartner mit dieser Einschätzung nicht überein, erfolgt dies auf eigene Gefahr. Darüber hinaus sind ausschließlich solche Kriterien heranzuziehen, die nach ihrem Zweck nach außen gerichtet sind und dadurch eine rein objektive Betrachtung ermöglichen. Interne Verwaltungsvorgänge sind deshalb unbeachtlich, auch wenn sie einzelnen oder einem Großteil der Gläubiger bekannt sind. Gleiches muss für Umstände gelten, wie die Frage, wo die Gesellschaft im Wesentlichen ihre Geschäftsbeziehungen unterhält, da dies regelmäßig keine Informationen sind, die allen Gläubigern zur Verfügung stehen. Abzustellen ist vielmehr auf die Firmierung, die Geschäftsbriefe, die AGB – insb. Gerichtsstandsvereinbarungen etc. – Firmenanschrift und Handelsregistereintragungen. Soweit befürchtet wird, dass diese Umstände zu leicht manipulierbar sind, ist zu erwidern: Da nur auf das Auftreten nach Außen abgestellt wird, ist zur Manipulation auch ein fortgesetztes Darstellen nach Außen erforderlich. Außerdem ist mit dem COMI bewusst ein Anknüpfungspunkt gewählt worden, der auslegungsbedürftig und beweglich ist. Der Gesellschaft kann nicht faktisch unmöglich gemacht werden, ihr COMI zu verlegen. Zum Schutz des Rechtsverkehrs muss dies aber öffentlich und transparent geschehen.

4) Zwischenergebnis

Das COMI ist eines der Elemente der EuInsVO, das den meisten Streit auf sich gezogen hat. Im Ergebnis ist nach der Auswertung der verschiedenen Ansichten Folgendes festzuhalten:

Die Vermutung des Art. 3 Abs. 1 Satz 2 EuInsVO ist zu Gunsten von Quasi-Konzerninsolvenzen in den Hintergrund gedrängt worden. Dieser Entwicklung muss entgegengetreten werden. Das deutsche Gericht ist angesichts des Amtsermittlungsgrundsatzes aus § 5 Abs. 1 InsO gehalten, Beweismittel einzuholen, sobald es überwiegend wahrscheinlich erscheint, dass das COMI nicht am Sitz der Gesellschaft liegt. Es hat sich weder auf die Ausführungen der Antragssteller zu beschränken, noch bei leisesten Zweifeln schon zu ermitteln. Ist der Geschäftsbetrieb einer Gesellschaft bereits eingestellt, sind die COMIs der Gesellschafter nicht ausschlaggebend. Der Mittelpunkt der wesentlichen Interessen

527 Ebenso *Paulus*, NZG 2008, S. 1 f.; *ders.*, EuInsVO, Art. 3 Rn. 30.

richtet sich dann nach dem Zustand in der juristischen Sekunde vor der Aufgabe des Geschäftsbetriebs. Bezüglich der Erkennbarkeit des COMI für Dritte muss der Maßstab eines objektiven Dritten ausschlaggebend sein. Auf einzelne Gläubigergruppen oder –klassen kann es nicht ankommen.

Bezüglich der Konzernkonstruktionen, die Gegenstand besonders intensiver Diskussionen sind, muss hingenommen werden, dass die EuInsVO kein Instrumentarium vorsieht. Die Ansätze, die diesen Zustand über Art. 3 Abs. 1 EuIns-VO korrigieren wollen, sind abzulehnen. Ausschlaggebend sind nur solche Kriterien, die nach ihrem Zweck nach außen in den Rechtsverkehr gerichtet sind. Die *head-office-functions*-Theorie und ihr ähnliche Konstruktionen überzeugen nicht.

III) Verhinderung und Korrektur unrichtiger Zuständigkeitsentscheidungen

In Anbetracht der umfangreichen Meinungsverschiedenheiten über den Umgang mit der Figur des COMI ist es logische Konsequenz, dass es zu streitbaren Entscheidungen kommt. Es geht im Folgenden daher um die Frage, wie mit einem abweichenden Standpunkt umgegangen werden soll. Zunächst ist offen, ob ein Gericht einen Antrag zurückweisen kann, wenn es zwar davon ausgeht, dass ein COMI in seinem Zuständigkeitsbereich vertretbar angenommen werden kann, es aber zugleich meint, dieses sei aus unlauteren Motiven dorthin verlegt worden. Danach ist zu erörtern, welche Rechtsfolgen die Eröffnungsentscheidung eines mitgliedstaatlichen Gerichts für die Gerichte der anderen Staaten mit sich bringt. In jüngerer Zeit sind auch Versuche unternommen worden, mitgliedstaatliche Beschlüsse über den Vorbehalt des *ordre public* aus Art. 26 EuInsVO zu kassieren. Es muss daher untersucht werden, ob dies ein angemessener gangbarer Weg ist, Verstöße gegen Art. 3 Abs. 1 EuInsVO zu korrigieren. Die aufgezeigten Maßnahmen sind im Wesentlichen von den Insolvenzgerichten zu veranlassen. Es soll deshalb außerdem untersucht werden, inwiefern es den Gläubigern möglich ist, durch ein Sekundärinsolvenzverfahren zu einer für sie optimalen Lage zu kommen.

1) Forum non conveniens

Wird für eine vermeintlich „deutsche“ Gesellschaft im Ausland ein Insolvenzverfahren angestrengt, ist zwischen verschiedenen Sachlagen zu unterscheiden. Einerseits gibt es den Versuch einer Konzerninsolvenz in der Hand eines oder möglichst weniger Verwalter, bei dem das Hauptverfahren über sämtliche Tochtergesellschaften jeweils am Sitz der Konzernmutter eröffnet wird. In diesem Fall ist es fraglich, ob das COMI der jeweiligen ausländischen Tochtergesellschaften tatsächlich im Ausland am Sitz der Mutter liegt. Nach der heute richtigerweise wohl herrschenden Meinung in der Literatur, die inzwischen auch in der Rechtsprechung ihren Niederschlag findet, ist dies regelmäßig nicht der Fall.[528] Andererseits gibt es den Fall der „echten“ Reorganisation, bei der eine Gesellschaft ihre rechtliche Selbständigkeit aufgibt und in eine ausländische Gesellschaft eingegliedert wird und zukünftig ihren Sitz in einem anderen Mitgliedstaat hat. In diesen Fällen kann es leicht vorkommen, dass das COMI tatsächlich verlegt wird. Während sich in den erstgenannten Fällen sagen lässt, dass die mitgliedstaatliche Eröffnungsentscheidung inhaltlich unrichtig ist, weil die internationale Zuständigkeit nach der EuInsVO in Wirklichkeit nicht vorlag, ist dies in den letzteren Fällen so nicht möglich; dort spricht sowohl die Vermutung des Art. 3 Abs. 1 Satz 2 EuInsVO als auch die Lage des COMI für die Zuständigkeit des ausländischen Gerichts. Es ist fraglich, ob das angegangene Ge-

528 Vgl. dazu bereits o. II).

richt die Eröffnung eines Hauptinsolvenzverfahrens verweigern kann, wenn es der Meinung ist, dass der Schuldner mit der Transferierung des COMI unlautere Absichten verfolgt hat oder sie aus sonstigen Gründen nicht hingenommen werden kann.

Aus dem schottischen Recht stammt die Lehre des *forum non conveniens*, welche besagt, dass ein an sich international zuständiges Gericht seine Zuständigkeit ablehnen kann, wenn der Fall so enge Beziehungen zu einem anderen Land aufweist, dass er besser dort entschieden werden sollte.[529] Die Lehre wird vor allem in den Vereinigten Staaten und in abgewandelter Form auch in England angewandt.[530] Sie dient als Ausgleich für die geringen Anforderungen, die an die internationale Zuständigkeit gestellt werden, um den Zufluss unerwünschter Streitigkeiten verhindern zu können.[531] Dem Richter wird damit ein „zuständigkeitsrechtliches Ermessensinstrument" in die Hand gegeben.[532] Die Gesichtspunkte, die bei dieser Ermessensentscheidung eine Rolle spielen, sind beispielsweise die Leichtigkeit des Zugriffs auf Zeugen und sonstige Beweismittel, die Vollstreckungsmöglichkeiten der beantragten Entscheidung, die Möglichkeit, mit dem Prozessbevollmächtigten ein Erfolgshonorar zu vereinbaren und auf diese Weise ohne Einsatz eigener Mittel klagen zu können, aber auch öffentliche Interessen wie die Belastung des Gerichtsstaats und seines Justizapparats, die Belastung der Steuerzahler durch „fremde" Prozesse und die Vertrautheit des Gerichts mit dem in der Sache anwendbaren ausländischen Recht.[533]

In Deutschland hat sie sich zu Recht nicht durchgesetzt.[534] Auch für den Bereich des Europäischen Zivilverfahrensrechts wurde die Doktrin zurückgewiesen. In einer Entscheidung zum EuGVÜ hat der EuGH den Einwand des *forum*

529 *Kropholler*, IPR, S. 637; *Schack*, IZPR, Rn. 494; *Geimer*, IZPR, Rn. 1073 mit umfangreichen Nachweisen.

530 Bspw. U.S. Court of Appeals for the Federal Circuit, Entscheidung vom 1.2.2007 - (JAN K. VODA v. CORDIS CORPORATION, Voda v. Cordis), GRUR Int 2007, S. 442, 445; vgl. auch die Darstellungen bei *Blobel/Späth*, RiW 2001, S. 598, 599 ff.; *Kropholler*, IPR, S. 637; *Schack*, IZPR, Rn. 494; *Thiele*, RiW 2002, S. 696 f.; Ultsch, RiW 1997, S. 26 ff.

531 *Nagel/Gottwald*, IZPR, § 3 Rn. 310; *Schack*, IZPR, Rn. 495.

532 *Geimer*, IZPR, Rn. 1073; *Nagel/Gottwald*, IZPR, § 3 Rn. 558; *Schütze*, DIZPR, Rn. 124.

533 *Geimer*, IZPR, Rn. 1073; *Mankowski*, IPRax 1999, S. 156; *Schack*, IZPR, Rn. 497.

534 Zu der Diskussion, die hier nicht tiefergehend aufbereitet werden kann, vgl. nur *Kropholler*, IPR, S. 637; *Schack*, IZPR, Rn. 502; *Nagel/Gottwald*, IZPR, § 3 Rn. 310; *Geimer*, IZPR, Rn. 1078 f.; *Schütze*, DIZPR, Rn. 125; *Siehr*, IPR, S. 512; für einen „hinreichenden Bezug zum Inland" und damit in die Richtung des *forum non conveniens* im Rahmen des § 23 S. 1, 1. Alt. ZPO auch BGHZ 115, S. 90, 94 ff.

non conveniens entgegen einer anderslautenden Meinung[535] im Vereinigten Königreich abgelehnt.[536] Dafür führt der Gerichtshof im Wesentlichen drei Gesichtspunkte an: Zum einen sei durch die Anwendung der Doktrin die Vorhersehbarkeit der Zuständigkeit und damit die Beachtung des Prinzips der Rechtssicherheit nicht in vollem Umfang gewährleistet.[537] Zum anderen schmälere sie den Rechtsschutz der in der Gemeinschaft ansässigen Personen.[538] Drittens würde die Zulassung der Einrede die einheitliche Anwendung des gemeinsamen europäischen Zuständigkeitsrechts gefährden, weil sie nur in einigen Mitgliedstaaten anerkannt sei und der Ausschluss „exorbitanter nationaler Vorschriften" gerade das Ziel des Übereinkommens sei.[539]

In der Literatur wird jedoch vertreten, dass die Insolvenzgerichte zum Zweck der Missbrauchsabwehr die Möglichkeit haben sollen, ihre internationale Zuständigkeit zu verneinen. Dies kommt nur dann in Frage, wenn sie sich über die momentane Lage des COMI hinwegsetzen können. *Klockenbrink* will mit den „im IPR anerkannten allgemeinen Rechtsgrundsätzen", insbesondere dem Rechtsmissbrauchstatbestand, den Gerichten zugestehen, sich für international unzuständig zu erklären, wenn das COMI missbräuchlich verlegt wurde.[540] Dabei sei die Motivation für die Verlegung des maßgeblichen Mittelpunktes dann genauer zu prüfen, wenn der Insolvenzantrag durch den Schuldner innerhalb einer Frist von sechs Monaten[541] nach einer Verlagerung des Mittelpunkts ins Ausland gestellt wurde; bei der Ermittlung der Motive des Schuldners könne im Rahmen eines Vergleichs der Rechtswirkungen der Verfahren in den jeweiligen Staaten insbesondere der Umstand berücksichtigt werden, inwiefern der Schuld-

535 Anders aber bspw. auch schon High Court of Justice (Chancery Division), Urteil vom 07.03.1997 - ("Bauzeichnungen"; Pearce v. Ove Arup Partnership Ltd. and Others), GRUR Int 1998, S. 317, 321 (ins Deutsche übersetzt); High Court of Justice, Chancery Division, Patents Court, Urteil vom 14.01.1999 - ("Telfast"; (Sepracor Inc. v. Hoechst Marion Roussel Ltd. and others)), GRUR Int 1999, S. 784, 786 (ins Deutsche übersetzt).

536 EuGH, Urteil vom 01.03.2005 - C-281/02, „Owusu/Jackson", EuZW 2005, S. 345 ff.

537 EuGH, Urteil vom 01.03.2005 - C-281/02, „Owusu/Jackson", EuZW 2005, S. 345, 348.

538 EuGH, a.a.O.

539 EuGH, a.a.O.

540 *Klockenbrink*, Gläubigerstellung, S. 104.

541 In Anlehnung an Regelungen im französischen Recht; der von *Klockenbrink* ebenfalls zitierte *Wessels* weist im Zusammenhang mit Sekundärinsolvenzverfahren darauf hin, dass diese Regelungen bezogen auf grenzüberschreitende Fälle europarechtswidrig sind (*Wessels*, Insolvency Proceedings, S. 15 f.); grundsätzlich ebenso das französische Justizministerium in Punkt I 2.1 des *Circulaire du 17 mars 2003 relative à l'entrée en vigueur du règlement n° 1346/2000 du 29 mai 2000 relatif aux procédures d'insolvabilité* (archiviert unter http://www.justice.gouv.fr/bulletin-officiel/dacs89c.htm); es behält sich den Betrugsfall jedoch vor; dazu kritisch *Wessels*, EBLR 2004, S. 73, 77.

ner konkret besser gestellt und der Gläubiger daran gehindert werde, seine Forderungen durchzusetzen.[542]

Neben den allgemeinen Vorbehalten gegen die Grundsätze des *forum non conveniens* ist es zweifelhaft, ob sich dieses „Verweigerungsrecht“ in die Systematik der EuInsVO einfügen lässt. Einerseits ist ungeklärt, welche Folge die Unzuständigkeitserklärung des Gerichts haben soll. Anders als im nationalen Recht in § 281 ZPO geregelt, gibt es in der EuInsVO keine Norm, die eine Verweisung an das zuständige Gericht erlaubt.[543] Abgesehen von dem Antragserfordernis ist diese nationale Vorschrift auf die örtliche und sachliche Zuständigkeit beschränkt und ermöglicht keine Verweisung an ein ausländisches Gericht.[544] Einem deutschen Insolvenzgericht ist darüber eine Verweisung nach nationalem Recht auch in analoger Anwendung nicht möglich. Folgerichtig gibt es mangels einer Verweisungsnorm in der Verordnung auf europäischer sekundärrechtlicher Ebene auch keine entsprechende Bindungswirkung gegenüber dem Zielgericht.[545] Teilt das Gericht des Herkunftslands die Einschätzung des zuerst angegangenen Insolvenzgerichts nicht, wird es sich ebenfalls für international unzuständig erklären; die Folge ist ein negativer Kompetenzkonflikt. Die schlichte Zurückweisung des Antrags kann im schlimmsten Fall eine Rechtsverweigerung bedeuten.[546] Der deutsche Gesetzgeber musste dieser Gefahr mit der Schaffung des Art. 102 § 3 Abs. 2 EGInsO abhelfen; die Vorschrift untersagt es deutschen Insolvenzgerichten, die Eröffnung eines Hauptinsolvenzverfahrens wegen mangelnder internationaler Zuständigkeit abzulehnen, wenn ein anderes mitgliedstaatliches Gericht einen Eröffnungsantrag mit der Begründung zurückgewiesen hat, die deutschen Gerichte seien zuständig. Sieht das deutsche Gericht die internationale Zuständigkeit jedoch in einem dritten Mitgliedstaat gegeben, steht es ihm frei, den Antrag mit Verweis darauf zurückzuweisen.[547] Die Verordnung selbst äußert sich in Erwägungsgrund 22 nur zu dem Fall, dass

542 *Klockenbrink*, Gläubigerstellung, S. 103.

543 Für die Möglichkeit eines formlosen Hinweises wohl *Klockenbrink*, Gläubigerstellung, S. 104.

544 Vgl. allgemein zum IZPR *Kropholler*, IPR, S. 643; *Foerste*, in Musielak, ZPO, § 281 Rn. 2; *Greger*, in: Zöller, ZPO, § 281 Rn. 5; *Prütting*, in: MK-InsO, § 281 Rn. 5; *Reichold*, in: Thomas/Putzo, ZPO, § 281 Rn. 1; OLG Düsseldorf, WM 2000, S. 2192.

545 OLG Düsseldorf, WM 2000, S. 2192; *Greger*, in: Zöller, ZPO, § 281 Rn. 16a; *Reichold*, in: Thomas/Putzo, ZPO, § 281 Rn. 1; *Schütze*, DIZPR, S. 60; vgl. auch BGHZ 84, S. 17.

546 Vgl. *Schack*, IZPR, Rn. 497.

547 RegE BT-Drs. 15/16 v. 25.10.2002, Entwurf eines Gesetzes zur Neuregelung des Internationalen Insolvenzrechts, S. 15; *Kemper*, in: Kübler/Prütting, InsO, Art. 102 § 3 EGInsO Rn. 10; *Pannen*, in: BK-InsO, Art. 102 EGInsO § 3 Rn. 9; *Stephan*, in: HK-InsO, Art. 102 § 3 EGInsO Rn. 6 f.

sich mehrere Gerichte für zuständig halten und will diese Fälle so weit wie möglich ausschließen. Nichts anderes kann für den entgegengesetzten Fall gelten.[548]

Deutlich wird dies, wenn man sich vor Augen führt, wie unbestimmt und ausfüllungsbedürftig das Merkmal der missbräuchlichen Verlegung des COMI ist. *Klockenbrink* beschränkt sich daher auch auf den Hinweis, dass es „beispielsweise"[549] nicht ausreichen könne, dass die Gläubiger ihre Forderungen nun im Ausland anmelden müssten.[550] Ebenfalls schwer handhabbar ist der von ihm vorgeschlagene Vergleich zwischen den Rechtswirkungen der Verfahren in den verschiedenen Staaten.[551] Einerseits bräuchte das entscheidende Gericht weitgehende Kenntnisse des Rechts des anderen Staates, um einen ernsthaften Vergleich anstellen zu können. Andererseits ist es zweifelhaft, ob damit einheitliche Entscheidungen herbeigeführt werden können. Grundsätzlich muss es einem Unternehmen gestattet sein, sich über die europäischen Grenzen hinweg zu (re)organisieren und dabei auch für sich günstige Rahmenbedingungen zu suchen.[552] Wie weitgehend dabei die Forderungsdurchsetzung der Gläubiger beeinträchtigt werden muss, um einen Missbrauch zu begründen ist unklar, ebenso wie die Kriterien offen sind, die in die Abwägung einbezogen werden müssen. Die Entscheidung würde sich in jedem Fall an Nuancen der jeweiligen Rechtsordnungen aufhängen.

Darüber hinaus ist zu beachten, dass nicht immer alle Gläubiger in gleichem Maße betroffen sind. Auch kann die Beseitigung rechtlicher Beschränkungen einen wesentlichen Beitrag für die Rettung des Unternehmens leisten. Zu denken ist beispielsweise an den Kredit, den eine Bank nur unter der Bedingung ausgeben würde, dass die Vorschriften über den Eigenkapitalersatz nicht eingreifen, weil sie zur Sicherung ihres Einflusses auf die Sanierung Anteile an der Gesellschaft übernimmt.[553] Außerdem kann ermöglicht werden, den außergerichtlichen Berater, der sich in die Besonderheiten des schuldnerischen Unternehmens eingearbeitet hat, zum Insolvenzverwalter zu bestellen, was in Deutschland häufig an § 56 InsO scheitert.[554] In diesem Fall kann schwerlich davon gesprochen werden, dass der damit einhergehende Nachteil für die übrigen Gläubiger eine bewusste Gläubigerschädigung und der Sanierungsversuch insgesamt missbräuchlich sei. Es ist im Ergebnis nicht möglich, ohne eine langwierige Bildung von Fallgruppen durch den EuGH im Rahmen einer Vielzahl

548 So wohl auch *Haß/Herweg*, in: Haß/Huber/Gruber/Heiderhoff, EuInsVO, Art. 3 Rn. 17, jedoch mit der generellen Einschränkung, die Verlegung dürfe nicht „nur zum Schein erfolgt" sein.

549 *Klockenbrink*, Gläubigerstellung, S. 103.

550 Klockenbrink, a.a.O.

551 Klockenbrink, a.a.O.

552 Vgl. *Schack*, IZPR, Rn. 223 ff; *Geimer*, IZPR, Rn. 1095 ff.;

553 Vgl. bspw. zum *debt equity swap: Weller*, ZGR 2008, S. 835, 841 ff.

554 *Vallender*, NZI 2007, S. 129, 131.

von Kompetenzkonflikten zu verlässlichen Maßstäben zu kommen. Wird den Insolvenzgerichten die Möglichkeit eingeräumt, aufgrund allgemeiner Erwägungen über die Rechtsmissbräuchlichkeit einer COMI-Verlegung ihre Zuständigkeit abzulehnen, würde eine erhebliche Rechtsunsicherheit geschaffen. Es darf dabei nicht vergessen werden, dass gerade internationale Verfahren für die Gerichte einen erheblichen Aufwand darstellen; wie bereits gezeigt,[555] ist die Versuchung, ein Verfahren „vom Tisch zu bekommen“ in der Praxis nicht zu unterschätzen.[556] Dogmatisch ist festzuhalten, dass der Faktor der Rechtsunsicherheit und die sich daran anschließenden Kompetenzstreitigkeiten nicht im System der EuInsVO vorgesehen sind.

Liegt das COMI zum Zeitpunkt der Antragsstellung in dem Mitgliedstaat des angegangenen Gerichts, kann es ihn nicht mit dem Hinweis auf den Verdacht einer missbräuchlichen Verlegung in der Vergangenheit zurückweisen. Die Überlegungen zur missbräuchlichen Verlegung des COMI können daher nicht aus sich heraus zu einer Zurückweisung der Verfahrenseröffnung führen. Stattdessen können sie nur als Ausgangspunkt einer sachgerechten Auslegung der Vorschriften der Verordnung dienen.[557]

2) Grundsatz des gegenseitigen Vertrauens, Art. 16 EuInsVO

Der Art. 16 EuInsVO legt fest, dass Insolvenzverfahren, die in einem Mitgliedstaat über das Vermögen des Schuldner eröffnet wurden, im gesamten Geltungsbereich der Verordnung ohne Weiteres anzuerkennen sind. Das eröffnete Verfahren entfaltet gemäß Art. 17 EuInsVO in jedem Mitgliedstaat unmittelbar die Wirkungen, die sich aus dem Recht des Eröffnungsstaats ergeben. Das bedeutet jedoch nicht, dass das ausländische Verfahren einem inländischen gleichgestellt wird. Lediglich seine Wirkungen erstrecken sich über die Grenzen des Eröffnungsstaats hinaus[558]. Die Mitgliedstaaten dürfen diese Wirkungen nicht von weiteren Förmlichkeiten abhängig machen (Art. 17 Abs. 1 EuInsVO). Der 22. Erwägungsgrund der Verordnung führt dazu aus:

> „Die Anerkennung der Entscheidungen der Mitgliedstaaten sollte sich auf den Grundsatz des gegenseitigen Vertrauens stützen. Die zulässigen Gründe für eine Nichtanerkennung sollten daher auf das unbedingt notwendige Maß beschränkt sein. Nach diesem Grundsatz sollte auch der Konflikt gelöst werden, wenn sich die Gerichte zweier Mitgliedstaaten für zuständig halten, ein Hauptinsolvenzverfahren zu eröffnen. Die Entscheidung des zuerst eröffnenden Gerichts sollte in den anderen Mitgliedstaaten anerkannt werden; diese sollten die Entscheidung dieses Gerichts keiner Überprüfung unterziehen dürfen.“

---

555 Vgl. o. zur willkürlichen Verweisung A IV) 2) (2), (3) und (4).

556 Ähnlich *Geimer*, IZPR, Rn. 1079; vgl. auch *Carstens*, Internationale Zuständigkeit, S. 28.

557 Vgl. *Schack*, IZPR, Rn. 229; *Wessels*, EBLR 2004, S. 73, 77.

558 *Wimmer*, in: FK-InsO, Anhang I nach § 358, Rn. 32.

Die Vorschriften der Art. 16, 17 EuInsVO werden als „Herzstück“ der Insolvenzverordnung angesehen,[559] die den fundamentalen verfahrensrechtlichen Kern der EuInsVO bilden.[560] Fraglich ist, wo die Anerkennung gemäß Art. 16 EuInsVO ihre Grenzen findet. Die EuInsVO spricht von „Insolvenzverfahren“. Es muss sich deshalb um ein Insolvenzverfahren im Sinne des Art. 1 Abs. 1 EuInsVO handeln, welches sich auf der Liste im Anhang A beziehungsweise Anhang B der Verordnung findet. Verfahren, die dort nicht aufgeführt sind, werden nicht gemäß Art. 16 f. EuInsVO automatisch anerkannt.[561] Wird daher zeitlich nachfolgend ein Verfahren eröffnet, das sich in den Anhängen der Verordnung findet, steht der Anerkennung dieses späteren Verfahrens das andere, ältere Verfahren nicht entgegen.[562] Es kommt dabei nicht darauf an, ob die anzuerkennende Eröffnungsentscheidung endgültig, also rechtskräftig, ist oder ob dagegen noch mit Rechtsmitteln vorgegangen werden kann. So lange sie im Eröffnungsstaat wirksam ist, entfaltet sie ihre Wirkungen auch in den übrigen Staaten des Geltungsbereichs der EuInsVO.[563]

Für Verwirrung könnte die Formulierung des Art. 16 Abs. 1 EuInsVO sorgen. Danach ist die Verfahrenseröffnung durch ein „nach Artikel 3 [EuInsVO] zuständiges Gericht“ anzuerkennen. Dies legt die Überlegung nahe, dass die Gerichte der übrigen Mitgliedstaaten die Anerkennung von einer Zuständigkeitsprüfung abhängig machen dürfen.[564] Dafür spräche die Möglichkeit, einen „Wettlauf“ um die erste Eröffnungsentscheidung zu vermeiden und übereilte, manchmal auch unnötige Insolvenzanträge zu unterbinden.[565] Diese These trifft

---

559 *Duursma-Kepplinger/Chalupsky*, in: Duursma-Kepplinger/Duursma/Chalupsky, EuInsVO, Art. 16 Rn. 1; *Stephan*, in: HK-InsO, Art. 16 Rn. 1; *Leible/Staudinger*, KTS 2000, S. 533, 560 („Grundpfeiler“); *Paulus*, EuInsVO, Art. 16 Rn. 1; *Pannen/Riedemann*, in: Pannen, EuInsVO, Art. 16 Rn. 1; *Smid*, DZWiR 2003, S. 397, 400; *Kemper*, ZIP 2001, S. 1609, 1613.

560 *Pannen/Riedemann*, in: Pannen, EuInsVO, Art. 16 Rn. 1; *Kemper*, ZIP 2001, S. 1609, 1613; *Leible/Staudinger*, KTS 2000, S. 533, 560; *Smid*, in: Internationales InsR, Art. 16 EuInsVO Rn. 1.

561 *Duursma-Kepplinger/Chalupsky*, in: Duursma-Kepplinger/Duursma/Chalupsky, EuInsVO, Art. 16 Rn. 6; *Mäsch*, in: Rauscher, Art. 16 Rn. 3; *Pannen/Riedemann*, in: Pannen, EuInsVO, Art. 16 Rn. 10; *Virgós/Schmit*, Rn. 145

562 *Duursma-Kepplinger/Chalupsky*, in: Duursma-Kepplinger/Duursma/Chalupsky, EuInsVO, Art. 16 Rn. 6; *Pannen/Riedemann*, in: Pannen, EuInsVO, Art. 16 Rn. 10; *Virgós/Schmit*, Rn. 145.

563 *Duursma-Kepplinger/Chalupsky*, in: Duursma-Kepplinger/Duursma/Chalupsky, EuInsVO, Art. 16 Rn. 10 f.; *Huber*, ZZP 114 (2001), S. 133, 145; *Kindler*, in: MK-BGB, IntInsR Rn. 423; *Leible/Staudinger*, KTS 2000, S. 533, 560 f.; *Pannen/Riedemann*, in: Pannen, EuInsVO, Art. 16 Rn. 11; *Reinhart*, in: MK-InsO, Art. 16 EuInsVO Rn. 9; *Smid*, in: Internationales InsR, Art. 16 EuInsVO Rn. 4; *Virgós/Schmit*, Rn. 147.

564 So AG Düsseldorf, DZWIR 2003, 437; *Mankowski*, RIW 2004, 587, 597 f.

565 *Mankowski*, RIW 2004, 587, 597.

jedoch nicht zu.[566] Die Vorschrift soll zusammen mit Art. 17, 18 und 25 EuInsVO ein wirksames Instrumentarium zur Anerkennung der ausländischen Verfahrenseröffnung und der übrigen im Zuge des Insolvenzverfahrens ergehenden Entscheidungen bilden, das eine Voraussetzung für ein reibungsloses Funktionieren des Nebeneinanders von Haupt- und Sekundärinsolvenzverfahren ist.[567] Der Insolvenzverordnung liegt der Grundsatz des Gemeinschaftsvertrauens zugrunde, so dass die nationalen Grenzen eine effiziente gemeinschaftsweite Verwaltung internationaler Insolvenzverfahren nicht behindern.[568] Die Überprüfung durch die übrigen nationalen Gerichte würde diesem Zweck diametral entgegenstehen.[569] Der Grundsatz des gegenseitigen Vertrauens beruht auf dem Gedanken, dass das Gericht eines Mitgliedstaats, bei dem ein Antrag auf Eröffnung eines Hauptinsolvenzverfahrens anhängig gemacht wird, seine Zuständigkeit im Hinblick auf Art. 3 Abs. 1 EuInsVO eingehend und sorgfältig überprüft.[570] Würde den anderen Mitgliedstaaten die Möglichkeit zugestanden, die Entscheidung zu prüfen, stünde dies im Widerspruch zu der Intention des Verordnungsgebers, durch das aus der Entstehungsgeschichte der Verordnung abzuleitende Prioritätsprinzip[571] Rechtssicherheit zu schaffen.[572] Auch wenn das Prioritätsprinzip in der EuInsVO nicht ausdrücklich normiert wurde, stellt Art. 16 Abs. 1 Unterabs. 1 EuInsVO zugunsten der zuerst ergangenen Eröffnungsentscheidung eine Prioritätsregel auf: Die Norm verlangt, dass jede Entscheidung eines Gerichts eines Mitgliedstaats, die zuständigerweise ein Hauptinsolvenzverfahren eröffnet, anerkannt wird, sobald sie in dem Staat, in dem sie

566 So auch *Duursma-Kepplinger/Chalupsky*, in: Duursma-Kepplinger/Duursma/ Chalupsky, EuInsVO, Art. 16 Rn. 14; *Huber*, ZZP 114 (2001), S. 133, 145 f.; *Herchen*, ZIP 2005, S. 1401, 1402 f.; *Kemper*, in: Kübler/Prütting, InsO, Art. 16 Rn. 8; *Kindler*, in: MK-BGB, IntInsR Rn. 161; *Pannen/Riedemann*, in: Pannen, EuInsVO, Art. 16 Rn. 15; *Reinhart*, in: MK-InsO, Art. 16 EuInsVO Rn. 12; *Sabel*, NZI 2006, S. 126, 127; *Smid*, in: Internationales InsR, Art. 16 EuInsVO Rn. 5; *Stephan*, in: HK-InsO, Art. 16 EuInsVO Rn. 8; *Vallender*, KTS 2005, S. 283, 317.

567 *Duursma-Kepplinger/Chalupsky*, in: Duursma-Kepplinger/Duursma/Chalupsky, EuInsVO, Art. 16 Rn. 1.

568 EuGH, Urteil v. 2. 5. 2006 - Rs. C-341/04 (*Eurofood IFSC Ltd.*), NZI 2006, S. 360, 361 Rn. 39; *Duursma-Kepplinger/Chalupsky*, in: Duursma-Kepplinger/Duursma/ Chalupsky, EuInsVO, Art. 16 Rn. 14; *Kindler*, in: MK-BGB, IntInsR Rn. 424; *Pannen/Riedemann*, in: Pannen, EuInsVO, Art. 16 Rn. 15; *Virgós/Schmit*, Rn. 147.

569 Zu den teils erbitterten Streitigkeiten im Rahmen der örtlichen Zuständigkeit vgl. ausführlich o. II).

570 EuGH, Urteil v. 2. 5. 2006 - Rs. C-341/04 (*Eurofood IFSC Ltd.*) NZI 2006, S. 360, 361 Rn. 38 ff.; *Pannen/Riedemann*, in: Pannen, EuInsVO, Art. 16 Rn. 15; *Virgós/Schmit*, Rn. 79 Nr. 1a.

571 *Virgós/Schmit*, Rn. 202; *Herchen*, ZIP 2005, S. 1401, 1402 f.; *Ehricke/Ries*, JuS 2003, S. 313, 314.

572 *Pannen/Riedemann*, in: Pannen, EuInsVO, Art. 16 Rn. 15.

ergangen ist, wirksam ist.[573] Diese Regelung wird weiter durch Art. 3 Abs. 3 EuInsVO gestärkt, wonach jedes Verfahren, das nach dem Hauptinsolvenzverfahren eröffnet wird, nur ein Sekundärinsolvenzverfahren sein kann, nicht aber ein Hauptinsolvenzverfahren.[574] Der gleiche Schluss kann aus Art. 16 Abs. 2 EuInsVO gezogen werden, wonach die Anerkennung eines ausländischen Hauptinsolvenzverfahrens der Eröffnung eines weiteren Territorialinsolvenzverfahrens nicht entgegensteht. Daraus lässt sich die Aussage ableiten, dass die Eröffnung eines weiteren Hauptinsolvenzverfahrens eben versperrt ist.[575]

Die Folge einer Prüfung der Zuständigkeit durch die übrigen nationalen Gerichte wäre eine Vielzahl von parallel eröffneten Hauptverfahren mit widerstreitenden Insolvenzverwaltern und damit eine weitgehende Rechtsunsicherheit. Es zeigt sich am Fehlen von Vorschriften in der EuInsVO, die Kompetenzkonflikte durch ein Verfahren vor einem höheren Gericht regeln (wie etwa § 36 ZPO), dass eine Einschränkung der automatischen Anerkennung grundsätzlich nicht vorgesehen ist. Die einzige Ausnahme bildet Art. 26 EuInsVO, der den Vorbehalt für einen Verstoß gegen den nationalen *ordre public* normiert. Der EuGH folgert aus dieser Regelungssystematik, dass in allen anderen Fällen das Verfahren auch dann anerkannt werden muss, wenn das inländische Gericht die ausländische Entscheidung für sachlich unzutreffend hält.[576] In Deutschland ist der Überprüfung durch inländische Gerichte außerdem vom nationalen Gesetzgeber ein Riegel vorgeschoben worden: Art. 102 § 3 Abs. 1 Satz 1 EGInsO erklärt jeden weiteren Antrag auf Eröffnung eines Hauptverfahrens für unzulässig. Es ist daher einem deutschen Insolenzgericht nur gestattet zu prüfen, ob sich das ausländische Gericht für international zuständig erklärt hat.[577]

Der Verordnungsgeber hat sich in der EuInsVO für ein differenziertes System aus Haupt- und Nebeninsolvenzverfahren entschieden. Dies würde unterlaufen, ließe man eine Relativierung der Stellung des Hauptinsolvenzverfahrens zu, indem man den nationalen Gerichten gestatten würde, die Wirksamkeit der Eröffnung in einem anderen Mitgliedstaat anzugreifen. Deshalb ist der herrschenden Meinung zuzustimmen. Die inländischen Gerichte haben keine Befugnis, die Zuständigkeit des eröffnenden ausländischen Gerichts in Frage zu stellen.

Zu widersprechen ist der herrschenden Meinung jedoch soweit sie davon ausgeht, der Tatbestand des Art. 16 Abs. 1 EuInsVO sei teleologisch zu reduzie-

573 *Pannen/Riedemann*, in: Pannen, EuInsVO, Art. 16 Rn. 15.

574 *Freitag/Leible*, RIW 2006, S. 641, 644; *Pannen/Riedemann*, in: Pannen, EuInsVO, Art. 16 Rn. 15.

575 *Pannen/Riedemann*, in: Pannen, EuInsVO, Art. 16 Rn. 15; *Huber*, ZZP 114 (2001), S. 133, 147.

576 EuGH, Urteil v. 2. 5. 2006 - Rs. C-341/04 (*Eurofood IFSC Ltd.*), NZI 2006, S. 360, 361 Rn. 39 ff.

577 *Smid*, in: Internationales InsR, Rn. 9.

ren.[578] Wie oben bereits ausgeführt,[579] dient die teleologische Reduktion dem Ziel, Fälle, die im Rahmen der zulässigen Auslegung dem Tatbestand einer Norm unterfallen, trotzdem nicht ihrem Anwendungsbereich unterfallen zu lassen. Dies ist hier nicht der Fall. Zwar wird das Wort „zuständiges" gestrichen. Im Ergebnis wird dadurch der Tatbestand der Norm aber nicht reduziert sondern sogar erweitert: Die Streichung soll sicherstellen, dass jedes Gericht, das ein entsprechendes Verfahren eröffnet hat, ungeachtet seiner tatsächlichen Zuständigkeit, die gemeinschaftsweite automatische Anerkennung auslöst. Es ist jedoch zweifelhaft, ob überhaupt ein Rückgriff auf eine Figur der wertenden Korrektur erforderlich ist. Dies wäre nur der Fall, wenn das gewünschte Ergebnis über die Auslegungsmethoden nicht zu erreichen wäre.[580] Entsprechend dem bereits Gesagten entspricht es nicht der Systematik der EuInsVO ein Kontrollrecht der inländischen Gerichte zuzulassen. Eine dahingehende Auslegung bewegt sich innerhalb der Wortlautgrenze. Der Art. 16 Abs. 1 EuInsVO spricht zwar von einem „nach Artikel 3 zuständige[n] Gericht". Das setzt vom Wortsinn jedoch nicht voraus, dass diese Zuständigkeit im Sinne einer Tatbestandsvoraussetzung festgestellt werden müsste. So wie von Art. 16 EuInsVO nur solche Insolvenzverfahren erfasst werden, die in den Anhängen A und B aufgelistet sind, können auch nur solche Verfahrensentscheidungen erfasst werden, die von den funktionell dafür zuständigen Gerichten ausgehen. Die Wendung kann daher so verstanden werden, dass das Gericht nicht im Einzelfall zuständig sein muss, sondern im Allgemeinen für Entscheidungen auf der Grundlage des Art. 3 EuInsVO für diese Art von Verfahren zuständig ist.[581] Damit lässt sich das Problem ausschließlich mit Mitteln der Auslegung lösen. Auf einen Rückgriff auf die teleologische Reduktion oder die Analogie kann verzichtet werden.

Dementsprechend eng sind die Möglichkeiten, die in der EuInsVO vorgesehen wurden, um diese automatische Anerkennung bzw. die Universalität des Hauptinsolvenzverfahrens zu durchbrechen. Im wesentlichen bestehen nur zwei Wege: einerseits kann das deutsche Gericht die Anerkennung unter dem Gesichtspunkt des *ordre public* im Einzelfall verweigern.[582] Andererseits kann der Gläubiger ein Sekundärinsolvenzverfahren über das Vermögen im Inland anstrengen.[583]

---

578 *Pannen/Riedemann*, in: Pannen, EuInsVO, Art. 16 Rn. 15; *Kindler*, in: MK-BGB, IntInsR Rn. 424.

579 Vgl. o. B.

580 Vgl. o. B.

581 Wohl ebenso *Smid*, in: Internationales InsR, Rn. 8.

582 Dazu u. 3).

583 Dazu u. 4).

3) Verstoß gegen den ordre public

Ausnahmsweise kann ein deutsches Gericht gemäß Art. 26 EuInsVO einem ausländischen Eröffnungsbeschluss die Anerkennung versagen. Der Ausnahmecharakter dieser Vorschrift ergibt sich aus dem herrschenden Grundsatz des gegenseitigen Vertrauens.[584] Dieser führt dazu, dass grundsätzlich davon auszugehen ist, dass in den Mitgliedstaaten das jeweilige Recht ordnungsgemäß angewendet wird und hinreichende Rechtschutzmöglichkeiten bestehen, so dass es keiner Rechtmäßigkeitskontrolle im Anerkennungsstaat mehr bedarf.[585] Der Vorbehalt des *ordre public* dient daher nur als Notbremse. Im Detail herrscht jedoch Uneinigkeit darüber, wann die Schwelle zu einem Verstoß überschritten ist. Mit weitgehender Einigkeit wird ein Verstoß lediglich dann angenommen, wenn einem Beteiligten keinerlei rechtliches Gehör gewährt wird.[586]

Das AG Nürnberg hat in einer Entscheidung einige weiteren Voraussetzungen für einen Verstoß nach Art. 26 EuInsVO herausgearbeitet:[587] Die Eröffnung sei nicht anzuerkennen, wenn das ausländische Gericht seine Zuständigkeit nicht eigenständig prüfe, die Entscheidung auf tatsachenwidrigen Behauptungen der Antragssteller beruhe, die Entscheidung nicht mit einer Begründung versehen sei und der Insolvenzverwalter nicht unabhängig sei.

Diese Entscheidung ist in der Literatur unterschiedlich aufgenommen worden.[588] Die Kritiker führen an, dass nach der "Eurofood"-Entscheidung des EuGH der Art. 26 EuInsVO restriktiv auszulegen sei.[589] Die Kriterien des AG Nürnberg seien nicht geeignet sicherzustellen, dass es sich um einen Verstoß gegen wesentliche Rechtsgrundsätze in Deutschland handele und sich hierdurch nicht hinnehmbare Gegensätze zur deutschen Rechtsordnung ergäben.[590] Insbesondere die Möglichkeit, gegen die Entscheidung des englischen Gerichts

584 Erwägungsgrund 22 S. 3 EuInsVO; *Virgós/Schmit*, Rn. 202; kritisch zu diesem Begriff *Carstens*, Internationale Zuständigkeit, S. 89 ff.

585 Vgl. *Virgós/Schmit*, Rn. 202; *Klockenbrink*, Gläubigerstellung, S. 108.

586 *Kindler*, in: MK-BGB, IntInsR Rn. 605 (streng); *Virgós/Schmit*, Rn. 207; *Riedemann*, in: Pannen, EuInsVO, Art. 26 Rn. 6; *Kemper*, in: Kübler/Prütting, InsO, Art. 26 Rn. 5; *Paulus*, EuInsVO, Art. 26 Rn. 13; *ders.*, NZG 2006, S. 609, 613; *Carstens*, Internationale Zuständigkeit, S. 94 f.; *Gruber*, in: Haß/Huber/Gruber/Heiderhoff, EuInsVO, Art. 26 Rn. 7; *Duursma-Kepplinger*, in: Duursma-Kepplinger/Duursma/Chalupsky, EuInsVO, Art. 26 Rn. 7.

587 AG Nürnberg, Beschl. v. 15.8.2006 – 8004 IN 1326 – 1331/06 = AG Nürnberg ZIP 2007, 81 ff.

588 Zustimmend *Kebekus*, ZIP 2007, S. 84 ff; unter Einschränkungen auch *Duursma-Kepplinger*, EWiR 2007, S. 81, 82; a.A *Andres/Grund*, NZI 2007, S. 137, 141; *Knof*, ZInsO 2007, S. 629, 633 ff.; *Mankowski*, EWiR 2007, S. 177, 178; *Paulus*, EWiR 2007, S. 175, 176.

589 *Andres/Grund*, NZI 2007, S. 137, 141; *Knof*, ZInsO 2007, S. 629, 633 f.

590 *Andres/Grund*, NZI 2007, S. 137, 141; teilweise ebenso *Duursma-Kepplinger*, EWiR 2007, S. 81, 82.

Rechtsmittel einzulegen, schließe es aus, dass den Gläubigern Nachteile entstünden, zu deren Verhinderung es nötig sei, Art. 26 EuInsVO heranzuziehen.[591]

Dies war auch in dem vom AG Nürnberg entschiedenen Fall möglich. Schließlich hat der High Court mit Beschluss vom 15.8.2006 die Bestellung der englischen Administratoren für ungültig erklärt und die Annahme des COMI in England rückwirkend abgelehnt. Damit läuft die Nichtanerkennung durch das AG Nürnberg ohnehin leer. Das bereits in Deutschland eingeleitete Verfahren ist ein Hauptinsolvenzverfahren. Die eindeutigen Aussagen des High Courts bedürfen keiner Bestätigung durch ein nationales Gericht in Form einer Nichtanerkennung des ursprünglichen Beschlusses.[592] Durch die Entscheidung des High Courts ist vielmehr der Gegenstand der Entscheidung des AG Nürnbergs weggefallen. Sie war damit auch für das Problem des Bezugszeitraums des Insolvenzgelds nicht mehr ausschlaggebend. Die Entscheidung des AG Nürnberg hat damit auch nicht für Rechtsicherheit sorgen können.[593] Die fortschreitende Harmonisierung und Internationalisierung erfordert einen größeren Respekt vor den Entscheidungen der Gerichte anderer europäischer Staaten. Die ultima ratio des Art. 26 EuInsVO darf nicht von den Verfahrensbeteiligten mit dem Ziel herangezogen werden, die eigene Rechtsansicht von einem deutschen und damit vermeintlich qualifizierteren oder zumindest wohlgesonneren Gericht bestätigen zu lassen.

Darüber hinaus sind die Kriterien des AG Nürnberg keine tauglichen Anknüpfungspunkte. Sie richten sich gegen das *Administration*-Verfahren als solches: Könnte das fehlende Erfordernis der eigenständigen Prüfung, einer Begründung und der Unabhängigkeit der Administratoren eine Anerkennung nicht begründen, wäre die Anerkennung eines englischen *Administration*-Verfahrens immer ausgeschlossen. Es ist jedoch in Anhang A der EuInsVO aufgeführt. Es besteht daher eine Grundsatzentscheidung der Mitgliedstaaten, dass diese Verfahren zumindest im Grundsatz mit den jeweiligen öffentlichen Ordnungen vereinbar sind und die strukturellen Unterschiede damit nicht schwerwiegend genug sind, um eine Anerkennung auszuschließen.[594]

Es verbliebe daher nur das Kriterium der arglistigen Täuschung oder der tatsachenwidrigen Behauptungen. Auch dies kann jedoch keine Grundlage einer Nichtanerkennung sein, wenn es in der jeweiligen mitgliedstaatlichen Rechtsordnung eine Möglichkeit gibt, die Entscheidung zu beseitigen. Die Frage, welcher Sachverhalt zu ermitteln und der Entscheidung zugrunde zu legen ist und wie diese dementsprechend richtigerweise (anders) ausfallen müsste, wäre au-

---

591 *Andres/Grund*, NZI 2007, S. 137, 141; *Knof*, ZInsO 2007, S. 629, 635 f.; *Paulus*, EWiR 2007, S. 175, 176; kritisch, soweit es um eine Verletzung des rechtlichen Gehörs geht, *Carstens*, Internationale Zuständigkeit, S. 95 f.

592 A.A. *Kebekus*, ZIP 2007, S. 84, 87.

593 *Andres/Grund*, NZI 2007, S. 137, 142; a.A. *Kebekus*, ZIP 2007, S. 84, 87.

594 Vgl. *Paulus*, EuInsVO, Art. 26 Rn. 8.

ßerdem eine Prüfung in der Sache. Eine derartige *revision au fond* ist aber unzulässig.[595]

Bei abstrakter Betrachtung der vorgeschlagenen Kriterien fällt ins Auge, dass sie sich nicht unter die gesetzlichen Tatbestandsmerkmale des Art. 26 EuInsVO subsumieren lassen. Insbesondere ist nicht in jedem Fall sichergestellt, dass das *Ergebnis* der Anerkennung dem *ordre public* zuwiderlaufen würde. Das deutsche Gericht überprüft nur, ob das Ergebnis im Einzelfall mit der öffentlichen Ordnung vereinbar ist.[596] Ob die mitgliedstaatliche Norm per se mit grundlegenden inländischen Wertevorstellungen kollidiert ist nicht maßgeblich; es muss im konkreten Fall zu einer störenden Rechtsfolge kommen.[597] Wird das Verfahren im Ausland wie in dem vom AG Nürnberg entschiedenen Fall auf einem sehr kurzen Wege eröffnet, mag sich der Rechtsanwender, der deutsche Verfahrensvorschriften und –grundsätze gewohnt ist, daran stoßen. Der Schluss, dass jedes Insolvenzverfahren, dass nach diesen ganz auf Ökonomie ausgerichteten Regeln im Ergebnis aber gegen die deutsche öffentliche Ordnung verstößt, ist nicht zulässig. Es ist durchaus möglich, dass wegen der Rahmenbedingungen der Verfahrenseröffnung die verfassungsmäßigen Rechte und Freiheiten eines Beteiligten verletzt wurden und deshalb die Anwendung des Art. 26 EuInsVO nach den üblichen Kriterien gerechtfertigt ist. Insofern können die Kriterien des Gerichts sachdienlich als Testfragen herangezogen werden. Verallgemeinerungsfähig sind diese Kriterien deshalb jedoch noch nicht.

Im Ergebnis ist deshalb festzuhalten, dass die Entscheidung des AG Nürnberg abzulehnen ist und der *ordre public* weiterhin nur auf die Fälle anzuwenden ist, die auch bisher im Wesentlichen unstrittig waren: Nur wenn einem Verfahrensbeteiligten das rechtliche Gehör verwehrt wird, ist es gerechtfertigt, den Art. 26 EuInsVO heranzuziehen. Dies muss dann aber in jedem Fall geschehen. Mit *Carstens* ist davon auszugehen, dass bei einer Verletzung des rechtlichen Gehörs der Beteiligte auf den Rechtsweg in dem Mitgliedstaat verwiesen werden kann, dass die fragliche Entscheidung getroffen hat.[598] Zwar ist grundsätzlich davon auszugehen, dass insbesondere der Schuldner nach sehr kurzer Zeit Kenntnis von dem Verfahren erhält. Schließlich ist in wenigstens einem Mitgliedstaat ein Verwalter aktiv und macht von Rechten und Befugnissen Gebrauch. Auch ist grundsätzlich davon auszugehen, dass die Verfahren, die in den entsprechenden Anhang der EuInsVO aufgenommen wurden, verfahrensrechtlich auch eine Entsprechung zur Wiedereinsetzung in den vorigen Stand kennen,

---

595 Unstr.; vgl. nur *Virgós/Schmit*, Rn. 202; *Kindler*, in: MK-BGB, IntInsR Rn. 593; *Leible/Staudinger*, KTS 2000, S. 533, 567; *Riedemann*, in: Pannen, EuInsVO, Art. 26 Rn. 1; *Smid*, in: Internationales InsR, Art. 26 EuInsVO Rn. 2.

596 *Paulus*, EuInsVO, Art. 26 Rn. 9; Vgl. auch *Duursma-Kepplinger* in Duursma-Kepplinger/Duursma/Chalupsky, EuInsVO, Art. 26 Rn. 7; *Virgós/Schmit*, Rn. 204.

597 *Mäsch* in Rauscher, Art. 26 EG-InsVO, Rn. 4.

598 *Carstens*, Internationale Zuständigkeit, S. 95 f.

so dass für den Schuldner gesichert ist, gegen das Verfahren vorgehen zu können, sollte er erst nach dem Ablauf der einschlägigen Fristen Kenntnis erlangen.[599] Dennoch muss dem Schuldner in dieser Situation insofern Rechtssicherheit gewährt werden, weil er sich gegen die Anerkennung des Verfahrens in Deutschland wehren können muss.

Der Vorbehalt des nationalen *ordre public* eignet sich nicht dazu, ein Instrumentarium zu schaffen, um unerwünschte Verfahrenseröffnungen im Ausland zu unterbinden. Die dahingehenden Bestrebungen der Literatur – und, wie das AG Nürnberg demonstriert hat – in der Rechtsprechung, sind abzulehnen. Vor allem hören die Probleme bei der Handhabung des bewusst eng gehaltenen Wortlauts des Art. 26 EuInsVO längst nicht auf. Auch wenn es einmal geschafft ist, den Sachverhalt halbwegs unter die Vorschrift zu subsumieren, ist damit über das Schicksal des Verfahrens noch nicht viel ausgesagt. Durch ihre Anwendung kann sich das deutsche Gericht lediglich weigern, die Eröffnung anzuerkennen oder Entscheidungen zu vollstrecken. Daraus ergibt sich mitnichten das Ende des Verfahrens im Ausland, insbesondere nicht seine Nichtigkeit.[600] Die Bemühungen, über Art. 26 EuInsVO zu einem genehmen Ergebnis zu kommen, sind daher von vornherein nicht zielführend und sollten vollständig aufgegeben werden.

4) Sekundärinsolvenzverfahren

Aus den Ausführungen bis hierher zeigt sich, dass die Möglichkeiten der Gläubiger und der nationalen Gerichte, sich gegen die Eröffnung eines Hauptinsolvenzverfahren zu wehren, wenn sie dieses für falsch halten, sehr beschränkt sind. Für den Schutz der Interessen der Gläubiger eines einzelnen Mitgliedstaats sieht die EuInsVO die Möglichkeit des Sekundärinsolvenzverfahren vor. Eine wesentliche Funktion dieses Verfahrens ist der Schutz der Interessen der Gläubiger, die lediglich auf nationaler Ebene mit dem Schuldner in einer Geschäftsverbindung stehen.[601] Diese bewirken gemäß Art. 27 EuInsVO den Insolvenzbeschlag des inländischen Vermögens der schuldnerischen Gesellschaft. Auf das Nebeninsolvenzverfahren ist daher gemäß Art. 28 EuInsVO inländisches Recht anzuwenden, so dass die Gläubiger verhindern können, sich auf ein ausländisches Insolvenzrecht in einer fremden Sprache einstellen zu müssen.[602] Die Bedeutung des Nebeninsolvenzverfahrens tritt jedoch stark hinter dem Hauptinsolvenzverfahren zurück. Dessen Verwalter hat aus den Art. 27 ff. EuInsVO eine

---

599 Dies verkennt *Carstens*, Internationale Zuständigkeit, S. 96.

600 *Carstens*, Internationale Zuständigkeit, S. 96 f.

601 *Klockenbrink*, Gläubigerstellung, S. 134; *Heiderhoff*, in: Haß/Huber/Gruber/ Heiderhoff, EuInsVO, Art. 27 Rn. 4.

602 *Klockenbrink*, Gläubigerstellung, S. 134.

Reihe von Einflussmöglichkeiten auf das Sekundärverfahren.[603] Dennoch wird von den Verwaltern der Hauptinsolvenzverfahren die Eröffnung eines Sekundärinsolvenzverfahrens in einem anderen Mitgliedstaat meist als Behinderung und Störung angesehen. Dementsprechend vielfältig sind die Versuche, sie zu vermeiden. Um Konflikte zu beheben oder zu umgehen sind in der jüngeren Vergangenheit verschiedene Wege gegangen worden. Im Verfahren *Collins & Aikmann* beispielsweise haben die englischen Verwalter mit den deutschen Gläubigern vereinbart, im englischen Verfahren die deutschen Gläubiger so zu behandeln, wie es der Fall gewesen wäre, hätte man das Verfahren in Deutschland eröffnet.[604] Im Ergebnis wurden die Gläubiger durch die Emulation der Vorschriften über den Eigenkapitalersatz besser gestellt. Dafür hat die Durchführung eines einzigen konzernweiten Verfahrens für alle Gläubiger im Ergebnis einen umfänglichen Veräußerungserlös eingebracht.[605] Ist das Sekundärinsolvenzverfahren einmal auf den Weg gebracht, gibt es weitere Versuche, dessen Wirkungen möglichst zu neutralisieren. Im Gegenzug ist fraglich, wie vor allen Dingen die Gläubiger, die ihr Wohl nicht in dem Hauptinsolvenzverfahren sehen, sich gegen dessen Verwalter durchsetzen können.

Klockenbrink hat darauf aufmerksam gemacht, dass nach dem Wortlaut des Art. 3 Abs. 2 Satz 1 EuInsVO die Eröffnung grundsätzlich das COMI der Gesellschaft in einem „anderen" Mitgliedstaat voraussetzt, was im Falle seiner „falschen" Verortung durch das Gericht des Hauptverfahrens bei strenger Auslegung dazu führen würde, dass ein Sekundärverfahren im Inland – also dort wo das COMI eigentlich läge – nicht möglich wäre; er will die Norm daher teleologisch reduzieren.[606] Im Ergebnis ist dem zuzustimmen. Auch und gerade für die Fälle einer Fehlentscheidung des Gerichts des Hauptverfahrens darf den inländischen Gläubigern ihr Verteidigungsmittel zur Durchsetzung ihrer Interessen nicht genommen werden. Es ist jedoch zweifelhaft, ob es sich dabei um eine teleologische Reduktion der Vorschrift handelt. Wie bereits gezeigt, dient diese der Einschränkung eines Tatbestands um Fälle von der Anwendung der Norm auszuschließen, die nach ihrem Sinn und Zweck nicht erfasst sein sollen.[607] Hier soll der Anwendungsbereich der Vorschrift jedoch erweitert werden. Daher wäre die analoge Anwendung in Betracht zu ziehen. Das ist jedoch nur erforderlich, wenn das Problem nicht auch durch Auslegung gelöst werden kann.[608] Aus der Systematik ergibt sich die Verbindlichkeit der Verfahrenseröffnung durch

603 S. insbesondere Art. 29 lit. a), 31 Abs. 2 und 3, 32, 33, 34 Abs. 1 und 3, 35 EuInsVO.

604 High Court of Justice London, Beschluss v. 09.06.2006, ZIP 2006, S. 2093; dazu *Mankowski*, EWiR 2006, S. 623 f.; *Meyer-Löwy/Plank*, NZI 2006, S. 622.

605 Vgl. *Meyer-Löwy/Plank*, NZI 2006, S. 622 f.

606 *Klockenbrink*, Gläubigerstellung, S. 121.

607 Vgl. dazu o. B.

608 Dazu bereits o. B.

das Gericht des Hauptverfahrens für das Sekundärverfahren.[609] Diese wird durch Art. 3 Abs. 3 EuInsVO verdeutlicht. Unbeschadet des Vorbehalts des nationalen *ordre publics* nach Art. 26 EuInsVO ist das inländische Gericht gemäß Art. 16 f. EuInsVO vollständig an die Rechtsansicht des anderen Insolvenzgerichts gebunden und nicht befugt, eigene Überlegungen über das COMI anzustellen. Für die Eröffnung des Nebeninsolvenzverfahrens ist nach der Regelungstechnik der Verordnung die wahre Rechtslage bezüglich des COMI nicht mehr ausschlaggebend. Für die Eröffnung eines Sekundärverfahrens[610] nach Art. 3 Abs. 2 EuIns-VO ist daher auf das Verfahren nach Art. 3 Abs. 1 EuInsVO abzustellen. Art. 3 Abs. 2 Satz 1 EuInsVO ist demnach wie folgt zu lesen:

> „Hat der Schuldner *nach der bindenden Entscheidung des Gerichts des Hauptverfahrens* den Mittelpunkt seiner hauptsächlichen Interessen *nach dessen Ansicht* im Gebiet eines Mitgliedstaats, so sind die Gerichte eines anderen Mitgliedstaats nur dann zur Eröffnung eines Insolvenzverfahrens befugt, wenn der Schuldner eine Niederlassung im Gebiet dieses anderen Mitgliedstaats hat."

Den deutschen Gläubigern, die sich dem Versuch ausgesetzt sehen, dass ausländische Verwalter faktisch eine Konzerninsolvenz durchführen wollen steht daher das Sekundärinsolvenzverfahren als Verteidigungsmaßnahme zur Verfügung.

(1) Insolvenzplanverfahren

Problematisch ist aber, welche Möglichkeiten den Gläubigern im Sekundärinsolvenzverfahren offen stehen. Insbesondere ist fraglich, ob ein Insolvenzplanverfahren durchgeführt werden kann. Gemäß Art. 3 Abs. 3 EuInsVO muss das Sekundärinsolvenzverfahren nämlich ein Verfahren sein, welches nach der Legaldefinition des Art. 2 lit. c) zur Liquidation des Schuldnervermögens führen muss. Dementsprechend enthält Anhang B der EuInsVO auch keine reinen Sanierungsverfahren.[611] Dies geht auf die Auffassung zurück, eine Niederlassung könne einzeln nicht saniert werden und die Abstimmung zwischen Haupt- und Sanierungsverfahren sei zu kompliziert; dieser Sichtweise hat sich der Verordnungsgeber angeschlossen.[612]

609 Vgl. dazu bereits o.

610 Art. 3 Abs. 2 EuInsVO betrifft auch die Eröffnung von Partikularverfahren ohne ein paralleles Hauptverfahren nach Art. 3 Abs. 4 EuInsVO. Strebt der Schuldner ein solches an, stellt sich jedoch das hier geschilderte Problem nicht.

611 *Kindler* in: MK-BGB, IntInsR, Art. 2 Rn. 91.

612 *Haß/Herweg*, in: Haß/Huber/Gruber/Heiderhoff, EuInsVO, Art. 3 Rn. 47; bei *Stephan* in HK-InsO, EuInsVO, Art. 27 Rn. 8 Fn. 6; vgl. auch *Virgós/Schmit*, Rn. 221; die Beschränkung auf Liquidationsverfahren für Sekundärinsolvenzen wurde ursprünglich für das EuInsÜ als Kompromiss vereinbart für die Erstreckung des Anwendungsbereichs auf Sanierungsverfahren im Hauptverfahren, *Virgós/Schmit*, Rn. 51; *Kindler* in: MK-BGB, IntInsR, Art. 2 Rn. 92.

a) Zulässigkeit des Sanierungsplans gem. §§ 217 ff. InsO

Das deutsche Insolvenzverfahren ist im Ergebnis offen. Es kann als Regelverfahren oder als Insolvenzplanverfahren zur Liquidation des Vermögens des Schuldners führen. Es ermöglicht aber auch den sanierenden Insolvenzplan.[613] In diesem Fall wird das Unternehmen fortgeführt. Das nationale Recht könnte jedoch durch Art. 27 Satz 3, Art. 3 Abs. 3 Satz 2, Art. 2 lit. c) EuInsVO überlagert werden. Eine mögliche Folge wäre, dass es unzulässig ist, einen sanierenden Insolvenzplan durchzuführen. Nach wohl herrschender Meinung ist das Insolvenzplanverfahren aber insgesamt durchführbar.[614] Einerseits wird auf die allgemeine Verweisung auf das „Insolvenzverfahren" in Anhang B der EuInsVO verwiesen.[615] Nach einer anderen Ansicht ergibt sich dieses Ergebnis aus Art. 34 Abs. 1 Unterabs. 2 EuInsVO. Danach sei es möglich, mit Zustimmung des Verwalters des Hauptverfahrens ein Sekundärverfahren durch einen Sanierungsplan zu beenden. Unterabs. 2 nehme direkten Bezug auf den in Unterabs. 1 ausdrücklich erwähnten Sanierungsplan.[616]

Im Ergebnis ist dieser Ansicht zuzustimmen. Es ergibt sich bereits aus Art. 34 Abs. 1 Unterabs. 1, 36, 37 Satz 1 EuInsVO, dass entgegen der Art. 3 Abs. 3 Satz 3, 2 lit. c) EuInsVO nicht in allen Fällen am Ende des Sekundärverfahrens die Liquidation des Schuldnervermögens stehen muss.[617] Dies wird durch Erwägungsgrund 20 der Richtlinie unterstrichen. Dieser nennt als Möglichkeit zur Kontrolle und Einflussnahme des Verwalters des Hauptverfahrens auf das Sekundärverfahren das Recht, einen Sanierungsplan vorzuschlagen. Auf den ersten Blick steht dieses Resultat im direkten Gegensatz zum Wortlaut des Art. 2 lit. c) Satz 1 EuInsVO, denn ein Sanierungsplan kann nicht auf die Liquidierung des Schuldnervermögens gerichtet sein. Die Möglichkeit nach Art. 34 Abs. 1 Unterabs. 2 EuInsVO, die Bestätigung des Verwalters des Hauptverfahrens nicht maßgeblich sein zu lassen, verstärkt diesen Eindruck. Danach kann ein Sanierungsplan unter bestimmten Voraussetzungen auch ohne die Zustimmung des

---

613 Vgl. *Braun* in Gottwald, Insolvenzrecht, § 66 Rn. 1; *Klockenbrink*, Gläubigerstellung, S. 115; *Reinhart*, in: MK-InsO, Art. 27 EuInsVO Rn. 21; *Heiderhoff*, in: Haß/Huber/Gruber/Heiderhoff, EuInsVO, Art. 27 Rn. 12; *Mincke*, in: Nerlich/Römermann, InsO, Art. 27 EuInsVO Rn. 6; *Duursma-Kepplinger*, in: Duursma-Kepplinger/Duursma/Chalupsky, EuInsVO, Art. 27 Rn. 74 f.; *Ehricke/Ries*, JuS 2003, S. 313, 319.

614 *Herchen* in Pannen, EuInsVO, Art. 27 Rn. 84; *Reinhart* in MK-InsO, EuInsVO, Art. 27, Rn. 2; a.A.: *Stephan* in HK-InsO, EuInsVO, Art. 27 Rn. 8 (nur der auf Liquidation gerichtete Insolvenzplan soll zulässig sein); vgl. aber auch *ders.* in HK-InsO, EuInsVO, Art. 34 Rn. 5.

615 *Reinhart* in MK-InsO, EuInsVO, Art. 27, Rn. 2.

616 *Herchen* in Pannen, EuInsVO, Art. 27 Rn. 84.

617 *Kindler*, in: MK-BGB, IntInsR, Art. 3 EuInsVO, Rn. 176; *Kebekus/Sabel*, in: Kebekus/Sabel/Schlegel, Art. 3 EuInsVO Rn. 10; *Reinhart*, in: MK-InsO, Art. 3 EuInsVO Rn. 75.

Verwalters im Hauptverfahren angenommen werden. Die beherrschende Stellung des Hauptverfahrens[618] wird dabei durch ein anderes Erfordernis gewahrt: Die finanziellen Interessen der Gläubiger jenes Verfahrens dürfen nicht beeinträchtigt werden.

Die Lösung des Widerspruchs ergibt sich aus dem Wortlaut des Art. 34 Abs. 1 Unterabs. 1 EuInsVO. Dieser spricht davon, dass „das Sekundärinsolvenzverfahren" nach nationalem Recht ohne Liquidation beendet werden kann. Art. 3 Abs. 3, 2 lit. c) EuInsVO scheiden solche Verfahren aus, die *ausschließlich* eine Sanierung bezwecken.[619] Stellt das nationale Recht für das Liquidationsverfahren in der Form eines Einheitsverfahrens jedoch auch die Möglichkeit der Sanierung zur Verfügung, kann diese unter den weiteren Voraussetzungen des Art. 34 Abs. 1 EuInsVO wahrgenommen werden.[620] Letztere Vorschrift ist daher zu lesen: „Kann das Sekundärinsolvenzverfahren ... *auch* ohne Liquidation ... beendet werden, ..."

Ein Sanierungsplan nach §§ 217 ff. InsO ist daher zulässig. Die Durchführung eines solchen Verfahrens verstößt nicht gegen europäisches Recht.

b) Praktische Denkbarkeit eines Sanierungsplans

Fraglich ist, ob wegen Art. 34 Abs. 1 EuInsVO ein Sanierungsplan nur eine theoretische Option ist. Insbesondere könnte es aus der Sicht der inländischen Gläubiger unmöglich sein, den Sanierungsplan zu einem effektiven Teil einer Abwehrstrategie zu machen.

(a) Interessenlage der inländischen Gläubiger

Wenn die Niederlassung einen profitablen und wirtschaftlich weitestgehend eigenständigen Teil einer größeren Gesellschaft darstellt, dann haben die Gläubiger ein Interesse daran, dass die Niederlassung als Marktteilnehmer erhalten bleibt.[621] Ist die Niederlassung wirtschaftlich gesund, besteht kein Bedürfnis für ein Insolvenzverfahren. Ist sie eine rechtlich selbständige Tochtergesellschaft eines Konzerns und erreichen andere Beteiligte die Eröffnung von Hauptverfah-

618 Vgl. Erwägungsgrund 20 der EuInsVO.

619 Bspw. das französische redressement judiciaire avec nomination d'un administrateur, das irische company examinership, das italienische concordato preventivo.

620 *Stephan* in HK-InsO, EuInsVO, Art. 34 Rn. 5.

621 Der Insolvenzplan müsste die rechtlich unselbständige Niederlassung dann in jedem Fall in eine andere juristische Person überführen. Dies ist nicht nur mit weiteren Kosten verbunden, sondern möglicherweise auch mit gesellschaftsrechtlichen Zustimmungserfordernissen und Beschränkungen. In diesem Fall ist im Ergebnis wohl tatsächlich davon auszugehen, dass eine isolierte Sanierung einer Niederlassung i.e.S. im praktischen Fall scheitert.

ren über alle Konzerngesellschaften im Ausland,[622] droht ihr unter Umständen die Zerschlagung, d.h. die Betriebseinstellung und Veräußerung der Vermögenswerte entweder einzeln oder in ihrer Gesamtheit. Dieses wäre ein Vorteil zugunsten der Gläubiger, die Forderungen nicht nur gegenüber der Tochtergesellschaft verfolgen, sondern auch gegenüber weiteren Konzerntöchtern und der Muttergesellschaft. Deren koordinierte Verfolgung soll durch die einheitlichen Verfahrenseröffnungen im Ausland sichergestellt werden. In dieser Situation geraten die inländischen Gläubiger in Bedrängnis. Initiieren sie kein Sekundärverfahren, wird die gesunde Tochtergesellschaft ein Teil der „Quasi-Gesamtmasse“, d.h. des Vermögens, über das die Verwalter koordiniert verfügen, auch wenn es sich um mehrere Verfahren über verschiedene selbständige Rechtsträger handelt.[623] Eine mögliche Folge wäre, dass die auf lange Sicht eigentlich werthaltigen Forderungen der inländischen Gläubiger teilweise ausfallen, weil der Betrieb nicht fortgeführt wird. Würden sie jedoch eine Sekundärinsolvenz beantragen, müssten sie wegen Art. 3 Abs. 3 Satz 2, 2 lit. c) EuInsVO prinzipiell ihren gesunden Wirtschaftspartner in den Untergang treiben.

(b) Abhilfe

Dieses Ergebnis kann nur abgewendet werden, wenn es gelingt, ein Sekundärverfahren zu betreiben, das im Ergebnis nicht die Liquidation des Schuldners zur Folge hat. Da reine Sanierungsverfahren als Sekundärverfahren ausscheiden,[624] bleibt nur der Rückgriff auf ein Einheitsverfahren, dass die Möglichkeit vorsieht, nicht in einer Liquidation zu enden. Deutsche Gläubiger sind insoweit in einer verhältnismäßig komfortablen Situation. Sie ist aber nicht sonderlich stark. Bereits gemäß § 218 Abs. 1 Satz 1 InsO sind sie nicht befugt, selber einen Vorschlag einzubringen. Vielmehr ist der Umweg über die Gläubigerversammlung zu nehmen. Diese muss den Verwalter des Sekundärverfahrens gemäß § 157 Satz 2 InsO beauftragen, einen Plan auszuarbeiten.

In der Praxis ist die Zustimmung der Gläubigerversammlung keinesfalls gesichert.[625] Zu bedenken ist, dass gerade in einer Konzernsituation Großgläubiger mit Investments in mehreren Mitgliedstaaten vorhanden sein können. Diese sind häufig an einer Fortführung von Teilbetrieben nicht interessiert.[626] Zu denken ist an folgende Interessen: (i) Übernahme des gesunden Betriebsteils bzw. der gesunden Tochtergesellschaft zu einem verhältnismäßig geringen Preis und Wei-

---

622 Vgl. dazu o. II).

623 Es gilt der Grundsatz: Ein Schuldner, ein Verfahren. *Virgós/Schmit*, Rn. 76.

624 Vgl. o. a).

625 Laut *Reinhart*, in: MK-InsO, Art. 34 EuInsVO Rn. 3 wird ein Plan regelmäßig an der fehlenden Zustimmung aller Gläubiger scheitern.

626 Vgl. zu den auseinandergehenden Gläubigerinteressen auch *Carstens*, Internationale Zuständigkeit, S. 15.

terverwertung; (ii) eine bessere Gesamtquote, wenn eine Liquidation oder übertragende Sanierung einen Überschuss verspricht, der gemäß Art. 35 EuInsVO in das Hauptverfahren eingeht; (iii) der Gläubiger ist möglicherweise auch Anteilsinhaber an der Konzernmuttergesellschaft und / oder an Töchtern, verfolgt eine Exit-Strategie und will sein Kapital in einem engen zeitlichen Rahmen abziehen oder hat kein Interesse an einem weiteren Investment, auch ohne Gesellschafter an einer oder mehreren betroffenen Gesellschaften zu sein. Die erste Variante hat insbesondere dort Aussicht auf Erfolg, wo die Insolvenzverwaltung keine erfolgversprechenden Anstrengungen unternimmt, den Unternehmensteil übertragend zu sanieren.[627] Die letzte Konstellation kommt dort zum Tragen, wo der Gläubiger keine Handelsbeziehungen zu der Niederlassung unterhält, sondern bspw. Banken, die Finanzdienstleistungen erbringen und Liquidität zur Verfügung stellen. Derartige Gläubiger werden häufig den schnellen Ausstieg bevorzugen.

Neben diesen Unwägbarkeiten kann eine Sanierung auf diesem Weg auch an Art. 34 Abs. 1 EuInsVO scheitern. Einerseits ermöglicht diese Vorschrift, eine verfahrensübergreifende Sanierung durch koordinierte Sanierungspläne auf Initiative des Hauptinsolvenzverwalters.[628] In der Praxis ist dies regelmäßig ihre Hauptfunktion.[629] Die Vorschrift soll andererseits die Hierarchie von Haupt- und Sekundärverfahren wahren.[630] Zum einen erhält der Verwalter im Hauptverfahren ein eigenes Vorschlagsrecht. Das ist gemäß Art. 34 Abs. 3 EuInsVO für die Zeit, in der im Sekundärverfahren die Verwertung nach Art. 33 EuInsVO ausgesetzt ist, sogar ausschließlich. Außerdem bedarf die Bestätigung eines Plans seiner Zustimmung. Die Formulierung des Art. 34 Abs. 1 Unterabs. 2 EuInsVO macht deutlich, dass diese im Sinne einer Einwilligung vor der Bestätigung des Plans vorliegen muss.[631] Der Verwalter im Hauptverfahren kann also nicht faktisch vor vollendete Tatsachen gestellt werden, um ihn zu einer Genehmigung des Plans zu drängen.

Teilweise wird vertreten, dass Art. 34 Abs. 1 EuInsVO ein ausschließliches Vorlagerecht für den Verwalter im Hauptinsolvenzverfahren begründe.[632] Diese Meinung ist abzulehnen. Der Umkehrschluss aus der Regelung des Art. 34 Abs. 3 EuInsVO ergibt, dass das Initiativrecht des Verwalters des Hauptverfahrens die Vorschlagsrechte nach dem jeweils anwendbaren nationalen Recht nicht ersetzt sondern ergänzt. In Deutschland steht das Recht daher abweichend von

627 Vgl. dazu *Fröhlich/Köchling*, ZInsO 2005, S. 1121, 1126 f.

628 Erwägungsgrund 20 EuInsVO; *Herchen* in Pannen, EuInsVO, Art. 34 Rn. 4.

629 *Herchen* in Pannen, EuInsVO, Art. 34 Rn. 4; vgl. auch *Reinhart*, in: MK-InsO, Art. 34 EuInsVO Rn. 1.

630 Erwägungsgrund 20 der EuInsVO.

631 Vgl. *Virgós/Schmit*, Rn. 248 f.

632 *Uhlenbruck* in Uhlenbruck, InsO, Art. 34 EuInsVO, Rn. 1; zustimmend *Vallender*, KTS 2005, S. 283, 305.

§ 218 Abs. 1 Satz 1 InsO nicht nur dem Schuldner und dem Verwalter des Sekundärverfahrens zu, sondern auch dem Verwalter des Hauptverfahrens.[633]

Das Zustimmungserfordernis kann nur überwunden werden, wenn den finanziellen Interessen der Gläubiger des Hauptverfahrens durch den Sanierungsplan keine Nachteile entstehen, Art. 34 Abs. 1 Unterabs. 2 a.E. EuInsVO. Der Begriff der finanziellen Interessen ist enger auszulegen als das „Interesse der Gläubiger" in Art. 33 EuInsVO.[634] Die Gläubiger des Hauptverfahrens werden bei einer Verfahrensbeendigung durch einen Sanierungsplan also nicht ganz so intensiv berücksichtigt wie bei der Aussetzung der Verwertung. Der Spielraum des Gerichts ist im Rahmen der Ersetzungsentscheidung nach Art. 34 Abs. 1 Unterabs. 2 EuInsVO damit etwas größer als bei der Aussetzung der Verwertung nach Art. 33 EuInsVO.[635] Es ist zu ermitteln, welche Auswirkungen der Sanierungsplan auf die Quote der Gläubiger hat.[636] Durften sie nicht berechtigterweise erwarten, nach der Übergabe eines Überschusses ohne den Sanierungsplan mehr zu erhalten, sind ihre finanziellen Interessen nicht beeinträchtigt.[637] Da es in den meisten Insolvenzverfahren nicht zu einem Überschuss kommt, kann ein verfahrensbeendender Sanierungsplan die Hauptmasse nicht schlechter stellen als eine Liquidation. Die Quote der Gläubiger des Hauptinsolvenzverfahrens wird somit nicht beeinträchtigt. Die fehlende Zustimmung kann in diesen Fällen ersetzt werden.[638] In der Praxis wird diese Hürde also dann unüberwindbar sein, wenn eine Liquidation der Niederlassung einen Überschuss verspricht. Dies ist aber die Ausnahme.[639] Auf den ersten Blick scheint es damit den inländischen Gläubigern ermöglicht zu sein, die Pläne derer zu durchkreuzen, die eine Quasi-Konzerninsolvenz im Ausland durchführen wollen. Praktisch ist dies aber beinahe unmöglich. Es ist nicht nur schon fraglich, ob sich die inländischen Gläubiger zu einer Mehrheitsentscheidung gemäß § 244 InsO durchringen können. Laut *Reinhart* schafft Art. 34 Abs. 2 EuInsVO darüber hinaus ein faktisches Einstimmigkeitserfordernis.[640] Somit könnte ein einzelner Gläubiger das gesam-

633 *Reinhart,* in: MK-InsO, EuInsVO, Art. 34, Rn. 6.

634 *Virgós/Schmit*, Rn. 249; *Herchen* in Pannen, EuInsVO, Art. 34 Rn. 35.

635 *Herchen* in Pannen, EuInsVO, Art. 34 Rn. 35.

636 *Virgós/Schmit*, Rn. 249; *Herchen* in Pannen, EuInsVO, Art. 34 Rn. 37; diesen Ansatz lehnt *Reinhart,* in: MK-InsO, EuInsVO, Art. 34, Rn. 9 ab.

637 *Virgós/Schmit*, Rn. 249.

638 *Herchen* in Pannen, EuInsVO, Art. 34 Rn. 41.

639 Vgl. *Herchen* in Pannen, EuInsVO, Art. 34 Rn. 41.

640 *Reinhart,* in: MK-InsO, EuInsVO, Art. 34, Rn. 10; im Ergebnis wegen Art. 102 § 9 EGInsO ebenso *Kindler*, in: MK-BGB, IntInsR, Art. 34 EuInsVO Rn. 775; *Kübler*, in: Kübler/Prütting, InsO, Art. 34 EuInsVO Rn. 8; *Mäsch*, in: Rauscher, Art. 34 EG-InsVO Rn. 11; *Mincke*, in: Nerlich/Römermann, InsO, Art. 34 EuInsVO Rn. 3; *Wimmer*, in: FK-InsO, Anh I Rn. 121; a.A. *Paulus*, EuInsVO, Art. 34 Rn. 21 ff.; *Stephan*, in: HK-InsO, Art. 34 EuInsVO Rn. 11 stellt zwar auch auf das Vermögen der Gläubiger ab, spricht aber von einer Wirksamkeit für die Gläubiger des Sekundärinsolvenzverfahrens.

te Vorhaben zum Scheitern bringen. Das Einstimmigkeitserfordernis wird damit begründet, dass einem Insolvenzplan Modifikationen von Forderungen zugrunde lägen, die sich nicht auf eine bestimmte, räumlich definierte Vermögensmasse begrenzen ließen. Eine Forderung habe keine physisch, territorial beschränkbare Existenz.[641] Ein Gläubiger könnte sonst in anderen Mitgliedstaaten seine ursprüngliche Forderung wieder geltend machen. Die in einem Insolvenzplan des Sekundärverfahrens enthaltenen Beschränkungen müssten deshalb zwingend auch in den anderen Mitgliedstaaten Wirkungen entfalten.[642]

Die Ansicht *Reinharts* mit Blick auf Art. 34 Abs. 2 EuInsVO nur eingeschränkt zutreffend.[643] Die Vorschrift behandelt im Wesentlichen nicht die wirksame Beschränkung der Forderungen sämtlicher Gläubiger.[644] Die praktische Rechtsfolge besteht vielmehr darin, dass für den Fall einer fehlenden Zustimmung das Vermögen, welches nicht im Staat des Sekundärverfahrens belegen ist, dem Gläubiger weiterhin als Haftungsmasse zur Verfügung steht, auch wenn er nach dem Insolvenzplan im Staat des Sekundärverfahrens mit seiner Forderung ausgeschlossen ist.[645] Der Anknüpfungspunkt für die Rechtsfolge des Artikels ist daher nicht das Recht des Gläubigers, sondern das Vermögen des Schuldners. Sieht man den Sinn des Insolvenzplans also darin, die Geltendmachung der Forderung universal für das gesamte Vermögen des Schuldners zu regeln, ist *Reinhart* zuzustimmen, da sonst ohne einstimmigen Beschluss sämtlicher Gläubiger im Geltungsbereich der EuInsVO keine einheitliche Wirkung erzeugt werden kann. Geht es jedoch darum, das inländische Vermögen vom sonstigen Vermögen der schuldnerischen Gesellschaft abzugrenzen und vor dem Zugriff von Außen zu schützen, besteht kein Einstimmigkeitserfordernis. In diesen Fällen ist es den inländischen Gläubigern gleichgültig, ob die Forderung weiterhin gegen das ausländische Vermögen verfolgt werden kann. Dies wird besonders deutlich in dem Fall, dass die Hauptverfahren über Konzerntöchter am Sitz der Mutter eröffnet wurden, obwohl die Tochter wirtschaftlich nur im Staat des Sekundärverfahrens agiert. Wird ein Gläubiger, der eine konzernweite

641 *Reinhart,* in: MK-InsO, EuInsVO, Art. 34, Rn. 10; *Herchen* in Pannen, EuInsVO, Art. 34 Rn. 51.

642 *Reinhart,* in: MK-InsO, EuInsVO, Art. 34, Rn. 10.

643 Im Ergebnis ist ihm wegen der Umsetzung des Art. 34 Abs. 2 EuInsVO durch den deutschen Gesetzgeber in Art. 102 § 9 EGInsO aber beizupflichten, s. dazu u. So auch *Kindler*, in: MK-BGB, IntInsR, Art. 34 EuInsVO Rn. 775; *Kübler*, in: Kübler/Prütting, InsO, Art. 34 EuInsVO Rn. 8; *Mäsch*, in: Rauscher, Art. 34 EG-InsVO Rn. 11; *Mincke*, in: Nerlich/Römermann, InsO, Art. 34 EuInsVO Rn. 3; *Wimmer*, in: FK-InsO, Anh I Rn. 121.

644 A.A. *Herchen* in Pannen, EuInsVO, Art. 34 Rn. 50 f., im Ergebnis aber ohne Unterschied, vgl. Rn. 51 a.E.

645 A.A. *Herchen* in Pannen, EuInsVO, Art. 34 Rn. 48 ff., der die Vorschrift als Bestandsgarantie für Forderungen versteht, daraus aber nicht ableitet, dass ein Plan, der seine Wirkungen auf den einen Staat beschränkt, einstimmig beschlossen werden muss.

Abwicklung bevorzugt, überstimmt, ist ihm praktisch nicht geholfen, wenn er seine Forderung im Sitzstaat der Mutter weiterhin geltend machen kann, da die Gesellschaft dort regelmäßig kein Vermögen hat. Nach dem Wortlaut des Art. 34 Abs. 2 EuInsVO wird auch nicht die Befugnis des Gerichts eingeschränkt, den Plan zu bestätigen, sondern lediglich die Wirkung des Plans außerhalb des Staats des Sekundärverfahrens ausgeschlossen.[646]

Dieses Ergebnis wird jedoch durch die deutsche Umsetzung in Art. 102 § 9 EGInsO konterkariert. Dort heißt es, dass die Bestätigung zu unterbleiben hat, wenn nicht alle Gläubiger zustimmen, die von dem Plan *betroffen* sind. *Betroffen* sind alle Gläubiger, da der Plan ihre Möglichkeiten modifiziert, in den einzelnen Verfahren des Schuldners ihre Forderungen zu verfolgen. Im Ergebnis ist daher tatsächlich *Reinhart* darin zuzustimmen, dass ein Einstimmigkeitserfordernis geschaffen wurde. Dies wäre nach der Verordnung jedoch nicht nötig gewesen.

c) Zwischenergebnis

Es ist den inländischen Gläubigern zwar rechtlich grundsätzlich möglich, dem unerwünschten Versuch, eine Konzerninsolvenz zentralisiert im Ausland am Sitz der Muttergesellschaft durchzuführen, mit Hilfe eines Insolvenzplans zu begegnen, der die Zerschlagung der Tochter zugunsten des Gesamtkonzerns verhindert. Praktisch scheitert dies aber an der erforderlichen Zustimmung der betroffenen Gläubiger; dies ist nicht zuletzt deshalb der Fall, weil der deutsche Gesetzgeber in Art. 102 § 9 EGInsO eine Norm geschaffen hat, die ein Einstimmigkeitserfordernis für die Zustimmung zu dem Insolvenzplan zur Folge hat. Damit vermeidet er zwar Diskrepanzen zwischen dem nationalen Recht, namentlich § 254 InsO, und der EuInsVO;[647] gleichzeitig entwertet er aber auch ein Werkzeug zur Abwehr fragwürdiger ausländischer Hauptinsolvenzverfahren. Der Insolvenzplan scheidet deshalb als effektives Abwehrmittel für die deutschen Gläubiger praktisch aus.

(2) Übertragende Sanierung

Die übertragende Sanierung ist bei einem weiten Verständnis jede Übertragung eines Unternehmens von einem insolventen Träger auf einen anderen, bestehenden oder neu zu gründenden Rechtsträger.[648] Im Rahmen des Hauptinsolvenzverfahrens stellt die Aussicht auf ein solches Geschäft häufig die Motivation der

646 Vgl. *Duursma-Kepplinger/Chalupsky*, in: Duursma-Kepplinger/Duursma/Chalupsky, EuInsVO, Art. 34 Rn. 13; *Pannen*, in: BK-InsO, Art. 34 EuInsVO Rn. 7; *Paulus*, EuInsVO, Art. 34 Rn. 23.

647 *Kübler*, in: Kübler/Prütting, InsO, Art. 34 EuInsVO Rn. 8; *Mäsch*, in: Rauscher, Art. 34 EG-InsVO Rn. 11.

648 *Zipperer*, NZI 2008, S. 206, 207 f.; *Noack/Bunke*, KTS 2005, S. 129, 132 m.w.N.

Beteiligten dar, faktisch zu einer Konzerninsolvenz zu gelangen oder zumindest die Eröffnung einer Vielzahl von Sekundärinsolvenzverfahren zu verhindern, die einzelne Teile des Gesamtunternehmens aus dem Paket ausschließen würden. Aber auch für ein Sekundärinsolvenzverfahren könnte eine übertragende Sanierung in Betracht kommen. Dies bietet sich dann an, wenn der inländische Teil für sich genommen technisch und organisatorisch von dem Rest des Unternehmens weitgehend unabhängig ist, also aus dem Konzerngefüge herausgelöst werden kann oder im Grunde nur aus der inländischen Niederlassung besteht und das COMI durch das Gericht des Hauptverfahrens dennoch am Sitz der Mutter angenommen wurde. Arbeitet diese Niederlassung oder Konzerngesellschaft profitabel oder könnte sie für die Zwecke eines Interessenten umgestellt werden, kann an einen Verkauf gedacht werden. Als Interessent kommt dabei insbesondere ein Gläubiger in Frage, der zu der Gesellschaft ständige Geschäftsbeziehungen unterhalten hat und bereit und in der Lage wäre, die Niederlassung in sein eigenes Unternehmen zu integrieren.

a) Übertragende Sanierung als Liquidation

Auch bei der übertragenden Sanierung existiert das Unternehmen im Ergebnis weiter. Es stellt sich daher die Frage, ob die Beteiligten des Sekundärinsolvenzverfahrens auch dabei den Einschränkungen des Art. 34 EuInsVO[649] unterliegen. Unter Verwertung ist grundsätzlich nur eine „Versilberung“ zu verstehen.[650] Die übertragende Sanierung ist aber eine Liquidation im insolvenzrechtlichen Sinne.[651] Dies hätte zur Folge, dass die Mitbestimmungsrechte des Verwalters im Hauptinsolvenzverfahren nicht zum Tragen kämen. Die übertragende Sanierung wird (aus praktischen Gründen) häufig in einem Insolvenzplan geregelt.[652] Dieser Plan sieht vor, dass das Unternehmen des Schuldners (oder ein Unternehmensteil oder Betrieb) als Ganzes gegen ein Entgelt auf eine dritte Person übertragen wird. Es kann sich um den Verkauf des Unternehmens an einen Dritten[653] oder auch um die Übertragung auf eine neu gegründete Auffanggesellschaft handeln, die den Erwerb mit der Ausgabe von Anteilen oder mit der Abgabe von Verpflichtungserklärungen an den Gläubiger bezahlt.[654] Für ein rein nationales Verfahren ohne Auslandsbezug ist dies jedenfalls rechtlich eine Verwertung und beim Verkauf auch eine Liquidation des Vermögens des Schuldners, da eine

649 Vgl. dazu o. (1).

650 *Paulus*, EuInsVO, Art. 33 Rn. 2.

651 *Herchen* in Pannen, EuInsVO, Art. 34 Rn. 3.

652 *Bales*, NZI 2008, S. 216, 217 f.; vgl. zum Problem der Aufhebung des Insolvenzverfahrens ohne Insolvenzplan, *Noack/Bunke*, KTS 2005, S. 129, 132.

653 In diesem Fall kommt ein Plan mangels Planbarkeit häufig jedoch nicht in Betracht, *Bales*, NZI 2008, S. 216, 218.

654 *Flessner*, in: HK-InsO, § 217 Rn. 14; *Bales*, NZI 2008, S. 216, 218; *Noack/Bunke*, KTS 2005, S. 129, 131 ff.

Veräußerung durch den Verwalter gegen einen Erlös in Geld oder Anteilstiteln stattfindet, der an die Insolvenzgläubiger verteilt werden kann.[655] Dies zeigt sich auch darin, dass eine Betriebsveräußerung als Verwertungsform durchgeführt werden kann: Gemäß § 162 InsO bedarf die Betriebsveräußerung der Zustimmung der Gläubigerversammlung, wenn das Geschäft mit Gläubigern der Gesellschaft oder nahestehenden Personen durchgeführt werden soll, um stille Veräußerungen unter Wert zu verhindern.[656] Die Vorschrift steht im vierten Teil „Verwaltung und Verwertung der Insolvenzmasse" der InsO. Wegen des Erfordernisses der autonomen Auslegung des Europarechts ist die deutsche Gesetzessystematik nur eingeschränkt aussagekräftig. Jedoch erleuchtet es den entscheidenden Punkt: bei der übertragenden Sanierung wird der Schuldner nicht saniert. Die Bezeichnung des Vorgangs ist irreführend. Der Betrieb wird innerhalb einer anderen juristischen Person oder Personengesellschaft fortgeführt. Die schuldnerische Person jedoch reicht den Erlös nur noch an die Gläubiger aus und besteht dann höchstens noch als Mantel fort.

Die Durchführung einer übertragenden Sanierung ist daher keine Beendigung des Verfahrens „ohne Liquidation durch einen Sanierungsplan, einen Vergleich oder eine andere vergleichbare Maßnahme" im Sinne des Art. 34 Abs. 1 Unterabs. 1 EuInsVO. Der deutsche Gesetzgeber hat aber auch in diesem Fall durch Art. 102 § 9 EGInsO praktisch den Weg verbaut, eine übertragende Sanierung in einem Plan zu regeln. Die Vorschrift differenziert im Gegensatz zu Art. 34 EuInsVO nicht danach, ob der Plan das Verfahren durch eine Liquidation beendet oder nicht. Dadurch greift auch hier das Einstimmigkeitserfordernis als Voraussetzung der gerichtlichen Bestätigung des Plans ein. Eine derartige Vorgehensweise kommt daher wohl im wesentlichen dann noch in Betracht, wenn ein Gläubiger oder der Erwerber sich bereit finden, die Forderungen der übrigen Gläubiger in seiner Person zu vereinen und dementsprechend den übrigen Gläubigern ihre Forderungen abzukaufen. Ob dies realistisch ist, insbesondere falls einer der Gläubiger eine Verwertung bevorzugt, die mit den Verfahren über die übrigen Konzerngesellschaften koordiniert wird, sei dahingestellt.

b) Aussetzung der Verwertung gemäß Art. 33 EuInsVO

Da die übertragende Sanierung also keine Verfahrensbeendigung ohne Liquidation im Sinne des Art. 34 Abs. 1 Unterabs. 1 EuInsVO darstellt,[657] gelten dessen Einschränkungen bezüglich der Inangriffnahme einer solchen Verwertung nicht. Dem Verwalter im Hauptinsolvenzverfahren steht es aber zu, bei dem inländischen Gericht des Sekundärinsolvenzverfahrens nach Art. 33 EuInsVO die Aus-

655 *Flessner*, in: HK-InsO, § 217 Rn. 14; vgl. auch *Noack/Bunke*, KTS 2005, S. 129, 131.
656 RegE InsO, BT-Drs. 12/2443, S. 94 ff.; *Görg*, in: MK-InsO, § 162 Rn. 1.
657 S. obiger Abschnitt.

setzung der Verwertung zu beantragen. Die Norm ist eine weitere Bestimmung, die den Vorrang des Hauptverfahrens verdeutlicht.[658]

Zur Aussetzung der Verwertung im Sekundärverfahren ist neben dem Antrag erforderlich, dass sie nicht offensichtlich für die Gläubiger des Hauptinsolvenzverfahrens nicht von Interesse ist (vgl. Art. 33 Abs. 1 Satz 2 EuInsVO). Sie liegt im Interesse der Gläubiger des Hauptinsolvenzverfahrens, solange eine zerschlagende Verwertung des im Sekundärinsolvenzverfahren in Beschlag genommenen Schuldnervermögens die Verwirklichung der Ziele des Hauptinsolvenzverfahrens nicht in derselben Weise fördern kann, wie es eine Aussetzung der Verwertung – und damit die Verwertung nach den Vorstellungen der Gläubiger des Hauptverfahrens – leisten würde.[659] Die Aussetzung kann sowohl dem Zweck der Restrukturierung des Schuldners als auch der Erleichterung einer übertragenden Sanierung im Hauptverfahren dienen.[660]

Dies kann auf die Veräußerung einer Niederlassung transferiert werden, wenn die Niederlassung Teil einer größeren Gesellschaft ist, auch wenn dabei das Vermögen der schuldnerischen Gesellschaft nicht insgesamt zerschlagend verwertet wird. Für die Gesamtsituation des Hauptverfahrens ergibt sich kein wesentlicher Unterschied, ob das Vermögen der Niederlassung aufgeteilt und veräußert wurde oder als Ganzes auf einen Erwerber übergegangen ist. Bliebe nach der übertragenden Sanierung des vom Sekundärverfahren umfassten Unternehmensteils nur ein schwer zu verwertender, weil weitgehend wertloser, Rest, sind die Interessen der Gläubiger des Hauptverfahrens betroffen und die Aussetzung ist in ihrem Interesse. Das gilt insbesondere auch dann, wenn der Verkauf der inländischen Niederlassung dazu führen würde, dass das Paket, mit dem die Verwalter des Hauptverfahrens eine übertragende Sanierung des Gesamtkonzerns versuchen, in seinem Wert gemindert wird.

Handelt es sich jedoch um eine rechtlich selbständige Tochtergesellschaft, gibt es bei einer Quasi-Konzerninsolvenz gerade keine außenstehenden Gläubiger der „Hauptniederlassung“ im Ausland. Insofern kommt als Gläubiger dann im Wesentlichen die Muttergesellschaft in Betracht, die aus dem Konzernverhältnis offene Ansprüche gegen die Tochter, beispielsweise auf Gewinnabführung, hat. Außerdem können andere Tochtergesellschaften Forderungen geltend machen. Deren Interessen sind trotz ihrer Konzernverbundenheit voll zu berücksichtigen.[661]

---

658 *Kompat*, EuInsVO, S. 179.

659 *Herchen*, in: Pannen, EuInsVO, Art. 33 Rn. 14.

660 *Duursma-Kepplinger/Chalupsky*, in: Duursma-Kepplinger/Duursma/Chalupsky, EuInsVO, 33 Rn. 4; *Herchen*, in: Pannen, EuInsVO, Art. 33 Rn. 14; *Mäsch*, in: Rauscher, Art. 33 EG-InsVO Rn. 5; *Wimmer*, in: FK-InsO, Anhang I nach § 358 Rn. 113.

661 A.A. vgl. Arrondissementgericht Amsterdam, Beschl. v. 31.1.2007 – FT RK 07-93 u. FT RK 07-122, ZIP 2007, S. 492, 494, das Konzerngesellschaften prinzipiell nicht für taugliche Gläubiger hält.

Die Aussetzung kann nicht mit dem Argument zurückgewiesen werden, dass die Gläubiger des Hauptverfahrens dem Leitbild der EuInsVO entsprechend[662] gemäß § 32 Abs. 1, 2 EuInsVO mit ihren Forderungen auch an dem Nebeninsolvenzverfahren beteiligt sind;[663] der Gegenansicht liegt die Annahme zugrunde, die Gläubiger würden nicht benachteiligt, da sie an der im Sekundärverfahren vorgenommenen Liquidation direkt beteiligt seien.[664] Aber gerade weil diese gegenseitige Anmeldung von Forderungen in allen Verfahren dem Idealfall der Koordination der unterschiedlichen Verfahren entspricht, kann sie die ausnahmsweise[665] Verweigerung der Verwertungsaussetzung nicht begründen.[666] Die Abweisung des Antrags ist in der Folge praktisch auf Missbrauchsfälle begrenzt.[667] Der Hauptinsolvenzverwalter darf beispielsweise nicht durch die Aussetzung der Verwertung versuchen, die Veräußerung an einen Dritten zu verhindern, weil er Gegenstände des Betriebs der Niederlassung zu einem günstigeren Preis selbst ankaufen will.[668]

(a) Anwendungsbereich des Art. 33 EuInsVO

Der Verwalter des Hauptinsolvenzverfahrens kann nur die Unterbrechung des eigentlichen Liquidationsvorgangs beantragen.[669] Er kann nur dann Erfolg haben, wenn eine zum Zweck der Haftungsrealisierung vorgenommene Veräußerung des Vermögens der schuldnerischen Gesellschaft, zusammenhängender Teile oder auch einzelner Gegenstände in Frage steht.[670] Der Hauptinsolvenzverwalter hat kein Recht, die Gegenstände der Masse des Sekundärverfahrens in Besitz zu nehmen, sie zu benutzen oder zu verwerten.[671] Er kann solche Vermögensgegenstände nicht zur Masse des Hauptinsolvenzverfahrens ziehen, um die Fortführung des Betriebs zu erzwingen.[672] Die Vorschrift dient an erster Stelle

662 Vgl. Erwägungsgrund 21 der EuInsVO; *Duursma-Kepplinger/Chalupsky*, in: Duursma-Kepplinger/Duursma/Chalupsky, EuInsVO, Art. 32 Rn. 7 ff.; *Herchen*, in: Pannen, EuInsVO, Art. 33 Rn. 12; *Kemper*, ZIP 2001, S. 1609, 1619; *Kompat*, EuInsVO, S. 178.

663 *Herchen*, in: Pannen, EuInsVO, Art. 33 Rn. 12; vgl. auch *Duursma-Kepplinger/Chalupsky*, in: Duursma-Kepplinger/Duursma/Chalupsky, EuInsVO, Art. 33 Rn. 12; .

664 *Kemper*, ZIP 2001, S. 1609, 1618.

665 *Herchen*, in: Pannen, EuInsVO, Art. 33 Rn. 13; *Paulus*, EuInsVO, Art. 33 Rn. 8.

666 *Herchen*, in: Pannen, EuInsVO, Art. 33 Rn. 12.

667 *Herchen*, in: Pannen, EuInsVO, Art. 33 Rn. 13; *Kemper*, in: Kübler/Prütting, InsO, Art. 33 EuInsVO Rn. 5; *Stephan*, in: HK-InsO, Art. 33 EuInsVO Rn. 7; *Vallender*, KTS 2005, S. 283, 304; *Reinhart*, in: MK-InsO Art. 33 EuInsVO Rn 5.

668 *Herchen*, in: Pannen, EuInsVO, Art. 33 Rn. 15.

669 *Paulus*, EuInsVO, Art. 33 Rn. 2; *Kebekus/Sabel*, in: Kebekus/Sabel/Schlegel, Art. 33 EuInsVO Rn. 1; *Reinhart*, in: MK-InsO Art. 33 EuInsVO Rn 1.

670 *Paulus*, EuInsVO, Art. 33 Rn. 2.

671 *Herchen*, in: Pannen, EuInsVO, Art. 33 Rn. 15.

672 *Herchen*, a.a.O.

dem Zweck, verfahrensbeendende Maßnahmen nach Art. 34 EuInsVO zu ermöglichen bzw. vorzubereiten;[673] steht hinter dem Antrag also kein Verwertungs- oder Sanierungskonzept, kann die Aussetzung der Verwertung nicht im Interesse der Gläubiger des Hauptverfahrens liegen.[674] Obwohl dem Hauptinsolvenzverwalter eine weite Einschätzungsprärogative bezüglich der Interessen der Gläubiger des Hauptverfahrens und der besten Verwertungsmethode zusteht[675] und er das Gläubigerinteresse in seinem Antrag zumindest grob darzulegen hat[676], steht den Gläubigern des Sekundärinsolvenzverfahrens zu, dem Gericht darzulegen, dass hinter dem Antrag des Hauptinsolvenzverwalters kein ausreichendes Konzept steht. Wegen der eingeschränkten Befugnisse des Gerichts trifft sie jedoch die volle Darlegungs- und Beweislast. Sie müssen das Fehlen des Gläubigerinteresses „offensichtlich“ machen (vgl. Art. 33 Abs. 1 Satz 2 EuInsVO).[677]

Die Übertragung eines Betriebes oder einer Niederlassung ist wegen ihrer Komplexität und ihres Aufwands in der Regel nicht während des Eröffnungsverfahrens machbar. Im Ausgangspunkt liegt deshalb die Situation vor, dass ein Sekundärinsolvenzverfahren bereits eröffnet wurde und die Gläubiger eine übertragende Sanierung für die wirtschaftlich sinnvollste Lösung halten. Insbesondere in den Fällen jedoch, in denen einer der Gläubiger ein Interesse daran hat, seinen (ehemaligen) Vertragspartner zu übernehmen, kann es sein, dass die Vorbereitungen für das Geschäft bereits in der Phase der Verfahrenseröffnung aufgenommen worden sind oder sich sogar soweit entwickelt haben, dass das Geschäft zum Abschluss bereit ist. Eine Ansicht hält es daher für zulässig, dem Hauptinsolvenzverwalter auch schon im Eröffnungsverfahren die Befugnis zur Stellung des Antrags auf Aussetzung der Verwertung zu gewähren.[678] Zum einen wird der Verfahrensabschnitt zwischen dem Insolvenzantrag und der Verfahrenseröffnung durch die Regelungen in Art. 25 Abs. 1 Unterabs. 3, 38 EuInsVO erfasst.[679] Zum anderen entspricht diese Ansicht auch der

---

673 *Duursma-Kepplinger/Chalupsky*, in: Duursma-Kepplinger/Duursma/Chalupsky, EuInsVO, Art. 33 Rn. 5; *Fritz/Bähr*, DZWIR 2001, S. 221, 232; *Herchen*, in: Pannen, EuInsVO, Art. 33 Rn. 15; *Mäsch*, in: Rauscher, Art. 34 EG-InsVO Rn. 5; *Reinhart*, in: MK-InsO, Art. 33 EuInsVO Rn. 1.

674 Ähnlich *Herchen*, in: Pannen, EuInsVO, Art. 33 Rn. 15.

675 *Herchen*, in: Pannen, EuInsVO, Art. 33 Rn. 13; *Stephan*, in: HK-InsO, Art. 33 EuInsVO Rn. 7.

676 *Herchen*, in: Pannen, EuInsVO, Art. 33 Rn. 9; *Stephan*, a.a.O.

677 Vgl. *Herchen*, in: Pannen, EuInsVO, Art. 33 Rn. 33; *Stephan*, in: HK-InsO, Art. 33 EuInsVO Rn. 7.

678 *Herchen*, in: Pannen, EuInsVO, Art. 33 Rn. 18; *Paulus*, EuInsVO, Art. 33 Rn. 6; a.A. *Vallender*, KTS 2005, S. 283, 305, der das Problem über die Sicherungsmaßnahmen nach §§ 21, 58 InsO löst.

679 *Paulus*, EuInsVO, Art. 33 Rn. 6.

Rechtsprechung des EuGH seit der *Eurofood*-Entscheidung:[680] Danach gilt im Sinne der Verordnung jede Entscheidung als Eröffnung eines (Haupt-)Insolvenzverfahrens, die infolge eines auf die Insolvenz des Schuldners gestützten Antrags auf Eröffnung eines in Anhang A der Verordnung genannten Verfahrens ergeht, wenn diese Entscheidung den Vermögensbeschlag des Schuldners zur Folge hat und durch sie ein in Anhang C der Verordnung genannter Verwalter bestellt wird.[681] Es besteht kein Grund, für die Eröffnung eines Sekundärinsolvenzverfahrens nicht dementsprechend auf ein Verfahren in Anhang B der Verordnung und den damit einhergehenden Vermögensbeschlag und die Ernennung eines in Anhang C der EuInsVO aufgeführten Verwalters abzustellen. Wird in einem deutschen Nebenverfahren also ein starker vorläufiger Insolvenzverwalter bestellt, hat der Hauptinsolvenzverwalter das Recht, einen Antrag nach Art. 33 EuInsVO zu stellen.[682] Gegen dessen Willen – oder genauer, gegen die Interessen der Gläubiger des Hauptinsolvenzverfahrens – können die Beteiligten des Nebenverfahrens also auch durch besondere Eile die Niederlassung nicht veräußern. Der Interessenschutz und die dominierende Stellung des Hauptverfahrens können auf diese Weise deshalb nicht ausgehebelt werden.

(b) Sicherungsanordnungen gemäß Art. 33 Abs. 1 Satz 1, 2. Halbs. EuInsVO

Für den Schutz der Interessen der Gläubiger des Sekundärinsolvenzverfahrens sieht die EuInsVO die Anordnungen durch das inländische Gericht nach Art. 33 Abs. 1 Satz 1, 2. Halbs. EuInsVO vor. Über sie entscheidet das Gericht in eigenem Ermessen; dies bezieht sich sowohl auf die Frage, ob es überhaupt Anordnungen trifft, als auch auf deren Inhalt.[683] Eine Anordnung nach Art. 33 Abs. 1 Satz 1, 2. Halbs. EuInsVO kommt jedoch nicht in Betracht, wenn die Gläubiger ihre Forderungen gemäß Art. 32 Abs. 1 EuInsVO auch in dem Hauptverfahren angemeldet haben; die Sicherungsanordnung würde sie dann bevorzugen.[684] In den Fällen der Quasi-Konzerninsolvenz gibt es keine besonderen außenstehenden Gläubiger im Hauptverfahren am „vermeintlichen“ COMI. In Betracht kommen insoweit nur die Konzernmutter und andere Tochtergesellschaften. Da die EuInsVO jedoch keine Unterscheidung zwischen den Gläubigern macht, sind deren Interessen umfänglich zu berücksichtigen.[685]

---

680 Vgl. EuGH, Urteil v. 2. 5. 2006 - Rs. C-341/04 (*Eurofood IFSC Ltd.*), NZI 2006, S. 360, 362 Rn. 45 ff., in denen der EuGH von der Rückwirkung spricht.

681 EuGH a.a.O.

682 *Herchen*, in: Pannen, EuInsVO, Art. 33 Rn. 18; a.A. *Vallender*, KTS 2005, S. 283, 305.

683 *Herchen*, in: Pannen, EuInsVO, Art. 33 Rn. 35; *Paulus*, EuInsVO, Art. 33 Rn. 15.

684 *Herchen*, in: Pannen, EuInsVO, Art. 33 Rn. 47.

685 Vgl. *Weller*, IPRax 2004, S. 412, 415 f.; a.A. Arrondissementgericht Amsterdam, ZIP 2007, S. 492, 494

Eine übliche Maßnahme ist die Anordnung, die Masse des Hauptinsolvenzverfahrens zur laufenden Verzinsung zu verpflichten.[686] Sind zum Zeitpunkt der Anordnung konkrete Gespräche geführt worden, bei denen bereits eine (generelle) Verständigung über den voraussichtlichen Kaufpreis erzielt wurde, kommt dessen Verzinsung in Betracht. Diese Sicherungsmaßnahme kann aber nur dann eingesetzt werden, wenn das Unternehmen gegen eine Barsumme veräußert werden soll. Ist geplant, die Gläubiger über die zukünftigen Erträge zu befriedigen, indem sie beispielsweise Anteile an der Gesellschaft erhalten oder eine Ratenzahlung vereinbart wird,[687] ist die Verzinsung kein geeignetes Mittel zum Schutz der Interessen der Gläubiger im Sekundärinsolvenzverfahren.

Auf ähnliche Schwierigkeiten trifft der Ansatz, eine Ersatzpflicht für Werteinbußen der Masse während der Phase der Aussetzung anzuordnen.[688] Ist bereits ein Barverkaufspreis gefunden worden, lässt sich ein Wertersatz möglicherweise noch realisieren. Ist geplant, die Befriedigung der Gläubiger in einem längerfristig angelegten Modell über Beteiligungen etc. zu erreichen, lässt sich der Wert der einzelnen Niederlassung nur schwer schnell, verlässlich und vor allem auch kostengünstig feststellen. Jahresabschlüsse sind wegen ihrer Eigenschaft als Blick in die Vergangenheit und der nun anstehenden Auflösung und / oder Umstrukturierung der Konzernverflechtungen und Geschäftsbeziehungen wenig aussagekräftig.

Eine weitere Möglichkeit des Schutzes besteht in der Übernahme von Garantien oder Ausfallbürgschaften, welche durch Sicherheiten gedeckt werden.[689] Eine solche Garantie muss aber in ihrem Umfang genau bestimmt sein. Gehen die Gläubiger zusätzliche Risiken ein, indem sie die Weiterführung der Gesellschaft unterstützen, um sich aus den zukünftigen Gewinnen zu befriedigen, oder sind sie zukünftig an der Gesellschaft beteiligt und haben sie deshalb die Aussicht auf Gewinne über die angemeldeten Verbindlichkeiten hinaus, sind die Tilgungsaussichten und die sonstigen Umstände der Befriedigung der Gläubiger unklar. Dementsprechend unwahrscheinlich ist es, dass ein bestimmter Wert beziffert werden kann, der für sie durch die Aussetzung der Verwertung in Gefahr gerät.[690]

Im Ergebnis kann der Verlust der Möglichkeit, die Niederlassung zu veräußern, für die Gläubiger nicht durch Sicherungsanordnungen ausgeglichen werden.

---

686 Vgl. *Herchen*, in: Pannen, EuInsVO, Art. 33 Rn. 38 ff.

687 Vgl. zu verschiedenen Gestaltungsvarianten *Noack/Bunke*, KTS 2005, S. 129, 132 f.

688 Vgl. *Herchen*, in: Pannen, EuInsVO, Art. 33 Rn. 41; *Smid*, in: Internationales InsR, Art. 33 EuInsVO Rn. 8; vgl. auch *Balz*, ZIP 1996, S. 948, 954.

689 *Kompat*, EuInsVO, S. 180.

690 Vgl. zu den Schwierigkeiten bei einer derartigen Lösung auch *Noack/Bunke*, KTS 2005, S. 129, 132 f.

(c) Rolle des Interesses der Gläubiger des Sekundärinsolvenzverfahrens

Das deutsche Gericht ist im Rahmen der Prüfung nach dem Wortlaut des Art. 33 Abs. 1 EuInsVO („offensichtlich") auf eine Evidenzkontrolle beschränkt.[691] Die Interessen der Gläubiger des Sekundärinsolvenzverfahrens sind bei der Prüfung der Begründetheit des Aussetzungsantrags nicht zu berücksichtigen.[692] Ist die sanierende Übertragung des Betriebs für die deutschen Gläubiger von großem Vorteil gegenüber der Verwertung im Hauptverfahren in Koordination mit anderen Verfahren, bleibt dies nach dem Wortlaut des Art. 33 Abs. 1 EuInsVO ohne Belang. Der Schutz der inländischen Gläubiger soll nach der Systematik der Verordnung ausschließlich über die Befugnis des deutschen Gerichts erfolgen, gemäß Art. 33 Abs. 1 Satz 1, 2. Halbsatz EuInsVO von dem Verwalter des Hauptverfahrens Schutzmaßnahmen zugunsten der inländischen Gläubiger zu verlangen.[693] Das Verhältnis zwischen Art. 33 Abs. 1 und Abs. 2 EuInsVO ist jedoch umstritten. Art. 33 Abs. 2, 2. Spiegelstrich EuInsVO stellt darauf ab, ob die Maßnahme nicht mehr mit dem Interesse „der Gläubiger des Haupt- *oder* des Sekundärinsolvenzverfahrens"[694] zu rechtfertigen ist. *Paulus* will daraus schließen, dass das Gericht bereits bei der Prüfung eines eventuellen Ablehnungsgrundes auch das Interesse der Gläubiger des Sekundärverfahrens in sein Kalkül einbeziehen muss.[695] Anderenfalls könne das Gericht am Tag nach der Aussetzung diese wieder aufheben.[696] Dem entgegnet *Herchen* mit einer strengen Wortlautauslegung, dass die Aussetzung nicht aufzuheben sei, wenn entweder die Interessen der Gläubiger des Haupt- oder des Sekundärinsolvenzverfahrens die Aussetzung weiterhin rechtfertigen würden.[697] Solange letztere durch die Sicherungsmaßnahmen nach Art. 33 Abs. 1 Satz 1, 2. Halbs. EuInsVO geschützt seien, sei nur auf das Interesse der Gläubiger des Hauptverfahrens abzustellen.[698] Solange die Aussetzung weiterhin im Interesse der Gläubiger des Hauptinsolvenzverfahrens liege, könne und müsse die Aufhebung der Aussetzung nach Art. 33 Abs. 2, 2. Spiegelstrich EuInsVO nur erfolgen, wenn die nach Art. 33 Abs. 1 Satz 1 EuInsVO angeordneten Maßnahmen zum Schutz der Interessen der Gläubiger des Sekundärinsolvenzverfahrens nicht befolgt würden.[699]

Diese Wortlautauslegung ist jedoch zweifelhaft. Zunächst ist *Herchen* zuzugeben, dass Fälle, in denen die Gläubiger des Sekundärverfahrens selber ein

691 *Herchen* in: Pannen, EuInsVO, Art. 33 Rn. 11; *Paulus*, EuInsVO, Art. 33 Rn. 8.

692 *Herchen*, in: Pannen, EuInsVO, Art. 33 Rn. 12; *Paulus*, EuInsVO, Art. 33 Rn. 9.

693 *Herchen*, in: Pannen, EuInsVO, Art. 33 Rn. 3; vgl. dazu bereits o. (b).

694 Hervorhebung des Verfassers.

695 *Paulus*, EuInsVO, Art. 33 Rn. 10.

696 *Paulus*, EuInsVO, Art. 33 Rn. 9.

697 *Herchen*, in: Pannen, EuInsVO, Art. 33 Rn. 55.

698 *Herchen*, a.a.O.

699 *Herchen*, in: Pannen, EuInsVO, Art. 33 Rn. 56.

rechtfertigendes Interesse an der Aussetzung haben, kaum denkbar sind.[700] Daher ist seiner Meinung insofern zuzustimmen, dass eine Aufhebung anzuordnen ist, wenn die Aussetzung ihnen zuwiderläuft.[701] *Herchen* verlagert aber die Auslegung von der negativen Formulierung des Art. 33 Abs. 2 EuInsVO („nicht mehr [...] zu rechtfertigen ist") auf eine positive Aussage („nicht aufzuheben [...], wenn [...] die Interessen [...] die Aussetzung weiterhin rechtfertigen"[702]). Damit verkehrt er die Prüfung in ihr Gegenteil. Die Frage, ob die Aussetzung unter dem einen oder anderen[703] Gesichtspunkt nicht mehr zu rechtfertigen ist, wird zur Frage, ob sie unter dem jeweils anderen doch noch gerechtfertigt werden kann und führt dann zu unterschiedlichen Ergebnissen: (a) möglicherweise kann die Aussetzung noch weiterhin aus der Sicht des Hauptverfahrens gerechtfertigt werden, (b) aus der Sicht des Sekundärinsolvenzverfahrens jedoch nicht mehr. Der Wortlaut der Vorschrift lässt den letzteren Umstand für einen Anspruch auf Aufhebung ausreichen. Die Auslegung ergibt insoweit also, dass es unabhängig von dem Hauptinsolvenzverfahren ausreicht, auf die Gläubiger des Sekundärverfahrens abzustellen.[704]

In Anbetracht des Art. 33 Abs. 1 EuInsVO ergibt dies tatsächlich einen Widerspruch. Dieser kann nur vermittelnd aufgelöst werden. Zu weitgehend wäre es, in Anlehnung an *Paulus* das Interesse der Gläubiger des Nebenverfahrens bereits bei der Anordnung der Verwertungsaussetzung gleichrangig einzubeziehen.[705] Andererseits kann auch nicht ausschließlich auf die Interessen der Gläubiger des Hauptverfahrens abgestellt werden.

Herchen möchte das Gewicht auf die Frage legen, ob die Schutzmaßnahmen nach Art. 33 Abs. 1 Satz 1, 2. Halbsatz EuInsVO wirksam sind.[706] Sind die Interessen der Gläubiger des Sekundärverfahrens hinreichend geschützt, ist die Rechtfertigung des Eingriffs unproblematisch. Wäre aber keine derartige Anordnung möglich, liefe dies darauf hinaus, dass die Verwertung gar nicht ausge-

---

700 *Herchen*, in: Pannen, EuInsVO, Art. 33 Rn. 55.

701 *Herchen*, a.a.O.

702 *Herchen*, in: Pannen, EuInsVO, Art. 33 Rn. 55.

703 Oder beiden; das „oder" ist hier im Sinne eines logischen nicht-ausschließlichen „oder" (Disjunktion) zu verstehen, da die Aufhebung auch möglich sein muss, wenn die Aussetzung weder aus dem Interesse der Gläubiger des Haupt- noch des Sekundärinsolvenzverfahrens gerechtfertigt werden kann. Vgl. zur Disjunktion *Joerden*, Logik, S. 11, 18 f.

704 LG Loeben, NZI 2006, S. 663, 664; *Beck*, NZI 2006, S. 609, 612 f.; *Duursma-Kepplinger/Chalupsky*, in: Duursma-Kepplinger/Duursma/Chalupsky, EuInsVO, Art. 33 Rn. 19 f.; *Smid*, in: Internationales InsR, Art. 33 EuInsVO Rn. 10; differenzierend: *Heiderhoff*, in: Haß/Huber/Gruber/Heiderhoff, Art. 33 EuInsVO Rn. 6; *Reinhart*, in: MK-InsO, Art. 33 EuInsVO Rn. 14.

705 Vgl. nicht ganz so weitgehend *Paulus*, EuInsVO, Art. 33 Rn. 10: „ins Kalkül einbezieht".

706 *Herchen*, in: Pannen, EuInsVO, Art. 33 Rn. 56.

setzt werden könnte. Für den Fall des Sekundärverfahrens beispielsweise, in dem eine übertragende Sanierung versucht wird, die eine Beteiligung der Gläubiger an der übernehmenden Gesellschaft oder an den Gewinnen beinhaltet und in dem daher die Anordnung von Schutzmaßnahmen nicht praktikabel wäre,[707] schlösse das die Aussetzung der Verwertung von vornherein aus. Für eine derartige Ausnahme für bestimmte – insbesondere komplexe – Verwertungsstrategien gibt der Wortlaut des Art. 33 EuInsVO jedoch nichts her.

Außerdem spricht die Vorschrift in Art. 33 Abs. 1 Satz 1, 2. Halbsatz EuInsVO lediglich davon, dass dem Gericht des Sekundärverfahrens das Recht zusteht, entsprechende Maßnahmen zu verlangen. Das Gericht kann daher auch von Schutzmaßnahmen absehen, wenn es dies für angemessen hält. Sie begründen für die Gläubiger des Nebenverfahrens daher keine zwingende Schutzgarantie; sie können ihre Forderungen auch gemäß Art. 32 Abs. 1 EuInsVO im Primärverfahren anmelden und somit für ihren eigenen Schutz sorgen. Die Anknüpfung an diese Anordnungen führt daher auch nicht zu einem belastbaren Ausgangspunkt. *Herchen* kann daher nicht gefolgt werden.

Im Ergebnis bietet sich daher folgender Lösungsansatz an:

Die überragende Bedeutung des Hauptinsolvenzverfahrens bleibt grundsätzlich auch in den Fällen einer Quasi-Konzerninsolvenz bestehen. Es ist einem deutschen Insolvenzgericht daher auch auf diesem Weg nicht eröffnet, die ausländische Eröffnungsentscheidung einer Prüfung zuzuführen und daraufhin die Rechte des Hauptinsolvenzverwalters faktisch zu beschneiden. Soweit die Evidenzkontrolle die Aussetzung der Verwertung rechtfertigt, muss diese auch angeordnet werden. Die Interessen der Beteiligten des Sekundärverfahrens dürfen an diesem Punkt noch keine Rolle spielen. Insofern ist die Systematik der EuInsVO sehr eindeutig. Der Hauptinsolvenzverwalter muss in seinem Antrag an das Gericht freilich die Voraussetzungen der Aussetzung darlegen. Dazu gehört auch – wie bereits gezeigt – eine hinreichend präzise Darstellung der Verwertung, die ausgesetzt werden soll. Eine Blanko-Aussetzung kann er nicht verlangen. Kommt er diesen Anforderungen nach, ist der Aussetzungsbeschluss zwingend anzuordnen.

Das Gericht hat dann aber den Gläubigern – gegebenenfalls vermittelt durch den Sekundärinsolvenzverwalter – unverzüglich die Möglichkeit einzuräumen, darzulegen, aus welchen Gründen die Interessen der Gläubiger des Sekundärverfahrens eine Aussetzung nicht mehr rechtfertigen. Das bedeutet, dass es den inländischen Gläubigern obliegt, hinreichend deutlich zu machen, welche Gestalt die konkreten Verwertungsbemühungen haben und welche wirtschaftlichen Vorteile davon zu erwarten sind. Nach eigener Überzeugungsbildung kann das Gericht die Aussetzung dann aufheben. Damit scheint sich zwar der angesprochene Widerspruch zu ergeben, dass das Gericht die gerade ausgesprochene Ausset-

707 Vgl. o.

zung bereits am nächsten Tag wieder aufheben muss. Dieser Einwand greift jedoch zu kurz. Nur so kann einerseits der Anspruch des Hauptverfahrens auf kurzfristigen, sicheren Schutz sichergestellt werden und andererseits die Belastung der einzelnen Parteien mit der jeweiligen Darlegungslast und gegebenenfalls Pflicht zur Glaubhaftmachung oder zum Beweis gewahrt werden. Ein Widerspruch zum Amtsermittlungsgrundsatz, der im deutschen Insolvenzverfahren gemäß § 5 Abs. 1 InsO herrscht, besteht nicht. Aus der Natur des Verfahrens und der Systematik der EuInsVO ergibt sich, dass im Falle des Aussetzungsantrags die Ermittlungspflicht zunächst eingeschränkt ist. Dadurch wird das Gericht nicht daran gehindert, Nachforschungen zu betreiben, wenn es den Darlegungen des Hauptinsolvenzverwalters skeptisch begegnet. Der Ermittlungspflicht entspricht es auch, dass der Verwalter bzw. die Gläubiger im Sekundärverfahren umgehend zur Stellungnahme aufgefordert werden. Das Gericht erforscht also durchaus den Sachverhalt von Amts wegen. Der Hauptinsolvenzverwalter hat aber nach dem deutlichen Willen des europäischen Verordnungsgebers in der Zwischenzeit bereits einen Anspruch auf vorläufigen Schutz.

c) Ergebnis

Eine übertragende Sanierung ist grundsätzlich ein Weg zur Verwertung des Schuldnervermögens, der auch den Gläubigern offen steht, die in Deutschland ein Sekundärinsolvenzverfahren gegen eine Niederlassung der schuldnerischen Gesellschaft betreiben. Die Pläne können jedoch vom Hauptinsolvenzverwalter durch einen Antrag auf Aussetzung der Verwertung gemäß Art. 33 Abs. 1 Satz 1, 1. Halbsatz EuInsVO zu Fall gebracht werden. Das Gericht kann zwar gemäß Art. 33 Abs. 1 Satz 1, 2. Halbsatz EuInsVO Anordnungen zum Schutz der Gläubiger des Sekundärinsolvenzverfahrens anordnen, jedoch gibt es im Falle einer geplanten übertragenden Sanierung praktisch kein sachdienliches Schutzmittel. Die Gläubiger des Sekundärinsolvenzverfahrens haben deshalb keine effektive Handhabe, um die von ihnen gewünschte Verwertung im Nebeninsolvenzverfahren gegenüber dem Hauptinsolvenzverfahren durchzusetzen.

(3) Eigenverwaltung im Sekundärverfahren

Beharren die deutschen Gläubiger auf der Durchführung eines Sekundärinsolvenzverfahrens,[708] wird häufig der Weg zu einem Kompromiss gesucht, um langwierige und kostspielige Rivalitäten und Rechtsstreitigkeiten zwischen den Verwaltern des Haupt- und des Nebeninsolvenzverfahrens zum Nachteil der jeweiligen Massen zu vermeiden. Ein derartiger Kompromiss wird gelegentlich darin gesehen, das inländische Unternehmen in Selbstverwaltung führen zu lassen; die ausländischen Verwalter aus dem Hauptverfahren führen dann die Schuldnerin im Rahmen ihrer Verwaltungsbefugnisse und bekommen im Sekundärverfahren einen Sachwalter zur Seite gestellt.[709]

Dieser Lösungsansatz ist jedoch problematisch.[710] Es ist fraglich, ob die Eigenverwaltung die Voraussetzungen, die die EuInsVO an das Sekundärinsolvenzverfahren stellt, erfüllen kann. Diese Bedenken ergeben sich aus dem Umstand, dass im Rahmen der Eigenverwaltung die Verfügungsbefugnis und die Verwaltung des Unternehmens bei dem Schuldner verbleibt (§ 270 Abs. 1 InsO).

Gemäß Art. 2 lit. b) EuInsVO sind „Verwalter" im Sinne der Verordnung aber auch solche Personen, die die Geschäftstätigkeit des Schuldners nur überwachen. Folgerichtig findet sich der Sachwalter (nach der Insolvenzordnung) auch in Anhang C zur EuInsVO wieder. Die Eigenverwaltung scheitert daher nicht an dem Fehlen eines Verwalters im Sinne der EuInsVO.[711] Da die Eigenverwaltung nicht zwangsläufig auf eine Sanierung des Unternehmens hinauslaufen oder auch nur darauf ausgerichtet sein muss, verstößt ihre Anordnung auch nicht gegen Art 3 Abs. 3 Satz 2 EuInsVO, wonach das Sekundärinsolvenzverfahren ein Liquidationsverfahren im Sinne des Art. 2 lit. c) EuInsVO zu sein hat und zur Liquidation des Vermögens der schuldnerischen Gesellschaft zu führen hat.[712]

Dem AG Köln ist jedoch in einem anderen Punkt zu widersprechen: Das Gericht geht davon aus, dass die Verwaltungs- und Verfügungsbefugnis sich wei-

---

708 Dies kann insbesondere der Fall sein, wenn das inländische Unternehmen eine herausgehobene Stellung im Konzern hat und die Gläubiger sich von der Einzelverwertung mehr versprechen als von der konzernweiten Liquidation, auch wenn dies zum Nachteil der ausländischen Gläubiger gereicht, was aber freilich für die deutschen Gläubiger grundsätzlich ohne Belang ist, zumal die ausländischen Gläubiger häufig gemäß Art. 32 EuInsVO ihre Forderungen auch im Nebenverfahren angemeldet haben.

709 AG Köln, ZIP 2004, S. 471, 472 f.

710 Ablehnend *Stephan* in HK-InsO, EuInsVO, Art. 27, Rn. 9; *Kemper*, in: Kübler/Prütting, InsO, Art. 27 EuInsVO Rn. 8; kritisch auch Sabel, NZI 2004, 126, 128; zustimmend *Meyer-Löwy/Poertzgen*, ZInsO 2004, 195, 197 f.; im Ergebnis ebenfalls *Smid*, DZWIR 2004, S. 397, 407; *Mäsch*, in: Rauscher, EG-InsVO, Einl Rn. 7.

711 AG Köln, ZIP 2004, S. 471, 474; *Reinhart*, in: MK-InsO, Art. 1 EuInsVO Rn. 7.

712 AG Köln, ZIP 2004, S. 471, 474.

terhin nach englischem Recht richte und dem dortigen *Administrator* zustehe.[713] Dies folgert es aus dem Umstand, dass die Eigenverwaltung zu einer Wahrung des *status quo* führe und das deutsche Verfahren somit keinen „Anspruch auf die Verwaltungs- und Verfügungsbefugnis erheb[e]".[714] Das Gericht scheint daraus wiederum zu schließen, dass mit der Anordnung der Eigenverwaltung der Verwalter aus dem Hauptinsolvenzverfahren faktisch zum Leiter des inländischen Unternehmens wird: Leitsatz 5 der Entscheidung spricht davon, dass „[n]ach Anordnung der Eigenverwaltung in einem Sekundärinsolvenzverfahren [...] der Verwalter des Hauptinsolvenzverfahrens die Verwaltungs- und Verfügungsbefugnis für den Schuldner [ausübe]".[715] In der Begründung des Beschlusses ist die Rede davon, „dass die Verwalter des Hauptinsolvenzverfahrens den schuldnerischen Betrieb bis zur beabsichtigten Unternehmensveräußerung besser führen können als ein neuer Verwalter, weil sie durch die bisherige Betriebsfortführung bereits eingearbeitet sind und für Kontinuität der Betriebsfortführung sorgen".[716] Wen das Gericht als Sachwalter gemäß § 270 Abs. 1 Satz 1 InsO berufen hat, geht aus dem Beschluss nicht hervor. Insofern vermeidet das Gericht das Problem dass eine Identität der Verwalter wegen der Selbständigkeit der beiden Verfahren und der unterschiedlichen Interessen der Verwaltung nicht von der Verordnung gedeckt ist.[717] Die Rechtsprechung stützt sich im Wesentlichen auf Gesichtspunkte der Sachdienlichkeit und der Verfahrensökonomie. Es wird sichergestellt, dass das Verwaltungs- und Verfügungsrecht über das gesamte schuldnerische Vermögen beim Hauptinsolvenzverwalter verbleibt – der regelmäßig auch Verwalter über weitere Konzerngesellschaften ist und dadurch eine „Quasi-Gesamtmasse" schaffen kann. Dieser Umstand kann in besonderem Maße dazu beitragen, die Schwierigkeiten, die sich aus dem Nebeneinander von Haupt- und Nebeninsolvenzverfahren ergeben, zu reduzieren bzw. zu beseitigen.[718] Eine Identität der Verwalter im Haupt- und Sekundärinsolvenzverfahren ist angesichts der kodifizierten Kooperations- und Informationspflichten und der oft widerstreitenden Interessen jedoch gerade nicht vorgesehen und nicht gewollt.[719] Die Konstruktion über die Eigenverwaltung konterkariert daher diese ratio.

Die Entscheidung des AG Köln kann auch aus weiteren Gründen nicht überzeugen.

Zunächst ist festzuhalten: die Anordnung der Eigenverwaltung hat hier im Ergebnis tautologischen Charakter. Den englischen *Administrators* stand kraft

713 AG Köln, a.a.O., S. 471, 475.
714 AG Köln, a.a.O., S. 471, 474 f.
715 AG Köln, a.a.O., S. 471, 472.
716 AG Köln, a.a.O., S. 471, 476.
717 *Stephan*, in: HK-InsO, Art. 27 EuInsVO Rn. 9.
718 AG Köln, ZIP 2004, S. 471, 476.
719 *Sabel*, NZI 2004, S. 126, 128; *Stephan* in HK-InsO, EuInsVO, Art. 27, Rn. 9.

der Wirkung des englischen Hauptinsolvenzverfahrens die Verwaltungs- und Verfügungsbefugnis über das deutsche Unternehmen schon zu. Die Anordnung der Eigenverwaltung wäre somit eigentlich gar nicht nötig gewesen, führt wegen der Bestellung eines Sachwalters sogar zu einer Verringerung der durch die Eröffnung des Hauptinsolvenzverfahrens erhaltenen Kompetenzen.[720] Dies drängt zu dem Schluss, dass hinter dem Antrag eine Verfahrenslage steht, die in dem Sachverhalt der Entscheidung nicht klar zum Ausdruck kommt, aber zwischen den Zeilen erkennbar wird: Zunächst stellen die englischen Verwalter am 30.12.2003 den Antrag nach Art. 33 EuInsVO auf Aussetzung der Verwertung, schon *bevor* der Geschäftsführer der Schuldnerin am 31.12.2003 einen Insolvenzantrag stellt. Dies lässt ein schlechtes Verhältnis zwischen den Parteien vermuten oder zumindest auf mangelnde Kommunikation schließen. Der Insolvenzantrag des alleinigen Geschäftsführers brachte das Gericht in die Situation, dass es grundsätzlich ein Sekundärinsolvenzverfahren ohne Eigenverwaltung hätte eröffnen müssen. Dementsprechend berief es durch Beschluss vom 12.01.2004 einen vorläufigen Insolvenzverwalter. Daran hatten augenscheinlich die englischen Verwalter kein großes Interesse, weil sie die einheitliche Leitung durch die Hauptinsolvenzverwalter für sachdienlicher hielten.[721] Im weiteren Verlauf ergehen also Abänderungen der Beschlüsse, bis schließlich alle Parteien – also auch der Geschäftsführer der Schuldnerin – einen Antrag auf Anordnung der Eigenverwaltung stellen. Es lässt sich nur vermuten, dass in Verhandlungen mit der Geschäftsführung der Gesellschaft dies als Kompromiss vereinbart wurde. Der überlieferte Sachverhalt schweigt leider zu diesem Thema.

Die Argumentationskette des Gerichts wird in dem Beschluss nicht vollständig deutlich. Es geht mit guten Gründen jedoch davon aus, dass die Eröffnung des Hauptinsolvenzverfahrens die Organstellung der Geschäftsführung der schuldnerischen Gesellschaft nicht beseitigt, sondern ausschließlich die Verwaltungs- und Verfügungsbefugnis über das gesellschaftliche Vermögen auf die Verwalter übergeht.[722] Dementsprechend verbleibt auch das Recht zur Stellung eines Insolvenzantrags bei der Geschäftsführung.[723] Denkt man dies konsequent weiter, war auch der Antrag der Geschäftsführung auf Anordnung der Eigenverwaltung gemäß § 270 Abs. 2 Nr. 1 InsO erforderlich; die *Administrators* repräsentieren nach der Argumentation des Gerichts insoweit gerade nicht den Schuldner. Davon ausgehend muss auch angenommen werden, dass unter „der Schuldner“ in § 270 Abs. 1 InsO weiterhin die Gesellschaft, vertreten durch ihre Geschäftsführung, zu verstehen ist und diese in der Folge die Rolle der Eigen-

720 Ähnlich *Smid*, DZWIR 2004, S. 397, 407.

721 AG Köln, ZIP 2004, S. 471, 475 f.

722 AG Köln, ZIP 2004, S. 471, 473.

723 Daraus lässt sich schließen, dass sie der Gesellschaft nicht zugleich auch als Gläubiger gegenüberstand.

verwalterin einnimmt.[724] Nur liegt die Befugnis, das Vermögen der Gesellschaft weiterhin zu verwalten und darüber zu verfügen nach der Meinung des Gerichts noch bei den englischen *Administrators*, so dass diese faktisch die Leitung der Gesellschaft in den Händen behalten.

Die Konstruktion des AG Köln ist sehr kunstvoll, kann aber im Ergebnis nicht überzeugen. Der Dreh- und Angelpunkt des Argumentationsstranges ist die Annahme, dass § 270 InsO den *status quo* beibehalte und deshalb die Verwaltungs- und Verfügungsbefugnis bei den englischen *Administrators* bleibe. Dies setzt eine Vermischung der Wirkungen des englischen Hauptverfahrens und des deutschen Nebenverfahrens voraus. Die Anerkennungswirkungen der Art. 16, 17 InsO überschneiden sich hier. Das Sekundärinsolvenzverfahren soll aber – neben dem Vorbehalt des nationalen *ordre publics* – gerade die Möglichkeit sein, die Universalität des Hauptverfahrens zu beschränken.[725] Das Gericht argumentiert, die Anerkennungswirkung nach Art. 17 Abs. 2 EuInsVO könne nur soweit gehen, wie ein Konflikt tatsächlich bestehe. Da die §§ 270 ff. InsO aber keinen Übergang der Leitungsbefugnis vorschreiben würden, bliebe es insoweit bei dem hauptverfahrensrechtlichen Übergang auf die englischen Verwalter. Es vertritt also die Meinung, dass die Wirkung des englischen Hauptverfahrens, die Verwaltungs- und Verfügungsbefugnis auf die *Administrators* zu übertragen, durch keinen Aspekt des deutschen Sekundärinsolvenzverfahrens in der Form der Eigenverwaltung überlagert werde.[726]

Diese Unterscheidung ist jedoch gekünstelt und kann nicht überzeugen. Zwar regeln die §§ 270 ff. InsO nicht ausdrücklich den Übergang der Verwaltungs- und Verfügungsbefugnis. Dies ergibt sich jedoch aus der Natur des Verfahrens. Die InsO ist für nationale Sachverhalte geschaffen worden. In diesem Kontext hätte die ausdrückliche „Hin- und Herübertragung" oder die Verankerung der Erneuerung der Befugnis im Wortlaut wenig Sinn ergeben und Nutzen gehabt. Nach der inzwischen wohl herrschenden Meinung ist die Rechtsfolge des § 270 InsO auch nicht die reine Perpetuierung des *status quo*, vielmehr nimmt der Schuldner bzw. das Organ, also die Geschäftsführer der GmbH, die Aufgabe als Amtswalter wahr.[727] Dies ergibt sich einerseits aus dem Wortlaut des § 270 Abs. 1 InsO, nach dem der Schuldner eben gerade nicht verwaltungs- und ver-

---

724 Zum Verhältnis zwischen Schuldner und Sachwalter, *Wittig/Tetzlaff*, in: MK-InsO, § 270 Rn. 67a ff.

725 *Kindler*, in: MK-BGB, IntInsR, Art. 3 EuInsVO Rn. 37; *Haß/Herweg*, in: Haß/Huber/Gruber/Heiderhoff, EuInsVO, Art. 3 Rn. 2; *Duursma-Kepplinger*, in: Duursma-Kepplinger/Duursma/Chalupsky, EuInsVO, Vorbemerkung zur EuInsVO, Rn. 13.

726 AG Köln, NZI 2004, S. 151, 154.

727 Auf diesen Streit soll hier nicht weiter eingegangen werden. S. dazu *Wittig/Tetzlaff*, in: MK-InsO, § 270 Rn. 69.

fügungsbefugt „bleibt“.[728] Zum anderen führt diese Ansicht zu sachgerechten Folgen im Rahmen der Bestandskraft insolvenzzweckwidriger Handlungen des Schuldners.[729] Auch in dieser Konstellation ermöglicht diese Ansicht eine bruchfreie, systemgerechte Lösung: Die Existenz unterschiedlicher Insolvenzverfahrensvarianten macht es erforderlich zu fragen, ob jeweils eine Regelung über den *Verbleib* der Verwaltungs- und Verfügungsbefugnis getroffen wird oder nicht. Nur nach ihrer *Übertragung* zu fragen, kann den einzelnen Verfahrensformen nicht gerecht werden, da die Frage zu eng formuliert ist. Die EuInsVO setzt auch keine Übertragung der Befugnis voraus. Art. 1 Abs. 1 EuInsVO verlangt, dass ein Insolvenzverfahren einen Vermögensbeschlag und die Bestellung eines Verwalters aufweisen muss. Art. 2 lit. b) EuInsVO lässt für den Verwalter auch einen Überwacher der Geschäftsführung ausreichen. Aus diesen Vorschriften kann daher nicht nur auf die grundsätzliche Zulässigkeit der Eigenverwaltung im Rahmen eines Sekundärverfahrens geschlossen werden.[730] Vielmehr kann auch der Schluss gezogen werden, dass es von der EuInsVO hingenommen wird, wenn die Verfügungs- und Verwaltungskompetenz nicht auf den Verwalter übergeht, sondern bei dem ursprünglichen Organ verbleibt. Erfasst die Verordnung diese Verfahren in ihrer Gesamtheit als mögliche Sekundärinsolvenzen, muss auch den gesamten einschlägigen Vorschriften gemäß Art. 17 Abs. 2 EuInsVO die Anerkennung zugesprochen werden. Eine Aufteilung in Vorschriften über den Verbleib und Vorschriften über den Übergang der Leitungsbefugnis konterkariert die gesetzlichen Vorgaben.

Ist mit der herrschenden Meinung von einer Amtswalterstellung auch des Sachwalters bei Eigenverwaltung auszugehen und nimmt man weitergehend an, dass grundsätzlich die Organstruktur der Gesellschaft erhalten bleibt,[731] erscheint es widersinnig, die wesentlichen Aspekte der Amtswalterstellung als auf einen Dritten übergegangen zu betrachten. Sollte dieser Dritte die Aufgaben des Insolvenzverwalters wahrnehmen, hätte er in einem Regelverfahren als Insolvenzverwalter bestellt werden können. Dies trifft jedoch auf große Bedenken hinsichtlich § 56 Abs. 1 InsO, wonach eine von den Gläubigern und den Schuldnern unabhängige Person bestellt werden muss.[732] In einer Konzernsituation, bei der die inländische Gesellschaft zumindest abhängige Gesellschaft ist und möglicherweise sogar unter einheitlicher Leitung steht, ist der Verwalter im Hauptverfahren sowohl der Muttergesellschaft als auch der Tochtergesellschaften im Verhältnis zur Tochtergesellschaft im Sekundärverfahren über letztere

728 *Haas*, in: Gottwald, Insolvenzrecht, § 89 Rn. 2; *Wittig/Tetzlaff*, in: MK-InsO, § 270 Rn. 69.

729 *Haas* a.a.O.; *Wittig/Tetzlaff* a.a.O.

730 So auch das AG Köln, vgl. o. im vorigen Abschnitt.

731 Vgl. o.

732 Vgl. zu diesem Punkt bereits o.

nicht unabhängig und deshalb als Verwalter im inländischen Nebenverfahren ungeeignet.

Durch die stark einschränkende Auslegung der Art. 16 ff. EuInsVO, die die Wirkungen des inländischen Sekundärverfahrens weit zurückdrängt, wird der Fall künstlich aus dem Wirkungsbereich des Regelinsolvenzverfahrens und des § 56 InsO herausgehoben und über einen Kunstgriff per Eigenverwaltung ein Ergebnis erzielt, das wirtschaftlich möglicherweise wünschenswert, rechtlich aber nicht zulässig gewesen wäre. Damit stellt die Konstruktion eine Umgehung der Anforderungen an den Insolvenzverwalter und der Vorschriften über das Regelinsolvenzverfahren dar, der durch die Auslegung der Anerkennungsvorschriften der Art. 16 ff. EuInsVO zugunsten der Wirkung des inländischen Sekundärverfahrens begegnet werden muss. Durch die Verwendung der Eigenverwaltung auf diese Art und Weise würde ein wesensgleiches Minus zum Zustand ohne Sekundärinsolvenzverfahren geschaffen: Die Situation bleibt im Wesentlichen gleich, nur der Sachwalter beschränkt dann die Kompetenzen der schuldnerischen inländischen Gesellschaft bis zu einem gewissen Maße. Damit werden die Möglichkeiten der Gläubiger, ihre eigenen Interessen durch ein Sekundärverfahren zu schützen, stark beschnitten. Denn stellt der Hauptverwalter immer auch zugleich den Eröffnungsantrag für das Nebeninsolvenzverfahren in Eigenverwaltung, stehen die Gläubiger vor vollendeten Tatsachen und können keine Verwertung des inländischen Vermögens nach ihren Vorstellungen und nach deutschen Vorschriften mehr erreichen, wenn das Gericht einer Quasi-Konzerninsolvenz aufgeschlossen gegenübersteht. Ihnen wird eine Verfahrensstruktur aufgezwungen, die weitgehend einem alleinigen Hauptverfahren entspricht. Damit kann das Sekundärinsolvenzverfahren seine Aufgabe, die Universalität des Hauptverfahrens zu kontrollieren und zu beschränken,[733] nicht mehr erfüllen.

Der § 270 Abs. 1 Satz 1 InsO trifft eine sehr deutliche Aussage über den Verbleib der Befugnis. Daher muss die Vorschrift insgesamt als Teil des Sekundärverfahrens gemäß § 17 Abs. 2 EuInsVO im Staat des Hauptinsolvenzverfahrens anerkannt werden. Diese Anordnung durch die InsO überlagert die englischen Vorschriften. Daher kann als Eigenverwaltung nur die Geschäftsführung der Gesellschaft berufen werden, die ihre Geschäfte sämtlich führt.[734] Das Hauptinsolvenzverfahren löst insofern keine Wirkung aus. Den Verwaltern des Hauptverfahrens über die Eigenverwaltung unter Berufung auf die Rechte, die sie ohne ein Sekundärverfahren hätten, die Rolle von Geschäftsführern zuzuweisen, sie damit die Verwertung betreiben zu lassen und sie nur unter die Kontrol-

733 *Kindler*, in: MK-BGB, IntInsR, Art. 3 EuInsVO Rn. 37; *Haß/Herweg*, in: Haß/Huber/Gruber/Heiderhoff, EuInsVO, Art. 3 Rn. 2; *Duursma-Kepplinger*, in: Duursma-Kepplinger/Duursma/Chalupsky, EuInsVO, Vorbemerkung zur EuInsVO, Rn. 13.

734 Davon geht offensichtlich auch AG Mönchengladbach, NZI 2004, S. 1064, 1066 aus.

le eines Sachwalters zu stellen, ist eine Umgehung des § 56 InsO und deshalb abzulehnen. Außerdem wäre es möglich, durch die Flankierung eines Antrags auf Eröffnung eines Hauptverfahrens im Wunschstaat mit einem Antrag auf Eröffnung eines Sekundärverfahrens in Eigenverwaltung im eigentlich international zuständigen Staat den dortigen Gläubigern ihr einziges Abwehrmittel zu nehmen. Dies entspricht nicht dem Grundsatz der kontrollierten Universalität.

Ergebnis und Schlussbetrachtung

Der gebräuchliche Begriff des *forum shoppings* wird über seine ursprüngliche Verwendung, die Wahl zwischen mehreren Gerichtsständen zu treffen, hinaus inzwischen auf alle Fälle angewendet, die die Begründung einer örtlichen Zuständigkeit zum Gegenstand haben, die von dem Verwender als nicht hinnehmbar angesehen wird. Damit ist das *forum shopping* nach heutiger Verwendung ein Kampfbegriff gegen die Verortung unterschiedlicher rechtlicher Vorgänge. Um eine begriffliche Differenzierung zwischen der grundsätzlich zulässigen und gegebenenfalls erforderlichen Auswahl verschiedener Gerichtsstände und der künstlichen Verlagerung eines Vorgangs an einen anderen Ort zu gewährleisten, ist daher für letzteres der Begriff des *forum buildings* treffender.

Über begriffliche Details hinaus ist die Rolle des *forum buildings* auch im deutschen Rechtsraum nach der Einführung der bundesweit geltenden InsO zum Problem geworden. In der Rechtsprechung und Literatur wurde dieses bisher unter dem Schlagwort der „Firmenbestattung" gelöst. Die Firmenbestattung spielt auch heute noch eine Rolle. Neben der vom BGH zu diesen Fällen eingeführten starren Vermutungsregelung ist das Augenmerk auch auf die wirtschaftliche Aktivität zu richten. Lässt sich am neuen Ort des Geschehens eine planmäßig begonnene Sanierungs- oder Restrukturierungstätigkeit überzeugend feststellen, kann ein *forum building* verneint werden.

Die Gesetzesänderungen durch das MoMiG erlauben ebenfalls nicht das unbürokratische *forum building*. Die Flexibilisierungen werden insofern ausgeglichen durch die negativen Folgen öffentlicher Zustellung falls die Eintragungen nicht der Wahrheit entsprechen und der größeren Freiheit der Gerichte, einer Änderung der Geschäftsanschrift keine Beachtung zu schenken. Insoweit gelten die gleichen Maßstäbe wie bei einer nicht anzuerkennenden Sitzverlegung. Eine Zuständigkeit, die sowohl vom Sitz als auch von der Geschäftsanschrift abweicht, ist nur mit ganz außergewöhnlichen Begründungen denkbar.

Die demnach weiterhin erforderliche wertende Korrektur des § 3 InsO findet durch die Bewertung der Tätigkeiten der Gesellschaft am Zielort statt. Stellt sich das Geschehen nicht als ernsthafter Sanierungsversuch dar, den die Gesellschaft darzulegen und gegebenenfalls zu beweisen hat, hat es entweder an das zuständige Gericht gemäß § 4 InsO, § 281 ZPO zu verweisen oder eine Entscheidung über die Zuständigkeit unter den weiteren Voraussetzungen des § 36 ZPO, einschließlich der Überwindung der Bindungswirkung, herbeizuführen.

Die dogmatische Grundlage für dieses Vorgehen ist die teleologische Reduktion der Zuständigkeitsvorschriften. Durch die Heranziehung dieses rechtstechnischen Instruments wird die Problematik aus dem Bereich des Judiz herausgelöst und handhabbar gemacht. Die teleologische Reduktion ist einschlägig, weil § 3 InsO, § 17 ZPO zu weit gefasst sind nur und durch die Verengung ihres Anwendungsbereichs Ergebnisse erreicht werden können, die den Wertungen entsprechen, die das Insolvenzverfahren beherrschen. Dabei ist zwischen Gläubigerschutz und Prozessökonomie abzuwägen. Da auch letztere dem Schutz der Gläubiger dient, sind die Anforderungen an die teleologische Reduktion im Einzelfall streng zu bemessen.

Eine andere verbreitete Spielart ist der Versuch, über eine Verweisung an das gewünschte Gericht in den Genuss der Bindungswirkung nach § 281 Abs. Abs. 2 Satz 2 ZPO zu kommen. Kommt das Zielgericht, dass sich einer solchen verwiesenen Sache gegenüber sieht, zu dem Schluss, dass die Verweisung derart mangelbehaftet ist, dass sie die Voraussetzungen der Willkür erfüllt, muss es die Zuständigkeit gemäß § 36 ZPO klären lassen. Die obergerichtliche Rechtsprechung ist in jüngerer Zeit in den Fällen von Unternehmensbestattungen sehr einheitlich und vom BGH bestätigt worden. Damit haben die Zielgerichte ein effektives, sicheres Mittel gegen derartige Verweisungen. Es ist dennoch festzuhalten, dass diese Möglichkeit nur besteht, wenn sich das verweisende Gericht allzu leichtfertig auf die Einlassungen des Schuldners einlässt. Spricht in einem Fall zwar alles für eine Unternehmensbestattung, begründet das verweisende Gericht seinen Beschluss jedoch hinreichend, wenn auch unzutreffend, bleibt die Bindungswirkung bestehen. In diesem Fall hat der Schuldner oder der Unternehmensbestatter „Glück gehabt". Dies kann auf Dauer nur verhindert werden, wenn die Insolvenzgerichte für die hier behandelten Fallgestaltungen sensibilisiert sind und es ihnen dadurch gelingt, den redlichen von dem unredlichen Schuldner zu unterscheiden und dementsprechend zu verfahren.

Eine jüngere amtsgerichtliche Entscheidung gibt Anlass zu der Sorge, dass im innerdeutschen Raum zukünftig ein *forum building* im Zusammenhang mit Quasi-Konzerninsolvenzen akzeptiert werden könnte. Das dieser Rechtsprechung zugrunde liegende Verständnis des § 3 Abs. 1 Satz 2 InsO, das die Konzernbindung der Tochtergesellschaft in den Vordergrund rückt und zur Grundlage der Verortung des Mittelpunkts der selbständigen wirtschaftlichen Tätigkeit macht, ist jedoch abzulehnen. Es ist denkbar, dass im Ergebnis eine zentrale Eröffnung aller Verfahren möglich ist. Voraussetzung dafür ist jedoch eine hinreichend verfestigte Konzernstruktur. Solange das deutsche Insolvenzrecht keine Vorschriften über Gesellschaften enthält, die in Gruppenstrukturen eingebunden sind, erfordert dieser Umstand die Fokussierung der Prüfung auf die jeweils betroffene Gesellschaft. Eine konzernfreundliche Auslegung des Art. 3 Abs. 1 Satz 2 InsO durch einzelne Gerichte beinhaltet zudem die Gefahr, dass es zu Gefällen im sogenannten *real law*, d.h. der örtlich praktizierten Rechtsanwendung kommt. Die Konsequenz wäre ein stellenweise praktiziertes, richterlich entwickeltes Konzerninsolvenzrecht. Das ist abzulehnen.

Ebenfalls zu großen Teilen konzernrechtlich motiviert sind die Streitigkeiten im Rahmen der internationalen Zuständigkeit nach der EuInsVO. Nach der Rechtsprechung des EuGH in der Sache *Eurofood* geht die ganz herrschende Meinung davon aus, dass für die Feststellung des COMI (= *centre of main interests*) auf objektiv für Außenstehende erkennbare Elemente abzustellen ist. Eine

Betonung von Umständen, die im Wesentlichen interner Natur sind (so die sogenannte *Head Office Functions Theorie*) führt zu einer tiefgreifenden Unsicherheit über das zuständige mitgliedstaatliche Gericht. Dies ist von umso größerer Bedeutung, als die Untersuchung ergeben hat, dass die Möglichkeiten der Gläubiger, eine Entscheidung zu korrigieren, stark begrenzt sind. Trotz der Entwicklung in der Rechtsprechung werden die Konsequenzen nicht einheitlich gezogen und weiterhin auch gesellschaftsinterne, für objektive Dritte nicht erkennbare Umstände im Rahmen einer Abwägung einbezogen. Richtiger und konsequenter ist es, diese Aspekte in der Zukunft vollständig unbeachtet zu lassen. Es kann daher nur auf solche Kriterien ankommen, die auch ohne ein besonderes Verhältnis zur Schuldnerin durch objektive Dritte in Erfahrung gebracht werden können.

In diesem Zusammenhang ist ein Ansatz in der Rechtsprechung und Literatur aus der jüngeren Vergangenheit abzulehnen, der sich mit Hilfe des *ordre public* über die mitgliedstaatlichen Eröffnungsentscheidungen hinwegsetzen will. Der Vorbehalt des nationalen *ordre public* eignet sich nicht dazu, ein Instrumentarium zu schaffen, um unerwünschte Verfahrenseröffnungen im Ausland zu unterbinden. Die Probleme dieses Ansatz erschöpfen sich nicht in der Handhabung des bewusst eng gehaltenen Wortlauts des Art. 26 EuInsVO. Auch wenn ein Sachverhalt nach den fraglichen Grundsätzen subsumiert werden kann, ist damit über das Schicksal des Verfahrens noch nicht viel ausgesagt. Durch ihre Anwendung kann sich das deutsche Gericht lediglich weigern, die Eröffnung anzuerkennen oder Entscheidungen zu vollstrecken. Daraus ergibt sich mitnichten das Ende des Verfahrens im Ausland, insbesondere nicht seine Nichtigkeit. Die Bemühungen, über Art. 26 EuInsVO zu einem erwünschten Ergebnis zu kommen, sind daher von vornherein nicht zielführend und sollten vollständig aufgegeben werden.

Auch die Durchführung eines Sekundärinsolvenzverfahrens liefert den deutschen Gläubigern kein effektives Mittel an die Hand. Insofern ist die starke Stellung des Hauptinsolvenzverwalters in der EuInsVO konsequent umgesetzt worden. Etwas anderes kann sich nur dann ergeben, wenn das Sekundärinsolvenzverfahren im Ergebnis die gesamte schuldnerische Gesellschaft umfasst. Zwar steht den deutschen Gläubigern mit dem deutschen Einheitsverfahren grundsätzlich ein Weg offen, das Sekundärverfahren auch ohne vollständige Liquidation zu beenden. Abgesehen von den praktischen Schwierigkeiten, eine entsprechende Gläubigermehrheit – im Falle eines Insolvenzplans nach Art. 102 § 9 EGInsO sogar Einstimmigkeit – zu finden, steht dem Hauptinsolvenzverwalter die Beantragung der Aussetzung der Verwertung im Sekundärverfahren zur Verfügung. Dagegen können die deutschen Gläubiger nur erfolgreich sein, wenn sie das Gericht durch detaillierte Darlegungen überzeugen, dass eine Aussetzung nicht mehr gerechtfertigt ist.

Der Versuch, eine konzerneinheitliche Verwertung zu ermöglichen, indem im Sekundärverfahren über das inländische Vermögen, das von den inländischen Gläubigern angestrengt wurde, die Eigenverwaltung angeordnet wird, kann rechtlich ebenfalls nicht überzeugen. Die Hauptinsolvenzverwalter sind nicht automatisch zur Leitung über die schuldnerische Gesellschaft befugt. Diese Konstruktion umgeht § 56 InsO, der die Unabhängigkeit der Verwalter vorsieht. Außerdem wäre es möglich, durch die Flankierung eines Antrags auf Eröffnung eines Hauptverfahrens im Wunschstaat mit einem Antrag auf Eröffnung eines Sekundärverfahrens in Eigenverwaltung im eigentlich international zuständigen Staat den dortigen Gläubigern ihr einziges Abwehrmittel zu nehmen. Dies entspricht nicht dem Grundsatz der kontrollierten Universalität.

Für die Beteiligten ist es demnach von besonderer Bedeutung, dass das COMI von Beginn an richtig festgestellt wird. Daher ist Entscheidungen und Bestrebungen entgegenzutreten, die vermehrt interne Umstände wieder in den Vordergrund stellen wollen. Insbesondere ist die Bedeutung der Vermutung des Art. 3 Abs. 1 Satz 2 EuInsVO zu respektieren. Diese verlangt einen Beweis des Gegenteils. Die Feststellung des COMI kann daher schon kein Ergebnis einer Abwägung sein. Wirtschaftliche Interessen und Zweckmäßigkeitserwägungen haben an dieser Stelle keinen Platz.

Abkürzungsverzeichnis

a.A.	andere Ansicht
a.a.O.	am angegebenen Ort
a.F.	alte Fassung
AG	Amtsgericht / Aktiengesellschaft
AktG	Aktiengesetz
BB	Betriebs-Berater
BGB	Bürgerliches Gesetzbuch
BGH	Bundesgerichtshof
BVerfG	Bundesverfassungsgericht
COMI	Centre of Main Interests
ders.	derselbe
dies.	dieselbe / dieselben
d.h.	das heißt
DNotZ	Deutsche Notar-Zeitschrift
DStR	Deutsches Steuerrecht
DZWIR	Deutsche Zeitschrift für Wirtschafts- und Insolvenzrecht
EBLR	European Business Law Review
ECFR	European Company and Financial Law Review
EGInsO	Einführungsgesetz zur Insolvenzordnung
EuInsVO	Verordnung (EG) Nr. 1346/2000 des Rates vom 29. Mai 2000 über Insolvenzverfahren
EWiR	Entscheidungen zum Wirtschaftsrecht
EWS	Europäisches Wirtschafts- und Steuerrecht
gem.	gemäß
ggf.	gegebenenfalls
GmbHG	Gesetz betreffend die Gesellschaften mit beschränkter Haftung
GmbHR	GmbH-Rundschau
GPR	Zeitschrift für Gemeinschaftsprivatrecht
h.M.	herrschende Meinung
IFR	International Financing Review
insb.	insbesondere
InsO	Insolvenzordnung
IPrax	Praxis des Internationalen Privat- und Verfahrensrechts
IZPR	Internationales Zivilprozessrecht
JuS	Juristische Schulung
JZ	Juristenzeitung
KTS	Konkurs-, Treuhand- und Schiedsgerichtswesen
LG	Landgericht
MDR	Monatsschrift für Deutsches Recht
m.w.N.	mit weiteren Nachweisen

n.F.	neue Fassung
NJW	Neue Juristische Wochenschrift
NJW-RR	Neue Juristische Wochenschrift-Rechtsprechungs Report
NZG	Neue Zeitschrift für Gesellschaftsrecht
NZI	Neue Zeitschrift für das Recht der Insolvenz und Sanierung
OLG	Oberlandesgericht
RIW	Recht der Internationalen Wirtschaft
S.	Siehe
u.a.	und andere / unter anderem
Vgl. (o./u.)	Vergleiche (oben/unten)
WiB	Wirtschaftsrechtliche Beratung
WM	Wertpapier-Mitteilungen
ZGR	Zeitschrift für Unternehmens- und Gesellschaftsrecht
ZInsO	Zeitschrift für das gesamte Insolvenzrecht
ZIP	Zeitschrift für Wirtschaftsrecht und Insolvenzpraxis
ZPO	Zivilprozessordnung
ZZP	Zeitschrift für Zivilprozeß

Literaturverzeichnis

Adam, Dietmar	Zuständigkeitsfragen bei der Insolvenz internationaler Unternehmensverbindungen, Baden-Baden 2006. zitiert: *Adam*, Unternehmensverbindungen, S.
Aktiengesetz Großkommentar	Hrsg. v. Hopt, Klaus; Wiedemann, Herbert; Erster Band – Einleitung; §§ 1-53, 4. Aufl., Berlin 2004. zitiert: *Bearbeiter* in GK AktG
Altmeppen, Holger	Schutz vor „europäischen" Kapitalgesellschaften, NJW 2004, S. 97-104 zitiert: *Altmeppen*, NJW 2004, S. 97
Altmeppen, Holger; Wilhelm, Jan	Gegen die Hysterie um die Niederlassungsfreiheit der Scheinauslandsgesellschaften, DB 2004, S. 1083-1089. zitiert: *Altmeppen/Wilhelm*, DB 2004, S. 1083
Andres, Dirk; Grund, Andreas	Die Flucht vor deutschen Insolvenzgerichten nach England – Die Entscheidungen in dem Insolvenzverfahren Hans Brochier Holdings Ltd., NZI 2007, S. 137-143. zitiert: *Andres/Grund*, NZI 2007, S. 137
Andres, Dirk; Leithaus, Rolf	Insolvenzverordnung (InsO), München 2006. zitiert: *Bearbeiter* in Andres/Leithaus, InsO
Bachner, Thomas	The Battle over Jurisdiction in European Insolvency Law, ECFR 2006, S. 310-329. zitiert: *Bachner*, ECFR 2006, S. 310
Bales, Klaus	Insolvenzplan und Eigenverwaltung - Chancen für einen Neustart im Rahmen der Sanierung und Insolvenz, NZI 2008, S. 216-221. zitiert: *Bales*, NZI 2008, S. 216
Ballmann, Alexander	Der High Court of Justice erschwert die Flucht deutscher Unternehmen ins englische Insolvenzrecht; Der Fall Hans Brochier – Hintergründe und Folgen; BB 2007, S. 1121-1125. zitiert: *Ballmann*, BB 2007, S. 1121

Balz, Manfred — Das neue Europäische Insolvenzübereinkommen, ZIP 1996, S. 948-955.
zitiert: *Balz*, ZIP 1996, S. 948

Bar, Christian von; Mankowski, Peter — Internationales Privatrecht, Band I Allgemeine Lehren, 2. Aufl., München 2003.
zitiert: *v. Bar/Mankowski*, IPR

Baumbach, Adolf; Hopt, Klaus J.; Merkt, Hanno — Handelsgesetzbuch, 33. Aufl., München 2008 .
zitiert: *Bearbeiter,* in: Baumbach/Hopt, HGB

Baumbach, Adolf; Hueck, Alfred — GmbH-Gesetz – Gesetz betreffend die Gesellschaften mit beschränkter Haftung, 18. Aufl.; München 2006 .
zitiert: *Bearbeiter,* in: Baumbach/Hueck, GmbHG

Baumbach, Adolf; Lauterbach, Wolfgang; Albers, Jan; Hartmann, Peter — Zivilprozessordnung, 65. Auflage, München 2007.
zitiert: *Hartmann* in Baumbach, ZPO

Beck, Siegfried — Verwertungsfragen im Verhältnis von Haupt- und Sekundärinsolvenzverfahren nach der EuInsVO, NZI 2006, S. 609-618 .
zitiert: *Beck*, NZI 2006, S. 609

Becker, Christoph — Insolvenzrecht, Köln, Berlin, München 2005.
zitiert: *Becker*, Insolvenzrecht

Benecke, Martina — Gesetzesumgehung im Zivilrecht, Tübingen 2004.
zitiert: *Benecke*, Gesetzesumgehung im Zivilrecht

Berliner Kommentar zum Insolvenzrecht — Begr. v. Axel Breutigam, Jürgen Blersch, Hans-W. Goetsch, bearb. v. Jürgen Blersch, Hans-W. Goetsch und Ulrich Haas
Band III, Kommentierung EuInsVO, Loseblatt, Berlin Stand: April 2007.
zitiert: *Bearbeiter,* in: BK-InsO

Blobel, Felix; Späth, Patrick — Zum Entwicklungsstand der Lehre vom „forum non conveniens“ in England; RIW 2001, S. 598-604.
zitiert: *Blobel/Späth*, RIW 2001, S. 598

Borges, Georg	Gläubigerschutz bei ausländischen Gesellschaften mit inländischem Sitz, ZIP 2004, S. 733-744. zitiert: *Borges*, ZIP 2004, S. 733
Borges, Georg	Der rechtliche Status der im Registerstaat erloschenen Gesellschaft, IPRax 2005, S. 134-141. zitiert: *Borges*, IPRax 2005, S. 134
Burg, Michael; Westerheide, Stefan	Praktische Auswirkungen des MoMiG auf die Finanzierung von Konzernen, BB 2008, S. 62-65. zitiert: *Burg/Westerheide*, BB 2008, S. 62
Carstens, Nis	Die internationale Zuständigkeit im europäischen Insolvenzrecht, Köln 2005. zitiert: *Carstens*, Internationale Zuständigkeit
Duursma-Kepplinger, Henriette-Christine	„Checkliste zur Eröffnung eines Insolvenzverfahrens nach der Europäischen Insolvenzverordnung und zum anwendbaren Recht“, NZI 2003, S. 87-91. zitiert: *Duursma-Kepplinger*, NZI 2003, S. 87
dies.	Gegensteuerungsmaßnahmen bei ungerechtfertigter Inanspruchnahme der internationalen Zuständigkeit gemäß Art. 3 Abs. 1 EuInsVO, DZWIR 2003, S. 447-452. zitiert: *Duursma/Duursma-Kepplinger*, RIW 2003, S. 447
dies.	Aktuelle Entwicklungen zur internationalen Zuständigkeit für Hauptinsolvenzverfahren – Erkenntnisse aus Staubitz-Schreiber und Eurofood, ZIP 2007, S. 896-903. zitiert: *Duursma-Kepplinger*, ZIP 2007, S. 896
Duursma-Kepplinger, Henriette-C.; Duursma, Dieter	„Der Anwendungsbereich der Insolvenzverordnung unter Berücksichtigung der Bereichsausnahmen, von Konzernsachverhalten und der von den Mitgliedstaaten abgeschlossenen Konkursverträge“, IPRax 2003, S. 505-511. zitiert: *Duursma-Kepplinger/Duursma*, IPRax 2003, S. 505

Duursma-Kepplinger, Henriette-Christina; Duursma, Dieter; Chalupsky, Ernst	Europäische Insolvenzverordnung, Wien 2002 zitiert: *Bearbeiter,* in: Duursma-Kepplinger/ Duursma/Chalupsky, EuInsVO, Art.
Ebenroth, Carsten Thomas; Boujong, Karlheinz; Joost, Detlev; Strohn, Lutz	Handelsgesetzbuch, Band 1, §§ 1-342e, 2. Aufl., München 2008. zitiert: *Bearbeiter,* in: Ebenroth/ Boujong/ Joost/ Strohn, HGB
Ehricke, Ulrich	Die neue Europäische Insolvenzverordnung und grenzüberschreitende Konzerninsolvenzen, EWS 2002, S. 101-107. zitiert: *Ehricke*, EWS 2002, S. 101
Ehricke, Ulrich; Ries, Julian	Die neue Europäische Insolvenzverordnung, JuS 2003, S. 313-320. zitiert: *Ehricke/Ries*, JuS 2003, S. 313
Eidenmüller, Horst	„Europäische Verordnung über Insolvenzverfahren und zukünftiges deutsches internationales Insolvenzrecht“, IPRax 2001, S. 2-15. zitiert: *Eidenmüller*, IPRax 2001, S. 2
ders.	Der Markt für internationale Konzerninsolvenzen: Zuständigkeitskonflikte unter der EuInsVO, NJW 2004, S. 3455-3459. zitiert: *Eidenmüller*, NJW 2004, S. 3455
ders.	Geschäftsleiter- und Gesellschafterhaftung bei europäischen Auslandsgesellschaften mit tatsächlichem Inlandssitz, NJW 2005, S. 1618-1621. zitiert: *Eidenmüller*, NJW 2005, S. 1618
ders.	Wettbewerb der Insolvenzrechte? ZGR 2006, S. 467-488. zitiert: *Eidenmüller*, ZGR 2006, S. 467
Fach, Katio; Tirado, Ignacio	Die jüngste konkursrechtliche Rechtsprechung des EuGH: Schritte zu mehr Rechtssicherheit, GPR 2007, S. 40-48. zitiert: *Fach/Tirado*, GPR 2007, S. 40

Frankfurter Kommentar	Wimmer, Klaus (hrsg); Ahrens, Martin, Frankfurter Kommentar zur Insolvenzordnung, 4. Aufl., Neuwied u.a., 2006. zitiert: *Bearbeiter,* in: FK-InsO
Freitag, Robert; Leible, Stefan	Justizkonflikte im Europäischen Internationalen Insolvenzrecht und (k)ein Ende?; RIW 2006, S. 641-651. zitiert: *Freitag/Leible*, RIW 2006, S. 641
Frind, Frank	Reichweite und Grenzen der gerichtlichen Kontrolle des Insolvenzverwalters - was kann das Insolvenzgericht verhindern?, ZInsO 2006, S. 182-187. zitiert: *Frind*, ZInsO 2006, S. 182
ders.	Forum shopping – made in Germany?, ZInsO 2008, S. 261-264. zitiert: *Frind*, ZInsO 2008, S. 261
ders.	Ein letzter PIN: Zur Ökonomisierung des Prinzips vom gesetzlichen Richter, ZInsO 2008, S. 614-615. zitiert: *Frind*, ZInsO 2008, S. 614
ders.	Forum PINning?, ZInsO 2008, S. 363-367. zitiert: *Frind*, ZInsO 2008, S. 363
Fritz, Daniel; Bähr, Rainer	Die Europäische Verordnung über Insolvenzverfahren -Herausforderung an Gerichte und Insolvenzverwalter, DZWIR 2001, S. 221-235. zitiert: *Fritz/Bähr*, DZWIR 2001, S. 221
Fröhlich, Andreas; Köchling, Marcel	Verkauf eines insolventen Unternehmens – Bestandsaufnahme und Handlungsleitfaden zur Realisierung übertragender Sanierungen; ZInsO 2005, S. 1121-1130. zitiert: *Fröhlich/Köchling*, ZInsO 2005, S. 1121
Gebauer, Martin; Wiedmann, Thomas	Zivilrecht unter europäischem Einfluss, Stuttgart 2005. zitiert: *Bearbeiter*, in: Gebauer/Wiedmann
Geimer, Reinhold	Internationales Zivilprozeßrecht, 5. Auflage, Köln 2005. zitiert: *Geimer*, IZPR

Gerhardt, Walter	„Die Beschwerde im Insolvenzverfahren" in Festschrift für Wilhelm Uhlenbruck, Köln 2000. zitiert: *Gerhardt*, FS Uhlenbruck, S.
GmbHG Großkommentar	Hrsg. v. Peter Ulmer, in Gemeinschaft mit Mathias Habersack, Martin Winter; Band I Einleitung; §§ 1 bis 28; Tübingen 2005. zitiert: *Bearbeiter*, in: GmbHG Großkommentar
Gottwald, Peter	Insolvenzrechts-Handbuch, 3. Aufl., München 2006. zitiert: *Bearbeiter,* in: Gottwald, Insolvenzrecht
Graf-Schlicker, Marie Luise (hrsg.)	InsO - Kommentar zur Insolvenzordnung, Köln 2007. zitiert: *Bearbeiter* in Graf-Schlicker, InsO, §
Grier, Nicholas; Griphin, Stephen; Capper, David	UK Company Law, Chichester 1998. zitiert: *Grier/Griphin/Capper*, UK Company Law, S.
Großfeld, Bernhard	Internationales Insolvenzrecht im Werden?, ZIP 1981 S. 925-933. zitiert: *Großfeld*, ZIP 1981, S. 925
Grote, Rainer; Marauhn, Thilo	EMRK/GG Konkordanzkommentar zum europäischen und deutschen Grundrechtsschutz, Tübingen 2006. zitiert: *Bearbeiter* in Grote/Marauhn, EMRK/GG
Hachenburg	Gesetz betreffend die Gesellschaften mit beschränkter Haftung (GmbHG) – Großkommentar, hrsg. v. Ulmer, Peter, 8. Aufl., Berlin 1992. zitiert: *Bearbeiter*, in: Hachenburg[8], GmbHG
Hamburger Kommentar	Schmidt, Andreas (hrsg.), Hamburger Kommentar zum Insolvenzrecht, 2. Aufl. 2007. zitiert: *Bearbeiter*, in: Hamburger Kommentar
Häsemeyer, Ludwig	Insolvenzrecht, 3. Auflage, Köln u.a. 2002. zitiert: *Häsemeyer*, Insolvenzrecht, Rn.

Haß, Detlef; Huber, Peter; Gruberm Urs; Heiderhoff, Bettina	EU-Insolvenzverordnung, München 2005. zitiert: *Bearbeiter*, in: Haß/ Huber/ Gruber/ Heiderhoff, EuInsVO
Haubold, Jens	„Mitgliedstaatenbezug, Zuständigkeitserschleichung und Vermögensgerichtsstand im Internationalen Insolvenzrecht“, IPRax 2003, S. 34-41. zitiert: *Haubold*, IPRax 2003, S. 34,
Heidelberger Kommentar zum Aktiengesetz	Hrsg. v. Bürgers, Tobias; Körber, Torsten; Heidelberg u.a. 2008. zitiert: *Bearbeiter* in HK-AktG
Heidelberger Kommentar zum GmbH-Recht	v. Harald Bartl, Helmar Fichtelmann, Eberhard Schlarb, Hans-Jürgen Schulze, 4. Aufl., Heidelberg 1998. zitiert: *Bearbeiter*, in: HK-GmbHR
Heidelberger Kommentar zur Insolvenzordnung	Heidelberger Kommentar zur Insolvenzordnung, bearbeitet von Eickmann, Dieter / Flessner, Axel / Irschlinger, Friedrich / Kirchhof, Hans-Peter / Kreft, Gerhart / Landfermann, Hans-Georg / Marotzke, Wolfgang / Stephan, Guido, 4. Aufl., Heidelberg 2006. zitiert: *Bearbeiter,* in: HK-InsO
Henckel, Wolfram	„Fehler bei der Eröffnung des Insolvenzverfahrens – Abhilfe und Rechtsmittel“, ZIP 2000, S. 2045-2053. zitiert: *Henckel*, ZIP 2000, S. 2045
Herchen, Axel	Das Übereinkommen über Insolvenzverfahren der Mitgliedstaaten der Europäischen Union vom 23.11.1995, Würzburg 2000. zitiert: *Herchen*, EUIÜ, S.
ders.	„Scheinauslandsgesellschaften im Anwendungsbereich der Europäischen Insolvenzordnung“, ZInsO 2003, S. 742-747. zitiert: *Herchen*, ZInsO 2003, S. 742

ders. Aktuelle Entwicklungen im Recht der internationalen Zuständigkeit zur Eröffnung von Insolvenzverfahren: Der Mittelpunkt der (hauptsächlichen) Interessen im Mittelpunkt der Interessen, ZInsO 2004, S. 825-831.
zitiert: *Herchen*, ZInsO 2004, S. 825

ders. Das Prioritätsprinzip im internationalen Insolvenzrecht, ZIP 2005, S. 1401-1406.
zitiert: *Herchen*, ZIP 2005, S. 1401

ders. Wer zuerst kommt, mahlt zuerst! - Die Bestellung eines „schwachen" vorläufigen Insolvenzverwalters als Insolvenzverfahrenseröffnung im Sinne der EuInsVO, NZI 2006, S. 435-437.
zitiert: *Herchen*, NZI 2006, S. 435

Herdegen, Matthias Europarecht, 10. Aufl., München 2008.
zitiert: *Herdegen*, Europarecht

Hess, Burkhard; Laukemann, Björn; Seagon, Christopher Europäisches Insolvenzrecht nach Eurofood: Methodische Standortbestimmung und praktische Schlussfolgerungen; IPRax 2007, S. 89-98.
zitiert: *Hess/Laukemann/Seagon*, IPRax 2007, S. 89

Hess, Harald; Weis, Michaela; Wienberg, Rüdiger InsO – Kommentar zur Insolvenzordnung mit EGInsO, Band 1 Insolvenzordnung, 2. Aufl., Heidelberg 2001.
Zitiert: *Bearbeiter,* in: Hess/Weis/Wienberg, §

Hirte, Heribert; Bücker, Thomas Grenzüberschreitende Gesellschaften, 2. Aufl., Köln u.a. 2006.
zitiert: *Bearbeiter* in Hirte/Bücker, Grenzüberschreitende Gesellschaften

v. Hoffmann, Bernd; Thorn, Karsten Internationales Privatrecht, 8. Auflage, München 2005.
zitiert: *v. Hoffmann/Thorn*, IPR

Hölzle, Gerrit Zur Haftung wegen eines existenzvernichtenden Eingriffs, ZIP 2003, S. 1897-1898.
zitiert: *Hölzle*, ZIP 2003, S. 1897

Huber, Peter	„Internationales Insolvenzrecht in Europa – Das internationale Privat- und Verfahrensrecht der Europäischen Insolvenzverordnung“, ZZP 114 (2001), S. 133-167. zitiert: *Huber*, ZZP 114 (2001), S. 133
Hüffer, Uwe	Aktiengesetz, 8. Aufl., München 2008. zitiert: *Hüffer*, AktG
ders.	Beschlußmängel im Aktienrecht und im Recht der GmbH – eine Bestandsaufnahme unter Berücksichtigung der Beschlüsse von Leitungs- und Überwachungsorganen, ZGR 2001, S. 833-874. zitiert: *Hüffer*, ZGR 2001, S. 833
Jacoby, Florian	Der *ordre public*-Vorbehalt beim *forum shopping* im Insolvenzrecht, GPR 2007, S. 200-206. zitiert: *Jacoby*, GPR 2006, S. 200
Jaeger, Ernst	Insolvenzordnung Großkommentar; begrg zur Konkursordnung v. Ernst Jaeger; hrsg. v. Wolfram Henckel, Walter Gerhard; Berlin 2004. zitiert: *Bearbeiter*, in: Jaeger, InsO
Jauernig, Othmar	Bürgerliches Gesetzbuch, 12. Aufl., München 2007. zitiert: *Bearbeiter,* in: Jauernig, BGB
Joerden, Jan C.	Logik im Recht, Berlin 2005. zitiert: *Joerden*, Logik
Kammel, Volker	Die Bestimmung der zuständigen Gerichte bei grenzüberschreitenden Konzerninsolvenzen, NZI 2006, S. 334-338. zitiert: *Kammel*, NZI 2006, S. 334
Kebekus, Frank	Anmerkung zu AG Nürnberg, Beschl. v. 1.10.2006 – 8034 IN 1326/06, ZIP 2007, S. 84-87. zitiert: *Kebekus*, ZIP 2007, S. 84
Kebekus, Frank; Sabel, Oliver; Schlegel, Ursula	Cross Border Insolvencies: Germany, Köln 2007. zitiert: *Bearbeiter*, in: Kebekus/Sabel/Schlegel

Kegel, Gerhard; Schurig, Klaus — Internationales Privatrecht, 9. Auflage, München 2004.
zitiert: *Kegel/Schurig*, IPR

Keggenhoff, Carsten — Internationale Zuständigkeit in grenzüberschreitenden Insolvenzverfahren – Der Mittelpunkt des hauptsächlichen Interessen gemäß Art. 3 Abs. 1 EuInsVO bei Gesellschaften und juristischen Personen, Hamburg 2006.
zitiert: *Keggenhoff*, Internationale Zuständigkeit, S.

Keller, Ulrich — Insolvenzrecht, München 2006.
Zitiert: *Keller*, Insolvenzrecht, S.

Kemper, Jutta — Die Verordnung (EG) Nr. 1346/2000 über Insolvenzverfahren, ZIP 2001, S. 1609-1621.
zitiert: *Kemper*, ZIP 2001, S. 1609

Kersting, Christian — Handels- und gesellschaftsrechtliche Auswirkungen der Befreiung „kleiner" Kaufleute und Personenhandelsgesellschaften von der Buchführungs- und Bilanzierungspflicht, BB 2008, S. 790-796.
zitiert: *Kersting*, BB 2008, S. 790

Kessler, Wolfgang; Huck, Friederike; Obser, Ralph — „Wegzug von Kapitalgesellschaften – Teil I – Gesellschafts- und steuerreichtliche Aspekte der Unternehmensverlagerung ins Ausland nach *de Lasteyrie du Saillant*", DStZ 2004, S. 813-825.
zitiert: *Kessler/Huck/Obser*, DStZ 2004, S. 813

Kleindiek, Detlef — ‚Ordnungswidrige Liquidation durch organisierte „Firmenbestattung"', ZGR 2007, S. 276-310.
zitiert: *Kleindiek*, ZGR 2007, S. 276

Klockenbrink, Ulrich — Die Gläubigerstellung unter dem Einfluss der EuInsVO und des deutschen internationalen Insolvenzrechts, Berlin 2008.
zitiert: *Klockenbrink*, Gläubigerstellung

Klöhn, Lars	Statische oder formale Lebenssachverhalte als „Interessen“ i.S. des Art. 3 I 1 EuInsVO? - Zum Mittelpunkt der hauptsächlichen Interessen einer im Ausland gegründeten Gesellschaft bei Einstellung ihrer werbenden Tätigkeit im Inland, NZI 2006, S. 383-386. zitiert: *Klöhn*, NZI 2006, S. 383
Knof, Béla	Der Ordre-public-Vorbehalt nach Art. 26 EuInsVO - eine Allzweckwaffe gegen forum shopping im europäischen Insolvenzrecht?, ZInsO 2007, S. 629-637. zitiert: *Knof*, ZInsO 2007, S. 629
Knof, Béla; Mock, Sebastian	Innerstaatliches Forum Shopping in der Konzerninsolvenz – Cologne Calling?, ZInsO 2008, S. 253-261. zitiert: *Knof/Mock*, ZInsO 2008, S. 253
dies.	Innerstaatliches Forum Shopping in der Konzerninsolvenz – Cologne Calling?, ZInsO 2008, S. 253-261. zitiert: *Knof/Mock*, ZInsO 2008, S. 253
dies.	Noch einmal: Forumshopping in der Konzerninsolvenz, ZInsO 2008, S. 499-502. zitiert: *Knof/Mock*, ZInsO 2008, S. 499
Koch, Harald	Einführung in das europäische Zivilprozessrecht, JuS 2003, S. 105-111. zitiert: *Koch*, JuS 2003, S. 105
Kögel, Steffen	Der Sitz der GmbH und seine Bezugspunkte, GmbHR 1998, S. 1108-1114. zitiert: *Kögel*, GmbHR S. 1108
Koller, Ingo; Roth, Wulf-Henning; Morck, Winfried	Handelsgesetzbuch, 6. Aufl., München 2007. zitiert: *Bearbeiter* in Koller/Roth/Morck, HGB
Kompat, Birgit Melanie	Die neue Europäische Insolvenzverordnung, Hamburg 2006. zitiert: *Kompat*, EuInsVO

Konzen, Horst — Geschäftsführung, Weisungsrecht und Verantwortlichkeit in der GmbH und GmbH & Co. KG, NJW 1989, S. 2977-2987.
zitiert: *Konzen*, NJW 1989, S. 2977

Krafka, Alexander; Willer, Heinz — Handbuch der Rechtspraxis, Band 7, Registerrecht, 7. Aufl., München 2007.
zitiert: *Krafka/Willer*, Registerrecht

Kropholler, Jan — Internationales Privatrecht – einschließlich der Grundbegriffe des Internationalen Zivilverfahrensrechts, 6. Auflage, Tübingen 2006.
zitiert: *Kropholler*, IPR

Kübler, Bruno; Prütting, Hanns — InsO – Kommentar zur Insolvenzordnung; Band III, Stand: Januar 2008; Köln.
zitiert: *Bearbeiter*, in: Kübler/Prütting, InsO

Lach, Sebastian — Die Europäische Insolvenzverordnung – Instrument des inländischen Gläubigerschutzes im Wettbewerb der Gesellschaftsrechte, Hamburg 2007.
zitiert: *Lach*, EuInsVO, S.

Larenz, Karl — Methodenlehre der Rechtswissenschaft, 6. Aufl., Berlin 1991.
zitiert: *Larenz*, Methodenlehre

Larenz, Karl; Wolf, Manfred — Allgemeiner Teil des Bürgerlichen Rechts, 9. Auflage, München 2004.
zitiert: *Larenz/Wolf*, BGB AT

Leible, Stefan; Staudinger, Ansgar — „Die europäische Verordnung über Insolvenzverfahren", KTS 2000, S. 533-575.
zitiert: *Leible/Staudinger*, KTS 2000, S. 533,

Leibner, Wolfgang — „Die Gläubigervertretung bei „gesteuerten" Insolvenzen", NZI 2002, S. 479-481.
zitiert: *Leibner*, NZI 2002, S. 479

Lüke, Wolfgang — „Das europäische internationale Insolvenzrecht", ZZP 111 (1998), S. 275-314.
zitiert: *Lüke*, ZZP 111 (1998), S. 275

Lutter, Marcus; Hommelhoff, Peter — GmbH-Gesetz: Kommentar, 16. Aufl., Köln 2004.
zitiert: *Lutter/Hommelhoff*, GmbHG

Mankowski, Peter	Kurzkommentar zu OLG Köln, Beschl. v. 23.4.2001 – 2 W 82/01, EWiR 2001, S. 967-968. zitiert: *Mankowski*, EWiR 2001, S. 967
ders.	Anmerkung zu BGH, Urt. v. 27.5.2003 – IX ZR 203/02, NZI 2003, S. 546-547. zitiert: *Mankowski*, NZI 2003, S. 546
ders.	Entwicklungen im Internationalen Privat- und Prozessrecht 2003/2004 (Teil 2); RIW 2004, S. 587-602. zitiert: *Mankowski*, RIW 2004, S. 587
ders.	Klärung von Grundfragen des europäischen Internationalen Insolvenzrechts durch die Eurofood-Entscheidung? Centre of main interests (COMI), Anerkennung, ordre public, vorläufige Insolvenzverwaltung, BB 2006, 1753-1759. zitiert: *Mankowski*, BB 2006, S. 1753
ders.	Anmerkung zu High Court of Justice London, Beschl. v. 09.06.2006, EWiR 2006, S. 623-624. zitiert: *Mankowski*, EWiR 2006, S. 623
ders.	Zur internationalen Zuständigkeit in Insolvenzsachen, EWiR 2007, S. 177-178. zitiert: *Mankowski*, EWiR 2007, S. 177
Mennicke, Petra	Zum Weisungsrecht der Gesellschafter und der Folgepflicht des GF in der mitbestimmungsfreien GmbH, NZG 2000, S. 622-626. zitiert: *Mennicke*, NZG 2000, S. 622
Meyer-Ladewig, Jens	Europäische Menschenrechtskonvention, 2. Aufl., Baden-Baden 2006. zitiert: *Meyer-Ladewig*, EMRK
Meyer-Löwy, Bernd; Plank, Leo	Entbehrlichkeit des Sekundärinsolvenzverfahrens bei flexibler Verteilung der Insolvenzmasse im Hauptinsolvenzverfahren?, NZI 2006, S. 622-624. zitiert: *Meyer-Löwy/Plank*, NZI 2006, S. 622

Meyer-Löwy, Bernd; Poertzgen, Christoph	Eigenverwaltung (§§ 270 ff. InsO) löst Kompetenzkonflikt nach der EuInsVO, ZInsO 2004, S. 195-198. zitiert: *Meyer-Löwy/Poertzgen*, ZInsO 2004, S. 195
Mock, Sebastian; Schildt, Charlotte	Insolvenz ausländischer Kapitalgesellschaften mit Sitz in Deutschland, ZInsO 2003, S. 396-402. zitiert: *Mock/Schildt*, ZInsO 2003, S. 396
Moss, Gabriel; Fletcher, Ian F.; Isaacs, Stuart	The EC Regulation on Insolvency Proceedings: a Commentary and Annotated Guide, Oxford 2002. zitiert: *Bearbeiter*, in: Moss/Fletcher/Stuart
Müller, Hans-Friedrich	Insolvenz ausländischer Kapitalgesellschaften mit inländischem Verwaltungssitz, NZG 2003, S. 414-418. zitiert: *Müller*, NZG 2003, S. 414
Münchener Handbuch des Gesellschaftsrechts	Band 3, Gesellschaft mit beschränkter Haftung, hrsg. v. Hans-Joachim Priester, Dieter Mayer, 2. Aufl., München 2003; Band 4, Aktiengesellschaft, hrsg. v. Hoffmann-Becking, Michael, 3. Aufl., München 2007. zitiert: *Bearbeiter* in Münchener Handbuch GesR
Münchener Kommentar zum Aktiengesetz	Hrsg. v. Kropff, Bruno; Semler, Johannes Band 1, §§ 1-53, 2. Auflage, München 2000. zitiert *Bearbeiter,* in: MK-AktG
Münchener Kommentar zum Bürgerlichen Gesetzbuch	Hrsg. v. Rebmann, Kurt / Säcker, Franz Jürgen / Rixecker, Roland Band 2, Schuldrecht Allgemeiner Teil, §§ 241-432; 5. Aufl., München 2007 Band 11, Internationales Wirtschaftsrecht, Einführungsgesetz zum Bürgerlichen Gesetzbuche (Art. 50-245), 4. Aufl., München 2006. Zitiert: *Bearbeiter,* in: MK-BGB
Münchener Kommentar zum Handelsgesetzbuch	Hrsg. v. Schmidt, Karsten Band 2, Zweites Buch. Handelsgesellschaften und stille Gesellschaft; Erster Abschnitt. Offene Handelsgesellschaft; §§ 105-160; 2. Aufl., München 2006. zitiert: *Bearbeiter* in MK-HGB

Münchener Kommentar zur Insolvenzordnung	Münchener Kommtar zur Insolvenzordnung, hrsg. v. Kirchhof, Hans-Peter; Lwowski, Hans-Jürgen; Stürner, Rolf Band 1, §§ 1-102 InsO, InsVV, 2. Aufl., München 2007, Band 3, §§ 270-335, Internationales Insolvenzrecht, Insolvenzsteuerrecht, 2. Aufl., München 2008. zitiert: *Bearbeiter,* in: MK-InsO, §
Münchener Kommentar zur Zivilprozeßordnung	Hrsg. v. Lüke, Gerhard; Wax Peter Band 1, §§ 1-354, 2. Aufl. München 2000. zitiert *Bearbeiter* in MK-ZPO
Musielak, Hans-Joachim	Grundkurs ZPO, 9. Aufl., München 2007. zitiert: *Musielak*, Grundkurs ZPO, Rn.
Musielak, Hans-Joachim (Hrsg.)	Kommentar zur Zivilprozessordnung, 5. Aufl., München 2007. zitiert: *Bearbeiter* in Musielak, ZPO
Müther, Peter-Hendrik	Anmerkung zu KG Berlin, Beschl. v. 13.2.1998 – 28 AR 61/97, MDR 1998, S. 618-621. zitiert: *Müther*, MDR 1998, S. 618,
Nagel, Heinrich; Gottwald, Peter	Internationales Zivilprozessrecht, 6. Auflage, Köln 2007. zitiert: *Nagel/Gottwald*, IZPR
Nerlich, Jörg; Römermann, Volker	Insolvenzordnung, Stand: Mai 2007, München 2007 (Loseblatt). zitiert: *Bearbeiter*, in: Nerlich/Römermann, InsO
Noack, Ulrich	Gesellschaftsrecht (Kübler/Prütting (Hrsg.), InsO; Sonderbd. 1), Köln 1999. zitiert: *Noack*, Gesellschaftsrecht
Noack, Ulrich; Bunke, Caspar	Gläubigerbeteiligung an Sanierungserträgen und Vertragsüberleitung bei übertragender Sanierung in der Gesellschaftsinsolvenz, KTS 2005, S. 129-153. zitiert: *Noack/Bunke*, KTS 2005, S. 129
Palandt, Otto	Bürgerliches Gesetzbuch, 67. Aufl., München 2008. zitiert: *Bearbeiter,* in: Palandt, BGB

Pannen, Klaus — Europäische Insolvenzverordnung, Berlin 2007.
zitiert: *Bearbeiter,* in: Pannen, EuInsVO

Pannen, Klaus; Riedemann, Susanne — Checkliste: Die Englische „Ltd." mit Verwaltungssitz in Deutschland in der Insolvenz, MDR 2005, S. 496-498.
zitiert: *Pannen/Riedemann*, MDR 2005, S. 496

Pannen, Klaus; Riedemann, Susanne — Der Begriff des „centre of main interests" i.S. des Art. 3 I 1 EuInsVO im Spiegel aktueller Fälle aus der Rechtsprechung, NZI 2004, S. 646-651.
zitiert: *Pannen/Riedemann*, NZI 2004, S. 646

Pape, Gerhard — Kurzkommentar zu LG Magdeburg, Beschl. v. 23.10.1996 – 3 T 490/96 in EWiR § 1 GesO 1/97, S. 31-32.
zitiert: *Pape* EWiR 1997, S. 31

Paulus, Christoph G. — Europäische Insolvenzverordnung, 2. Auflage, Frankfurt am Main 2008.
zitiert: *Paulus*, EuInsVO, Art.

ders. — Kurzkommentar zu BGH, Beschl. v. 20.3.1996 – X ARZ 90/96 in EWiR § 1 GesO 2/96, S. 741-742.
zitiert: *Paulus* EWiR 1996, S. 741

ders. — „Die europäische Insolvenzverordnung und der deutsche Insolvenzverwalter", NZI 2001, S. 505-516.
zitiert: *Paulus*, NZI 2001, S. 505

ders. — „Änderungen des deutschen Insolvenzrechts durch die Europäische Insolvenzverordnung", ZIP 2002, S. 729-737.
zitiert: *Paulus*, ZIP 2002, S. 729

ders. — Das inländische Parallelverfahren nach der Europäischen Insolvenzverordnung, EWS 2002, S. 497-506.
zitiert: *Paulus*, EWS 2002, S. 497

ders. — Der EuGH und das moderne Insolvenzrecht, NZG 2006, S. 609-613.
zitiert: *Paulus*, NZG 2006, S. 609

ders. Kommentar zu Arrondissementsgericht Amsterdam, Beschl. v. 31.1.2007, EWiR 2007, S. 149-150.
zitiert: *Paulus*, EWiR 2007, S. 149

ders. Kurzkommentar zu High Court of Justice London, EWiR 2007, S. 175-176.
zitiert: *Paulus*, EWiR 2007, S. 175

ders. Die EuInsVO – Wo geht die Reise hin?, NZG 2008, S. 1-6.
zitiert: *Paulus*, NZG 2008, S. 1

ders. Kurzkommentar zu AG Köln Beschl. v. 19.2.2008 – 73 IE 1/08, in: EWiR 2008, S. 531-532.
zitiert: *Paulus*, EWiR 2008, S. 531

Rauscher, Thomas Internationales Privatrecht – Mit internationalem und europäischem Verfahrensrecht, 2. Auflage, Heidelberg 2002.
zitiert: *Rauscher*, IPR

ders. Europäisches Zivilprozeßrecht, 2. Aufl., München 2006.
zitiert: *Bearbeiter,* in: Rauscher

Rehberg, Markus Die missbräuchliche Verkürzung der unternehmerischen Mitbestimmung, ZGR 2005, S. 859-893.
zitiert: *Rehberg*, ZGR 2005, S. 859

Reithmann, Christoph; Martiny, Dieter Internationales Vertragsrecht, 6. Auflage, Köln 2004.
zitiert: *Reithmann/Martiny*, IPR

Rossbach, Oliver Europäische Insolvenzverwalter in Deutschland, Köln u. a. 2006.
zitiert: *Rossbach*, Europäische Insolvenzverwalter, S.

Roth, Günter; Altmeppen, Holger Gesetz betreffend die Gesellschaften mit beschränkter Haftung (GmbHG); 5. Aufl.. München 2005.
zitiert: *Bearbeiter,* in: Roth/Altmeppen, GmbHG

Rowedder, Heinz; Schmidt-Leithoff, Christian	Gesetz betreffend die Gesellschaften mit beschränkter Haftung (GmbHG) Kommentar, 4. Aufl., München 2002. zitiert: *Bearbeiter*, in: Rowedder/Schmidt-Leithoff, GmbHG
Sabel, Oliver	Kurzkommentar zu High Court of Justice Chancery Division Companies Court (England), Urt. v. 7.2.2003 – 0042/2003, In re BRAC Rent-A-Car International Inc (2003) EWHC (Ch) 128, EWiR 2003, S. 367-368. zitiert: *Sabel/Schlegel*, EWiR 2003, S. 367
ders.	Hauptsitz als Niederlassung im Sinne der EuInsVO?, NZI 2004, S.126-128. zitiert: *Sabel*, NZI 2004, S. 126
Saenger, Ingo; Klockenbrink, Ulrich	Anerkennungsfragen im Internationalen Insolvenzrecht gelöst?, EuZW 2006, S. 363-367. zitiert: *Saenger/Klockenbrink*, EuZW 2006, S. 363
Schack, Haimo	Internationales Zivilverfahrensrecht, 4. Auflage, München 2006. zitiert: *Schack*, IZPR
Scherer, Inge	Anfechtbarkeit und Bindungswirkung von Verweisungsbeschlüssen nach § 281 ZPO, ZZP 110 (1997), S. 167-180. zitiert: *Scherer*, ZZP 110, S. 167, (jurz.z150)
Schilken, Eberhard	Zivilprozessrecht, 5. Aufl., Köln u.a. 2006. zitiert: *Schilken* in Zivilprozessrecht, Rn.
Schmerbach, Ulrich	Zur Bindungswirkung des Verweisungsbeschlusses, EWiR 2008, S. 143-144. zitiert: *Schmerbach*, EWiR 2008, S. 143
Schmidt, Christian	Digitalisierung der Registerführung und Neuregelung der Unternehmenspublizität: Was bringt das EHUG?, DStR 2006, S. 2272-2278. zitiert: *Schmidt*, DStR 2006, S. 2272
Schmidt, Jessica	Eurofood – Eine Leitentscheidung und ihre Rezeption in Europa und den USA, ZIP 2007, S. 405-410. zitiert: *Schmidt*, ZIP 2007, S. 405

Schmidt, Karsten — Gesellschaftsrecht, 4. Aufl., Köln u.a. 2002.
zitiert: *Schmidt*, Gesellschaftsrecht

Schmidt, Karsten; Lutter, Marcus — Aktiengesetz Kommentar, Köln 2008.
zitiert: *Bearbeiter*, in: Schmidt/Lutter, AktG

Scholz, Franz; u.a. — Kommentar zum GmbH-Gesetz,
I. Band, §§ 1-34, Anh. § 13 Konzernrecht, Anh. § 34 Austritt und Ausschließung eines Gesellschafters, 10. Aufl., Köln 2006;
II. Band, §§ 35-52, 10. Aufl., Köln 2007.
zitiert: *Bearbeiter* in Scholz, GmbHG

Schulze, Reiner; Dörner, Heinrich — Bürgerliches Gesetzbuch: Handkommentar, 5. Auflage, Baden-Baden 2007.
zitiert: *Bearbeiter*, in: Schulze/Dörner/Eckart, BGB

Schurig, Klaus — Die Gesetzesumgehung im Privatrecht, in: Festschrift für Murad Ferid, Frankfurt a.M. 1988, S. 375-422.
zitiert: *Schurig*, Gesetzesumgehung

Schütze, Rolf A. — Deutsches Internationales Zivilprozessrecht unter Einschluss des Europäischen Zivilprozessrechts, 2. Auflage, Berlin 2005.
zitiert: *Schütze*, DIZPR

Siehr, Kurt — Internationales Privatrecht – Deutsches und europäisches Kollisionsrecht für Studium und Praxis, Heidelberg 2001.
zitiert: *Siehr*, IPR

Smid, Stefan — Deutsches und Europäisches Internationales Insolvenzrecht, Stuttgart 2004.
zitiert: *Smid*, in: Internationales InsR

ders. — Anmerkung zu BGH, Beschl. v. 20.3.1996 – X ARZ 90/96 in DZWir 1996, S. 321-323.
zitiert: *Smid* DZWir 1996, S. 321

ders. — Vier Entscheidungen englischer und deutscher Gerichte zur europäischen internationalen Zuständigkeit zur Eröffnung von Hauptinsolvenzverfahren, DZWIR 2003, S. 397-404.
zitiert: *Smid*, DZWIR 2003, S. 397

ders. | Judikatur zum internationalen Insolvenzrecht, DZWIR 2004, S. 397-411.
zitiert: *Smid*, DZWIR 2004, S. 397

ders. | EuGH zu „Eurofood", BGH zur internationalen Zuständigkeit: Neueste Judikatur zur EuInsVO, DZWIR 2006, S. 325-329.
zitiert: *Smid*, DZWIR 2006, S. 405

Spindler, Gerald; Stilz, Eberhard | Kommentar zum Aktiengesetz, München 2007.
zitiert: *Bearbeiter*, in: Spindler/Stilz, AktG

Staub, Hermann | Handelsgesetzbuch Großkommentar; Zweiter Band, §§ 105-237; 4. Auflage; Berlin 1988-2004.
zitiert: *Bearbeiter* in Staub, HGB

Staudinger | Kommentar zum Bürgerlichen Gesetzbuchmit Einführungsgesetz und Nebengesetzen, Neubearbeitung 2004; Berlin 2004.
zitiert: *Bearbeiter*, in: Staudinger, BGB
EGBGB/IPR, Internationales Gesellschaftsrecht, 13. Bearbeitung von Bernhard Großfeld, Berlin 1993.
zitiert: Staudinger/*Großfeld*, IntGesR

Teichmann, Arndt | Die Gesetzesumgehung im Spiegel der Rechtsprechung, JZ 2003, S. 761-768.
zitiert: *Teichmann*, JZ 2003, S. 761

Thiele, Christian | Forum non conveniens im Lichte europäischen Gemeinschaftsrechts, RIW 2002, S. 696-700.
zitiert: *Thiele*, RIW 2002, S. 696

Thomas, Heinz; Putzo, Hans; u.a. | Zivilprozeßordnung, 26. Auflage, München 2004.
zitiert: *Bearbeiter*, in: Thomas/Putzo, ZPO

Uhlenbruck, Wilhelm (hrsg) | Insolvenzordnung, 12. Aufl., München 2003.
zitiert: *Bearbeiter,* in: Uhlenbruck, InsO, §

Ulmer, Peter | Gläubigerschutz bei Scheinauslandsgesellschaften, NJW 2004, S. 1201-1210.
zitiert: *Ulmer*, NJW 2004, S. 1201

Ultsch, Michael	Die Forum-non-conveniens-Lehre im Recht der USA (insbesondere Floridas), RIW 1997, S. 26-31. zitiert: *Ultsch*, RIW 1997, S. 26
Vallender, Heinz	Aufgaben und Befugnisse des deutschen Insolvenzrichters in Verfahren nach der EuInsVO, KTS 2005, S. 283-329. zitiert: *Vallender*, KTS 2005, S. 283
ders.	Die Insolvenz von Scheinauslandsgesellschaften, ZGR 2006, S. 425-460. zitiert: *Vallender*, ZGR 2006, S. 425
ders.	„Gefahren für den Insolvenzstandort Deutschland", NZI 2007, S. 129-137. zitiert: *Vallender*, NZI 2007, S. 129
Vallender, Heinz; Fuchs, Karlhans	Die Antragspflicht organschaftlicher Vertreter einer GmbH vor dem Hintergrund der Europäischen Insolvenzverordnung, ZIP 2004, S. 829-836. zitiert: *Vallender/Fuchs*, ZIP 2004, S. 829
Virgós, Miguel; Schmit, Etienne	„Erläuternder Bericht zu dem EU-Übereinkommen über Insolvenzverfahren", Deutsche Fassung nach Überarbeitung durch die Gruppe der Rechts- und Sprachsachverständigen, Der Rat der Europäischen Union, Doc. 6500/1/96 REV 1. zitiert: *Virgós/Schmit*, Rn.
Voigt, Joachim	Anmerkung zu BGH, Beschl. v. 20.3.1996 – X ARZ 90/96 in WiB 1996, S. 657-658. zitiert: *Voigt* WiB 1996, S. 657
Walterscheid, Joachim	Die englische Limited im Insolvenzverfahren, DZWIR 2006, S. 95-99. zitiert: *Walterscheid*, DZWIR 2006, S. 95
Weller, Marc-Philippe	„Forum Shopping im Internationalen Insolvenzrecht?", IPRax 2004, S. 412-417. zitiert: *Weller*, IPRax 2004, S. 412
ders.	Die Verlegung des Center of Main Interest von Deutschland nach England, ZGR 2008, S. 835-866. zitiert: Weller, ZGR 2008, S. 835

Wessel, Hanns Heinz — Der Sitz der GmbH, BB 1984, S. 1057-1060.
zitiert: Wessel, BB 1984, S. 1057

Wessels, Bob — Realisation of the EU Insolvency Regulation in Germany, France and the Netherlands, European Business Law Review 2004, S. 73-83.
zitiert: Wessels, EBLR 2004, S. 73

ders. — International Jurisdiction to Open Insolvency Proceedings in Europe, in particular against (Groups of) Companies; Institute for Law and Finance, Johann Wolfgang Goethe-Universität Frankfurt, Working Paper Series No. 17; online abrufbar unter http://www.ilf-frankfurt.de/publications/ILF_WP_017.pdf.
zitiert: *Wessels*, Insolvency Proceedings

v. Wilmowsky, Peter — Sicherungsrechte im Europäischen Insolvenzübereinkommen, EWS 1997, S. 295-300.
zitiert: v. Wilmowsky, EWS 1997, S. 295

Womelsdorf, Ulrich — Verweisungsbeschlüsse - Unwirksamkeit wegen Abweichung von Oberlandesgericht-Rechtsprechung, MDR 2001, S. 1161-1162
zitiert: *Womelsdorf*, MDR 2001, S. 1161

Zipperer, Helmut — Übertragende Sanierung - Sanierung ohne Grenzen oder erlaubtes Risiko?, NZI 2008, S. 206-210.
zitiert: *Zipperer*, NZI 2008, S. 206

Zöller, Richard (begr.) — Zivilprozessordnung, 26. Aufl. 2007.
zitiert: *Bearbeiter,* in: Zöller, ZPO

FSC
www.fsc.org
MIX
Papier | Fördert gute Waldnutzung
FSC® C083411

Kolibri 360 GmbH
Ferdinand-Jühlke-Straße 7
99095 Erfurt, Deutschland
produktsicherheit@kolibri360.de